Ulrich Thonemann/Klaus Behrenbeck/
Jörn Küpper/Karl-Hendrik Magnus

Supply Chain Excellence im Handel

Ulrich Thonemann/Klaus Behrenbeck/
Jörn Küpper/Karl-Hendrik Magnus

Supply Chain Excellence im Handel

Trends, Erfolgsfaktoren und
Best-Practice-Beispiele

GABLER

Bibliografische Information Der Deutschen Bibliothek
Die Deutsche Bibliothek verzeichnet diese Publikation in der Deutschen Nationalbibliografie;
detaillierte bibliografische Daten sind im Internet über <http://dnb.ddb.de> abrufbar.

1. Auflage September 2005

Alle Rechte vorbehalten
© Betriebswirtschaftlicher Verlag Dr. Th. Gabler/GWV Fachverlage GmbH, Wiesbaden 2005

Redaktion: WirtschaftsWorte®
Copy Editing: Jörg Hanebrink
Lektorat: Maria Akhavan-Hezavei

Der Gabler Verlag ist ein Unternehmen von Springer Science+Business Media.
www.gabler.de

Umschlaggestaltung: Nina Faber de.sign, Wiesbaden
Druck und buchbinderische Verarbeitung: Wilhelm & Adam, Heusenstamm
Gedruckt auf säurefreiem und chlorfrei gebleichtem Papier
Printed in Germany

ISBN 3-8349-0055-9

Inhaltsverzeichnis

Verzeichnis der Fallstudien

Verzeichnis der Methoden

Der Weg zur Supply-Chain-Excellence

Jederzeit gut gefüllte Regale in der Filiale bei minimalem Bestand, niedrigen Transportkosten sowie geringem Personalaufwand in Lägern, Filialen und Verwaltung – das ist keine Utopie, sondern exzellentes Supply-Chain-Management.

Keine Kompromisse notwendig. Anders als in vielen Diskussionen zu hören, müssen sich, wie wir in diesem Buch zeigen, jederzeit gut gefüllte Regale und geringe Kosten nicht gegenseitig ausschließen. Im Rahmen einer der umfassendsten Untersuchungen europaweit zu aktuellen Best Practices im Supply-Chain-Management sind wir zahlreichen erfolgreichen Händlern begegnet – welche wir daher fortan „Champions" nennen werden –, die in dieser Hinsicht keine Kompromisse eingehen müssen: Sie erreichen eine hohe Warenverfügbarkeit bei geringen Kosten. Noch besser: Ihre Regale sind stetiger gefüllt als die der Wettbewerber – und das bei Kosten, die geringer sind als die der Konkurrenz. Wie die Champions das schaffen, darum geht es in den folgenden Kapiteln.

Schlank – ergebnisorientiert – konsequent. Mit diesen 3 Attributen lassen sich die Supply-Chains und das Supply-Chain-Management der Champions treffend beschreiben: In den **schlanken** Lieferketten der Champions finden keine unproduktiven Bewegungen von Personal oder Ware statt und es gibt auch keine unnötigen Lagerbestände; alle Aktivitäten sind genau aufeinander abgestimmt, damit der Warennachschub effizient läuft – und zwar vom Warenausgang beim Produzenten über den Wareneingang des Handels bis ins Verkaufsregal. Wenn Entscheidungen getroffen werden, geschieht dies bei den Champions **ergebnisorientiert**. In Kooperationen mit der Industrie wird nur dann investiert, wenn diese Zusammenarbeit nachweislich die Rendite steigert. Mögliche, aber nicht quantifizierbare langfristige Win-Win-Potenziale hingegen sind für einen Champion nicht attraktiv genug. Deshalb sind die Best-Practice-Unternehmen auch zurückhaltend, wenn es um umfangreiche und ressourcenintensive Kollaborationsprojekte geht. Sobald die Champions jedoch ein Renditepotenzial identifiziert haben, realisieren sie dieses **konsequent**, ohne lange zu diskutieren. Was wir außerdem noch herausgefunden haben: Nahezu alle Händler wissen, was getan werden muss, um die Supply-Chain-Leistung zu optimieren. Nur: Allein die Champions tun es auch!

Mehr als graue Theorie. Die Erkenntnisse in diesem Buch basieren auf einem umfangreichen Forschungsprojekt des Seminars für Supply Chain Management und Management Science der Universität zu Köln sowie der Unternehmensberatung McKinsey & Company. Gemeinsam haben wir die Erfolgsfaktoren des Supply-Chain-Managements im europäischen Handel analysiert (siehe auch Textbox am Ende dieses Abschnitts). An der Untersuchung beteiligten sich 33 Händler, die zusammengenommen 1 Viertel des Umsatzes im Lebensmitteleinzelhandel und in Drogerien europaweit auf sich vereinen. In ausführlichen Interviews mit den Vorständen und Supply-Chain-Managern der Teilnehmer wurden die Supply-Chain-Leistungen der Unternehmen bewertet, Supply-Chain-Praktiken und -Erfolgsfaktoren besprochen und die Experten nach ihren Meinungen zu den aktuellen Supply-Chain-Trends befragt.

Wir machen Sie zum Insider – die Top-5-Themen rund um die Lieferkette. 5 Themen, so haben wir in der Untersuchung herausgefunden, stehen derzeit auf der Agenda der Supply-Chain-Verantwortlichen ganz oben: die Filiallogistik, die Lager- und Lieferlogistik, Kooperationen in der Lieferkette, die Supply-Chain-Steuerung sowie die Organisation und das Performance-Management. Alle Daten, die wir bei unserer Untersuchung und den Interviews sammeln konnten, haben wir im Hinblick auf diese 5 Themengebiete detailliert analysiert.

Zu jedem der 5 Themen stellen wir Supply-Chain-Management-Ansätze und -Beispiele vor, um Ihnen zu zeigen, wie erfolgreiche Händler es geschafft haben, ihre Lieferkette zu optimieren und was die „Champions" – bezogen auf das jeweilige Thema – anders machen als ihre weniger erfolgreichen Wettbewerber, die wir fortan „Verfolger" nennen. Dabei liefern wir Einblicke in das Supply-Chain-Management von Händlern wie Tesco, Sainsbury's, 7-Eleven und Tchibo. Bei einigen Themen berichten Supply-Chain-Manager von Handelsunternehmen wie der Metro und A.S. Watson selbst, wo sie mit ihrer Optimierung angesetzt und welche Verbesserungen sie angestoßen haben. Auf diese Weise können Sie von den Besten lernen und deren Ansätze auf Ihr Unternehmen übertragen.

Durchgängig oder auch nur punktuell – So lesen Sie dieses Buch

Unabhängig davon, ob Sie Supply-Chain-Profi oder Quereinsteiger in die Welt der Lieferketten sind: Dieses Buch stellt Ihnen aktuelle und praxisnahe Erkenntnisse zu den Erfolgsfaktoren beim Management der Supply-Chains im Einzelhandel vor – Erkenntnisse, die Sie in Ihrem Unternehmen sofort umsetzen können.

Möglicherweise beschäftigt Sie aber auch gerade ein Themengebiet ganz besonders? Dann sollten Sie natürlich individuelle inhaltliche Schwerpunkte bei Ihrer Lektüre setzen. Um Ihnen dabei die Orientierung zu erleichtern, möchten wir Ihnen hier zunächst eine kurze Übersicht dazu geben, mit welchen Inhalten Sie in den einzelnen Kapiteln dieses Buchs rechnen können.

Kapitel 1 – Supply-Chain-Leistung: Messen, bewerten und vergleichen. Handelsunternehmen veröffentlichen gemeinhin keine Leistungskennzahlen zum Supply-Chain-Management. Wie also lässt sich die Leistung von Unternehmen in diesem Bereich erfassen? Wir erläutern, welche Variablen die Supply-Chain-Leistung bestimmen, und zeigen, wie wir die Händler mit der besten Supply-Chain-Leistung (die so genannten „Supply-Chain-Champions") ermittelt haben. Zudem führen wir Benchmarkingzahlen zu den einzelnen Kennzahlen an und stellen die 5 wichtigsten Themenfelder bzw. Disziplinen vor, die gemeistert werden müssen, um eine exzellente Supply-Chain-Leistung zu erreichen. Die Frage, wie es den Champions gelingt, in den einzelnen Disziplinen jeweils Bestleistungen zu erreichen, beantworten wir in den Kapiteln 2 bis 6.

Kapitel 2 – Filiallogistik: Effiziente Prozesse im Alltag. Die Filiallogistik wird von den Händlern übereinstimmend als wichtigstes Thema im Supply-Chain-Management gewertet. Effiziente Abläufe in den Filialen sind ein entscheidender, aber bisher häufig vernachlässigter Erfolgsfaktor im Supply-Chain-Management. Wir stellen Ihnen das Konzept des Lean Retailing vor und erläutern, wie Sie Verschwendung vermeiden, indem

Sie gleichzeitig den Kundenservice steigern und die Kosten der Filialprozesse senken.

Kapitel 3 – Lager- und Lieferlogistik: Flexibel, zuverlässig und kostengünstig. Die traditionelle Aufgabenteilung zwischen Herstellern und Händlern verändert sich; heute liegt die Logistik-Hoheit zunehmend beim Handel. Für die Händler stellt sich daher immer dringlicher die Frage, wie ein Logistiksystem aussehen muss, das die Ware zu minimalen Kosten vom Lieferanten bis in seine Filialen befördert, eine hohe Verfügbarkeit sicherstellt und zudem die nötige Flexibilität bei Volumen und Lieferterminen schafft. Wir beschreiben 3 zentrale Stellhebel, die Händler nutzen sollten, um ein solches Logistiksystem aufzubauen.

Kapitel 4 – Kooperation: Vorsicht vor Überdosis. Die Kooperation mit Herstellern ist eines der zentralen Themen für den Handel, ihre Bedeutung wird aber gelegentlich überschätzt. Wir stellen in diesem Kapitel dar, auf welchen Gebieten exzellente Händler intensiv kooperieren, wo sie das bewusst nicht tun und wie sie die Lieferantenleistung managen. In diesem Zusammenhang betrachten wir auch den aktuellen Umsetzungsstatus bei Themen wie EDI, VMI und CPFR.

Kapitel 5 – Supply-Chain-Steuerung: Push, Pull und Promotions. Die Effektivität bei der Steuerung der Supply-Chain entscheidet maßgeblich darüber, ob der Kunde stets gut gefüllte Regale vorfindet und die Bestands- und Logistikkosten des Händlers wettbewerbsfähig sind. In diesem Kapitel erfahren Sie, wie eine automatische Steuerung des Standardsortiments und ein kluges Promotion-Management den Supply-Chain-Erfolg steigern können.

Kapitel 6 – Organisation und Performance-Management: Verantwortung für Spitzenleistungen fest verankern. Um sicherzustellen, dass die richtigen Supply-Chain-Konzepte auch tatsächlich tagtäglich richtig und effizient umgesetzt werden, muss die Verantwortung für die einzelnen Prozesse der Lieferkette fest im Unternehmen verankert werden. Am Beispiel der erfolgreichen Händler zeigen wir in diesem Kapitel, wie Sie Ihre Supply-Chain-Organisation optimal gestalten und bei den Verantwortlichen auf allen Ebenen für hohe Kompetenz sorgen können.

Kapitel 7 – Vision 2010: So entwickeln sich die Champions weiter. Hier erläutern wir, welche Fragestellungen das Supply-Chain-Management in den kommenden Jahren prägen und wie die Lieferketten erfolgreicher Einzelhändler im Jahr 2010 aussehen werden. Dabei widmen wir RFID, einem der dominierenden Themen, einen gesonderten Abschnitt, in dem wir die Chancen dieser neuen Technologie beleuchten und die Risiken, die sie birgt, aufzeigen; darüber hinaus stellen wir die strategischen Optionen des Handels beim Umgang mit der RFID-Technologie vor.

Kapitel 8 – Verbesserungsprogramm: Der Weg zur exzellenten Supply-Chain. Viele Verbesserungsprojekte im Handel scheitern an der nachhaltigen Umsetzung in der Fläche. Um Sie dabei zu unterstützen, typische Umsetzungshürden souverän zu überwinden, stellen wir Ihnen hier ein erfolgserprobtes Verbesserungsprogramm vor und gehen in diesem Zusammenhang besonders intensiv auf die Maßnahmen ein, die für den flächendeckenden Erfolg operativer Veränderungen in der Supply-Chain entscheidend sind.

* * *

Mit diesem Buch möchten wir Ihnen einige Verbesserungsansätze vorstellen und Zukunftsperspektiven im Supply-Chain-Management aufzeigen. Dies soll Ihnen helfen, die Schwachstellen in Ihrem eigenen Unternehmen zu identifizieren und Ihre Supply-Chain auf die anstehenden Herausforderungen vorzubereiten. Und wenngleich der Weg zur exzellenten Supply-Chain weit zu sein scheint – die von den Best-Practice-Händlern erreichten Supply-Chain-Leistungen, die wir Ihnen in diesem Buch vorstellen werden, spornen an und zeigen, dass sich der Mut zu Veränderungen und Verbesserungen lohnt.

Studie von der Universität zu Köln und McKinsey

Welche Ansätze im Supply-Chain-Management des Handels führen wirklich zum Erfolg? Um diese Frage zu beantworten, haben das Seminar für Supply Chain Management und Management Science der Universität zu Köln sowie die Unternehmensberatung McKinsey & Company die Erfolgsfaktoren des Supply-Chain-Managements im europäischen Handel von Anfang 2004 bis April 2005 in einer umfangreichen Studie untersucht und die Ergebnisse im vorliegenden Buch zusammengefasst.

Repräsentative Untersuchung – 25% des europaweiten Einzelhandelsumsatzes vertreten. 65 Einzelhändler in Deutschland, England, Spanien und den Niederlanden haben wir angesprochen und eine Mitwirkung an der Studie angeboten. Mehr als die Hälfte sagten zu und ließen uns über die Schulter blicken und eine einzigartige Datenbasis erstellen. Daher können wir ein repräsentatives Bild der Supply-Chains des Handels in Europa zeichnen: Im Jahr 2004 erzielten die teilnehmenden Unternehmen einen Jahresumsatz von 275 Mrd. EUR und damit 25% des gesamten europäischen Umsatzes der untersuchten Einzelhandelsformate (Abbildung 0-1).

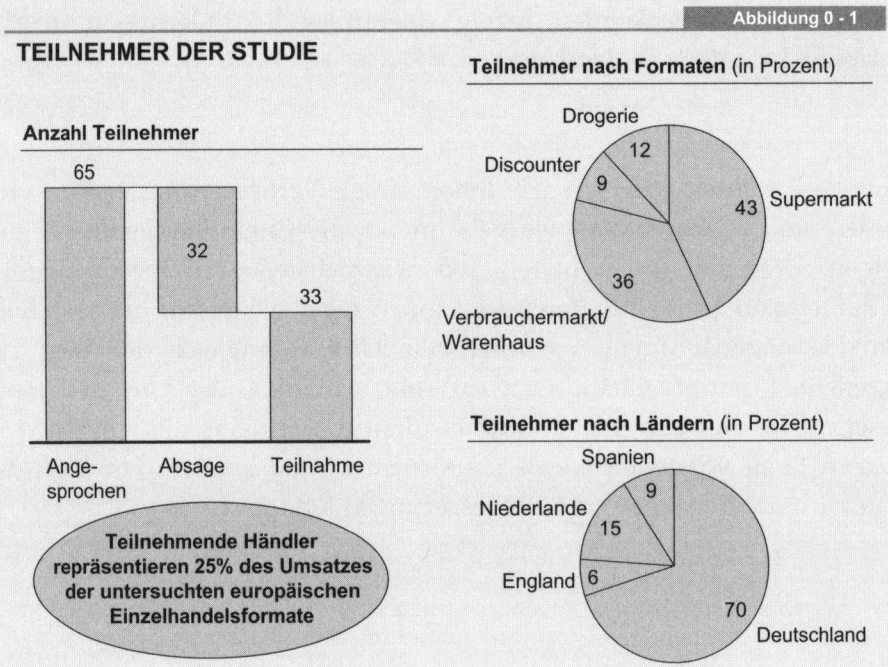

Abbildung 0 - 1

TEILNEHMER DER STUDIE

Anzahl Teilnehmer

Teilnehmer nach Formaten (in Prozent)

Teilnehmer nach Ländern (in Prozent)

Fokus auf Lebensmittelhandel, Drogerien und Warenhäuser. Um möglichst vergleichbare Daten zu erheben, haben wir Supply-Chains mit ähnlichen Waren und Prozessen untersucht und uns dabei auf den Lebensmittelhandel (Schwerpunkt trockene Nahrung), Drogerien und Warenhäuser konzentriert. Andere Handelsformate wie Baumärkte, Textil- oder Elektrohändler stehen allerdings häufig vor sehr ähnlichen Herausforderungen im Supply-Chain-Management; die Erkenntnisse und Empfehlungen, die wir in diesem Buch vorstellen, sind daher auch für sie interessant.

Im Gespräch mit Supply-Chain-Experten. Unsere Gesprächspartner waren Supply-Chain-Manager auf unterschiedlichen hierarchischen Ebenen, die jeweils für den Waren- und Informationsfluss in ihrem Unternehmen verantwortlich zeichnen: Rund 25% der Interviewten waren Mitglieder des Vorstands mit Verantwortung für die gesamte Supply-Chain, 68% waren Leiter der Bereiche Supply-Chain-Management oder Logistik und 7% waren Mitarbeiter in einem dieser Bereiche. Mit den Experten haben wir ausführliche Interviews geführt und intensiv diskutiert; zusätzlich wurden wir eingeladen, uns in einigen Unternehmen selbst ein Bild von den relevanten Abläufen in den Lägern und Filialen zu machen.

Status quo und Trends bei Supply-Chain-Prozessen analysiert. Inhalt der Interviews und Objekt unserer Beobachtungen waren sämtliche Supply-Chain-Prozesse des Einzelhandels – von der Disposition beim Lieferanten über das Lagermanagement, den Transport und die Abläufe in den Filialen bis hin zu den zentralen Funktionen wie IT und Planung. Wir suchten nach detaillierten Antworten zu 3 Fragen:

1. Wie effizient ist die Supply-Chain der Teilnehmer (Stichwort „Supply-Chain-Leistung")?

2. Welche Methoden oder Verfahren setzen die einzelnen Unternehmen beim Steuern der Lieferkette ein (Stichwort „Supply-Chain-Management-Ansätze")?

3. Mit welchen Entwicklungen im Supply-Chain-Management rechnen die Teilnehmer an unserer Untersuchung (Stichwort „Vision 2010")?

Auf den dabei aus einer Fülle von Daten gewonnenen Erkenntnissen basiert „Supply-Chain-Excellence im Handel".

1. Supply-Chain-Leistung: Messen, bewerten und vergleichen

Wenn wir von den Unternehmen mit exzellenten Supply-Chains lernen wollen, müssen wir zunächst einmal wissen, welche Unternehmen denn als Vorbilder dienen können. Voraussetzung dafür wiederum ist, dass wir die Supply-Chain-Leistung objektiv messen können.

Hinter die Kulissen schauen. Die Gesamtleistung eines Einzelhandelsunternehmens können sogar Außenstehende recht gut einschätzen, da die meisten Händler regelmäßig ihre Umsätze und andere Zahlen zur Unternehmensentwicklung bekannt geben. Speziell den Beitrag des Supply-Chain-Managements zum Unternehmenserfolg und damit die Supply-Chain-Leistung von außen zu bewerten ist jedoch wesentlich schwieriger, denn Leistungskennzahlen hierzu werden nur selten veröffentlicht. Aus Mangel an zuverlässigen Informationen bleibt dem Außenstehenden bei der Bewertung der Supply-Chain-Leistung oft nichts anderes übrig, als sich entweder mit Mitteilungen des Unternehmens zum Geschäftsverlauf oder mit allgemein gehaltenen Presseberichten über den Einzelhändler zufrieden zu geben und daraus (evtl. sogar falsche) Schlüsse zu ziehen. Wird beispielsweise häufig in der Fachpresse über bestimmte Händler berichtet, die neue Supply-Chain-Prozesse einführen – etwa die Automatisierung der Bestellprozesse oder den Einsatz neuer Technologien wie RFID (Radio Frequency Identification, Funk-Erkennung) –, ist man geneigt, diesen innovativ wirkenden Händlern auch eine hohe Supply-Chain-Kompetenz und folglich auch -Leistung zuzusprechen. Gewissheit über die tatsächliche Leistung der Lieferkette lässt sich jedoch nur erlangen, indem man hinter die Kulissen schaut. Und genau das haben wir im Rahmen der Untersuchung für dieses Buch getan.

In diesem Kapitel zeigen wir Ihnen, wie wir die Supply-Chain-Leistung der Handelsunternehmen ermittelt und mittels eines Benchmarkings die Spreu vom Weizen getrennt haben. Außerdem stellen wir die Supply-Chain-Themen vor, mit denen sich die Händler derzeit besonders intensiv beschäftigen.

Was heißt hier eigentlich „Leistung"?

Eine Supply-Chain ist dann besonders leistungsfähig, wenn sie die Kundenbedürfnisse optimal erfüllt und den Aufwand dabei möglichst gering hält. Demnach verfügen diejenigen Händler, die mit geringen Mitteln die Kundenwünsche gut erfüllen, über leistungsfähige Supply-Chains; wer dagegen viele Ressourcen in die Supply-Chain steckt, ohne die Bedürfnisse seiner Kunden zu erfüllen, hat eine leistungsschwache Supply-Chain. Bei der Bewertung der Supply-Chain-Leistung müssen folglich 2 Dimensionen, die Erfüllung der Kundenbedürfnisse und der dazu erforderliche Aufwand, berücksichtigt werden.

Kundenbedürfnisse – nur was im Regal liegt, zählt. Guten Service mittels der Supply-Chain zu bieten bedeutet in erster Linie, dass die richtige Ware in ausreichender Menge am richtigen Ort bzw. an der dafür vorgesehenen Stelle im Regal liegen muss. Die Kennzahl, mit der wir den Service gemessen haben und die in das Benchmarking der Handelsunternehmen eingeflossen ist, war daher die gut messbare Regalverfügbarkeit, d.h. der Anteil der im Regal verfügbaren Artikel in Prozent aller gelisteten Artikel. Außer der Regalverfügbarkeit sind für den Kunden noch weitere Serviceaspekte relevant, z.B. ausreichend Personal, das ihm kompetent weiterhelfen kann, und kurze Wartezeiten an der Kasse; diese Serviceaspekte berücksichtigen wir in den Detailanalysen der folgenden Kapitel.

Aufwand = Verbrauch von Ressourcen. Der Aufwand für die Supply-Chain des Einzelhandels umfasst all die Ressourcen, die eingesetzt werden, um die Bedürfnisse des Kunden zu erfüllen. Die 2 wichtigsten Ressourcen sind die Logistikkosten und der Gesamtbestand:

- Die *Logistikkosten*, zu denen die Kosten für Lager, Transport und zentrale Supply-Chain-Steuerung zählen, messen wir in Prozent vom Umsatz (zum Nettoverkaufspreis).

- Den *Gesamtbestand* messen wir als Reichweite des Bestands im Zentrallager und in den Filialen in Tagen. Dazu haben wir zunächst den Durchschnittsbestand aller Sortimente erhoben und anschließend auf das Food-/Drogerieartikel-Sortiment normiert.

Bei den Logistikkosten machen wir an der Rampe der Filiale Halt und verzichten auf die Bewertung der Kosten in der Filiale. Dadurch erreichen wir eine höhere Vergleichbarkeit, denn die Kosten der Filiallogistik werden nur von sehr wenigen Händlern gemessen – und selbst bei denen, die es tun, sind die Festlegungen dazu, welche Kosten in diese einzurechnen sind, zu unterschiedlich, als dass die so erhobenen Zahlen verwertbar wären. Die Kosten der Filiallogistik gehen daher einerseits nicht in die Leistungsbewertung und damit in das Benchmarking ein, andererseits fallen sie aber auch nicht aus der Untersuchung heraus: In Kapitel 2 stellen wir diese Kosten und die darauf bezogenen Verbesserungsansätze in den Filialen detailliert dar.

Wir testen die Besten – Benchmarking der Supply-Chain-Leistung

Einen ersten Eindruck davon, wie stark sich die befragten Unternehmen bei der Supply-Chain-Leistung unterscheiden, liefert Abbildung 1-1. Dort stellen wir – bezogen auf die 3 Kennzahlen Regalverfügbarkeit, Logistikkosten und Gesamtbestand – sowohl die Leistung der jeweiligen Top-5 und Bottom-5 dar als auch die Leistung im Gesamtdurchschnitt.

Wer nichts bekommt, kommt so schnell nicht wieder. Das Leistungsspektrum der Händler bei der Regalverfügbarkeit ist enorm: Es reicht von sehr guten 98,7% bei den Top-5 bis zu 91,9% bei den Bottom-5. Der Durchschnitt liegt bei 95,9% Regalverfügbarkeit. Da es sich bei diesen Angaben jeweils um Durchschnittswerte handelt, ist die Spanne zwischen dem besten und dem schwächsten Händler tatsächlich sogar noch größer: Denn der Regalverfügbarkeit von 99% beim besten Händler steht lediglich eine von 90% beim schwächsten untersuchten Händler gegenüber.

Den Top-5-Händlern gelingt es folglich, nahezu das gesamte Artikelsortiment permanent vorzuhalten, während bei den Bottom-5-Händlern rund 10% der gelisteten Waren nicht ständig verfügbar sind. Die Regallücken sind bei diesen Händlern kurz vor Ladenschluss, insbesondere am

Wochenende, oder zu anderen Randzeiten sogar noch größer: Nicht selten sind dann rund 20% der gelisteten Waren nicht mehr vorrätig.

Wie stark sich Regallücken auf den Umsatz auswirken, hängt vor allem vom Sortiment ab und ist von Händler zu Händler unterschiedlich. Eine Faustregel besagt allerdings, dass rund 50% der Kunden den bei einem Händler nicht gefundenen Artikel entweder anschließend bei dessen Wettbewerber oder gar nicht mehr kaufen; die andere Hälfte hingegen ist bereit, den Artikel zu substituieren oder ihn zu einem späteren Zeitpunkt noch einmal bei demselben Händler zu suchen. In Zahlen ausgedrückt bedeutet dies: Eine um beispielsweise 2 Prozentpunkte geringere Regalverfügbarkeit bedeutet ca. 1% weniger Umsatz. Auf Grund der – im Vergleich zu den Bottom-5-Händlern – um fast 7 Prozentpunkte höheren Regalverfügbarkeit bei den besten 5 Händlern können diese folglich einen um ca. 3,5% höheren Umsatz erzielen.

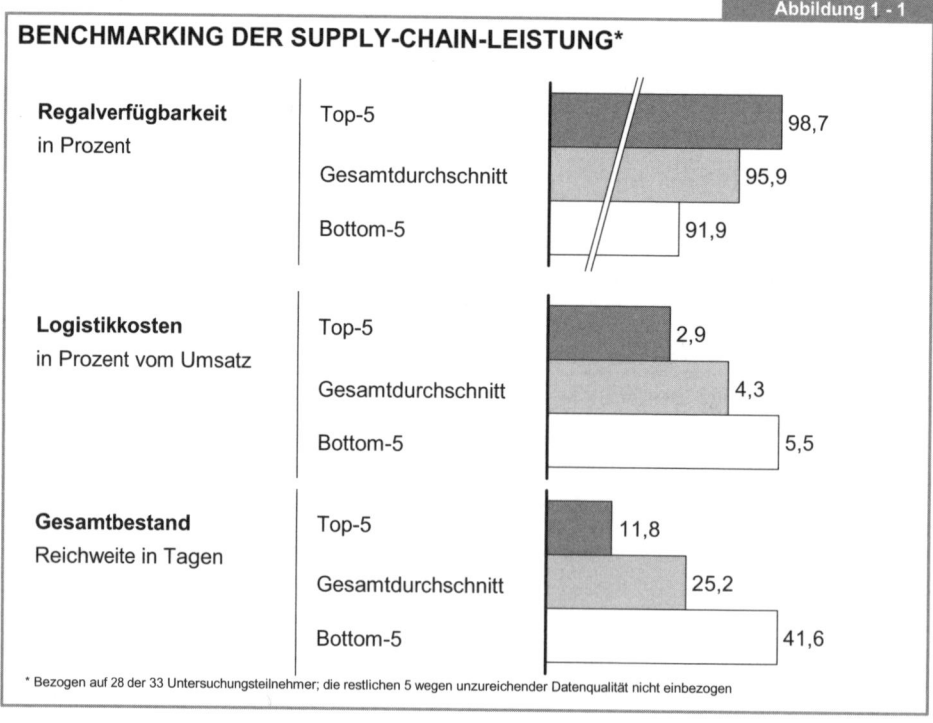

Abbildung 1 - 1

BENCHMARKING DER SUPPLY-CHAIN-LEISTUNG*

Regalverfügbarkeit in Prozent	Top-5	98,7
	Gesamtdurchschnitt	95,9
	Bottom-5	91,9
Logistikkosten in Prozent vom Umsatz	Top-5	2,9
	Gesamtdurchschnitt	4,3
	Bottom-5	5,5
Gesamtbestand Reichweite in Tagen	Top-5	11,8
	Gesamtdurchschnitt	25,2
	Bottom-5	41,6

* Bezogen auf 28 der 33 Untersuchungsteilnehmer; die restlichen 5 wegen unzureichender Datenqualität nicht einbezogen

Logistik kostet. Die bei den Logistikkosten besten 5 Händler kommen mit einem Kostenniveau von 2,9% des Umsatzes aus; im Gesamtdurchschnitt belaufen sich die Logistikkosten hingegen auf 4,3% und bei den 5 Händlern mit den teuersten Supply-Chains liegen sie bei 5,5% des Umsatzes. Die Differenz zwischen den Top-5- und den Bottom-5-Händlern bei den Logistikkosten und damit auch bei der Umsatzrendite ist mit 2,6 Prozentpunkten erheblich. Interessant ist auch hier die Lücke zwischen dem besten Händler (1,9%) und dem schwächsten (6,4%): Sie liegt bei immerhin 4,5 Prozentpunkten.

(Zu) Viel auf Lager. Bei der Reichweite des Gesamtbestands ist die Streuung sogar noch größer: Die Top-5 hier haben einen durchschnittlichen, auf das Food-/Drogerieartikel-Sortiment normierten Gesamtbestand in Lager und Filiale mit einer Reichweite von 11,8 Kalendertagen, bei den schwächsten Händlern ist die Reichweite des Gesamtbestands mit 41,6 Tagen nahezu 4 Mal größer. Der Durchschnitt liegt hingegen bei 25,2 Tagen.

Überall top – Die Supply-Chain-Champions

Wie wir bereits im vorausgegangenen Abschnitt gesehen haben, variiert die Supply-Chain-Leistung bei den befragten Handelsunternehmen ganz erheblich. Die Frage ist nun: Gibt es Unternehmen, die bei allen Kennzahlen Bestwerte erzielen oder existieren Trade-off-Beziehungen zwischen diesen, d.h., gehen z.B. niedrige Logistikkosten zwangsläufig zu Lasten der Regalverfügbarkeit? Ist es gar unmöglich, einen exzellenten Kundenservice bei niedrigem Aufwand zu bieten?

Keine Kompromisse. Betrachtet man die Supply-Chain-Leistung der einzelnen Händler im Detail, wird eines sofort deutlich: Es gibt Unternehmen, die nicht nur in einer der beiden Dimensionen besser sind als ihre Wettbewerber, sondern bei Aufwand *und* Service punkten. Die Top-5-Händler aus Abbildung 1-1 sind zwar nicht bei jeder Kennzahl genau dieselben 5, aber es gibt Unternehmen, die in allen Dimensionen unter den 5 besten sind. Ein Trade-off zwischen Aufwand und Service, der immer wieder als Entschuldigung bei schlechten Leistungen in einer Dimension vorgeschoben wird, existiert demzufolge nicht.

In unserer Untersuchung haben sich 6 Unternehmen herauskristallisiert, die mit gutem Service und niedrigem Aufwand gleichzeitig aufwarten können. Diese Unternehmen mit einer offensichtlich exzellenten Lieferkette bezeichnen wir als „Champions", die übrigen als „Verfolger" (Abbildung 1-2).

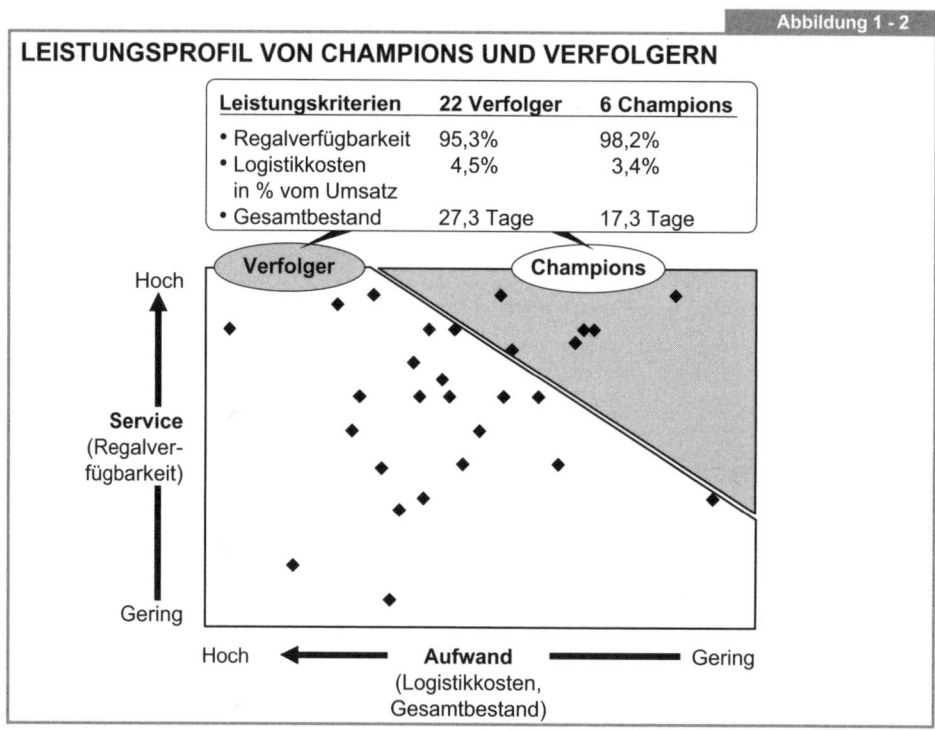

Abbildung 1 - 2

LEISTUNGSPROFIL VON CHAMPIONS UND VERFOLGERN

Leistungskriterien	22 Verfolger	6 Champions
• Regalverfügbarkeit	95,3%	98,2%
• Logistikkosten in % vom Umsatz	4,5%	3,4%
• Gesamtbestand	27,3 Tage	17,3 Tage

Die Champions liegen bei allen 3 Kennzahlen recht nah bei den zuvor dargestellten Werten der Top-5: Im Durchschnitt erreichen sie eine Regalverfügbarkeit von über 98,2%, Logistikkosten von 3,4% und einen Gesamtbestand mit einer Reichweite von 17,3 Tagen. Die Verfolger hingegen setzen zwar deutlich mehr Ressourcen ein – denn ihre Logistikkosten belaufen sich auf 4,5% und der Gesamtbestand liegt bei einer Reichweite von 27,3 Tagen –, erreichen aber dennoch nicht annähernd das Serviceniveau der Champions: Die Regalverfügbarkeit der Verfolger liegt nur bei 95,3%.

Wer sind die Champions? In den folgenden Kapiteln dieses Buches werden wir detailliert beschreiben, wie es die Champions geschafft haben, ihre Lieferkette erfolgreicher zu managen als andere Unternehmen. Die Namen der Champions nennen wir jedoch nicht. Der Grund: Wir haben von unseren Gesprächspartnern viele z.T. sehr vertrauliche Daten und Informationen erhalten und sind daher gebeten worden, ihre individuelle Supply-Chain-Leistung anonym auszuweisen. Um von den Champions zu lernen, ist es genau genommen auch nicht notwendig, ihre Namen zu kennen; wichtiger ist zu verstehen, was sie anders – und besser – machen als die Verfolger. Interessant ist in diesem Zusammenhang, dass es in jedem Handelsformat Champions gibt. Zudem ist, wie Abbildung 1-3 zeigt, auch die Umsatzgröße von untergeordneter Bedeutung: Champions mit nationalen Umsätzen von unter 3 Mrd. EUR sind unter den Champions ebenso vertreten wie Unternehmen mit Umsätzen von über 9 Mrd. EUR.

Abbildung 1 - 3

EINZELHANDELSFORMAT UND GRÖSSE DER CHAMPIONS

In welchen **Handelsformaten** finden sich die Champions?

Handelsformat	Anzahl
Supermarkt	2
Verbrauchermarkt/ Warenhaus	1
Discounter	2
Drogerie	1

⇒ **Champions finden sich in allen Einzelhandelsformaten, die in die Untersuchung einbezogen waren**

Wie **groß** sind die Champions?

Umsatzcluster (nationaler Umsatz in Mrd. EUR)	Anzahl
< 3,0	2
3,1 - 6,0	1
6,1 - 9,0	2
> 9,0	1

⇒ **Unter den Champions sind sowohl kleinere, mittelständische Händler als auch große Handelskonzerne**

Alle wissen, was wichtig ist – Aber: Nur die Champions tun es auch

In der Fachpresse und in branchenspezifischen Diskussionen zum Supply-Chain-Management tauchen regelmäßig dieselben Themen auf, zurzeit vorzugsweise Kooperationskonzeptthemen wie VMI (Vendor Managed Inventory) oder Technologiethemen wie die Einführung von RFID (Radio Frequency Identification). Aber sind das auch die Themen, die die Unternehmen in der Praxis wirklich beschäftigen? Um dies herauszufinden, haben wir zunächst untersucht, an welchen Themen die europäischen Händler aktuell im Hinblick auf ihre Lieferkette arbeiten, und sie anschließend gefragt, wie weit sie selbst bei der Umsetzung der Themen sind, die sich in unserer Untersuchung als besonders dringlich herausgestellt haben. Anhand der Daten aus den Antworten der befragten Unternehmen konnten wir schließlich nicht nur die Leistungsunterschiede zwischen den einzelnen Händlern erklären, sondern daraus auch die Erfolgsfaktoren für Supply-Chains ableiten.

Die Top-Themen im Supply-Chain-Management. In Vorgesprächen mit Supply-Chain-Management-Experten aus ganz Europa und durch das Auswerten von Presseartikeln haben wir die 25 meistgenannten Themen rund um die Lieferkette gesammelt. Anschließend fragten wir die europäischen Händler, wie wichtig ihnen diese sind. Die Einzelthemen, denen unsere Interviewpartner die höchste Bedeutung beimaßen, haben wir dann zu 5 Themengruppen zusammengefasst (Abbildung 1-4).

Demzufolge messen die Supply-Chain-Manager der *Filiallogistik* die größte Bedeutung bei, denn dort vermuten viele Händler besonders ineffiziente Prozesse; zudem hat sie einen direkten Einfluss auf die Kaufentscheidung des Kunden (Stichwörter „leere Regale" und „Warteschlangen an den Kassen"). Auch bei der *Lager- und Lieferlogistik* sehen die Befragten erhebliche Verbesserungsmöglichkeiten; neue Belieferungskonzepte und die Möglichkeit, Tätigkeiten an Dienstleister auszulagern, stellen die Händler hier vor wichtige strategische Entscheidungen. Das drittwichtigste Thema ist die *Kooperation*. Zwar haben die meisten Händler bereits in den vergangenen Jahren den Datenaustausch mit ihren Lieferanten, z.B. via EDI (Electronic Data Interchange), intensiviert; unsere Interviewpartner gingen allerdings davon aus, dass dies erst der Auftakt gewesen ist, und messen der Aufgabe, eine (künftig noch engere) Supply-Chain-Kooperation zu realisieren, eine hohe Bedeutung bei. Auch wenn das Thema *Supply-Chain-Steuerung* nicht ganz so weit oben auf der Agenda steht, arbeiten die Händler hier nichtsdestotrotz intensiv an einer Verbesserung von Planung und Steuerung des Nachschubs. Ein weiteres wichtiges Themenfeld schließlich ist *Organisation und Performance-Management*. Hierbei geht es den Händlern um eine klare Verankerung und eine sukzessive Steigerung der Supply-Chain-Kompetenz ihres Unternehmens sowie eine kontinuierliche und systematische Leistungsmessung.

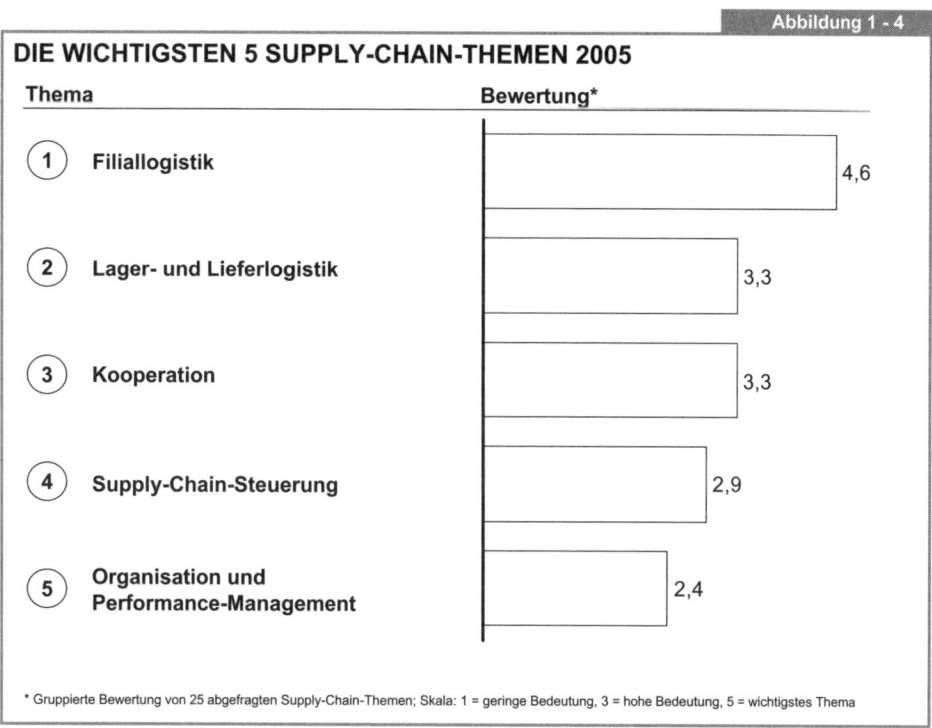

Abbildung 1 - 4

DIE WICHTIGSTEN 5 SUPPLY-CHAIN-THEMEN 2005

Thema	Bewertung*
1 Filiallogistik	4,6
2 Lager- und Lieferlogistik	3,3
3 Kooperation	3,3
4 Supply-Chain-Steuerung	2,9
5 Organisation und Performance-Management	2,4

* Gruppierte Bewertung von 25 abgefragten Supply-Chain-Themen; Skala: 1 = geringe Bedeutung, 3 = hohe Bedeutung, 5 = wichtigstes Thema

Champions und Verfolger beschäftigen sich mit denselben Themen ...

In der Branche scheint Einigkeit darüber zu herrschen, was die derzeit kritischen Themen sind: Denn wenn man die Antworten der befragten Supply-Chain-Manager nach Champions und Verfolgern differenziert, stellt sich heraus, dass beide Segmente nicht nur genau dieselben 5 Themen als derzeit besonders aktuell bewerten, sondern dass sich auch bei isolierter Betrachtung der beiden Gruppen fast die gleiche Rangfolge ergibt, wie Abbildung 1-4 zeigt.

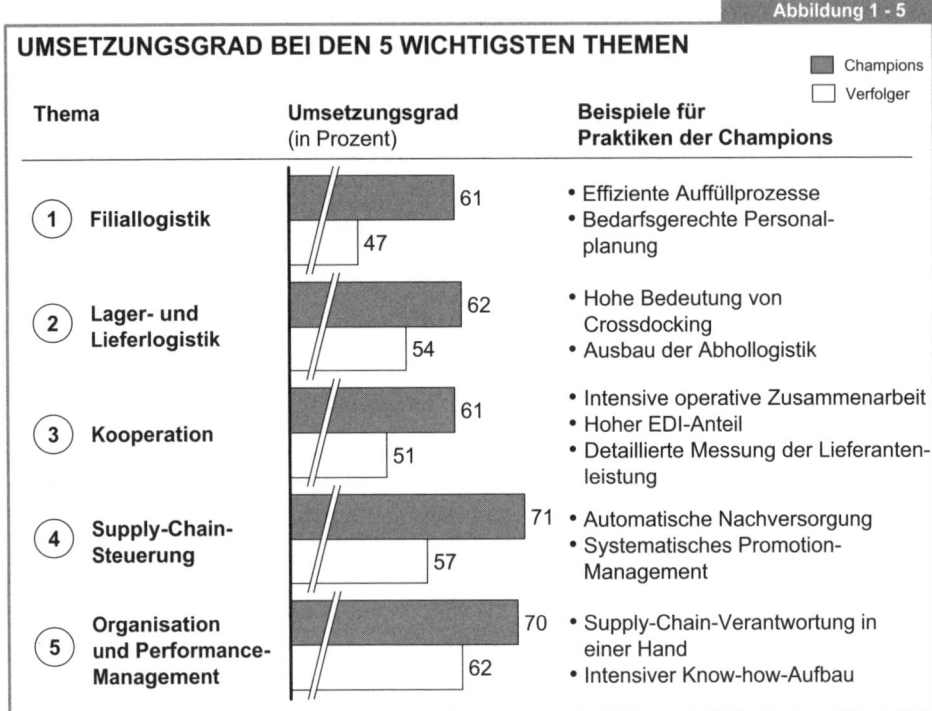

Abbildung 1 - 5

UMSETZUNGSGRAD BEI DEN 5 WICHTIGSTEN THEMEN

■ Champions
□ Verfolger

Thema	Umsetzungsgrad (in Prozent)	Beispiele für Praktiken der Champions
① Filiallogistik	61 / 47	• Effiziente Auffüllprozesse • Bedarfsgerechte Personal-planung
② Lager- und Lieferlogistik	62 / 54	• Hohe Bedeutung von Crossdocking • Ausbau der Abhollogistik
③ Kooperation	61 / 51	• Intensive operative Zusammenarbeit • Hoher EDI-Anteil • Detaillierte Messung der Lieferanten-leistung
④ Supply-Chain-Steuerung	71 / 57	• Automatische Nachversorgung • Systematisches Promotion-Management
⑤ Organisation und Performance-Management	70 / 62	• Supply-Chain-Verantwortung in einer Hand • Intensiver Know-how-Aufbau

... aber die Champions sind bei der Umsetzung dieser Themen bereits ein paar Schritte weiter. Offensichtlich unterscheiden sich aber Champions und Verfolger deutlich darin, wie sie das Wissen um die wichtigen Supply-Chain-Themen nutzen; das zeigt der Umsetzungsstatus, der in Abbildung 1-5 zusammengefasst ist. Um beispielsweise zu erfassen, wie aktiv die Händler das Thema Supply-Chain-Kooperation angehen, haben wir u.a. gemessen, wie intensiv Champions und Verfolger EDI nutzen, wie eng sie operativ mit den Herstellern zusammenarbeiten und welche Leistungskennzahlen sie mit den Herstellern austauschen. Das Ergebnis war eindeutig: Nicht nur an diesem einen Thema, sondern an allen 5 Top-Themen arbeiten die Champions viel intensiver als die Verfolger. Damit ist zugleich auch geklärt, wie die Champions ihre exzellenten Supply-Chain-Leistungen erreichen: Sie setzen die Themen um, die von allen als wichtig erkannt worden sind. In den folgenden 5 Kapiteln zeigen wir, wie die Champions es schaffen, die einzelnen Themen konsequenter und erfolgreicher anzugehen als die Verfolger.

Vergleichbarkeit der erhobenen Daten

Die Ergebnisse empirischer Studien sind umso aussagekräftiger, je vergleichbarer die erhobenen Daten sind. Da das Ziel unserer Studie lautete, belastbare Erkenntnisse zu gewinnen, um daraus fundierte Handlungsempfehlungen zum Supply-Chain-Management ableiten zu können, haben wir darauf geachtet, dass die untersuchten Unternehmen, die Daten und die Leistungskennzahlen miteinander vergleichbar sind bzw. haben diese durch spezielle Kalkulationen vergleichbar gemacht.

Vergleichbarkeit der Unternehmen. In die Untersuchung wurden ausschließlich Unternehmen mit vergleichbaren Sortimenten und Prozessen und damit ähnlichen Supply-Chain-Anforderungen einbezogen: Lebensmittelhändler, Drogerien und Warenhäuser. Dabei haben wir uns auf die Betrachtung schnell drehender Konsumgüter beschränkt und beispielsweise die Bereiche Tiefkühl und Frische ausgeklammert. Nicht berücksichtigt wurden ferner alle Händler, die primär im Großhandel tätig sind oder zum Zeitpunkt der Untersuchung Sondereffekte wie Unternehmenszusammenschlüsse aufwiesen.

Vergleichbarkeit der Daten. In den Interviews wurden 2 Arten von Daten erhoben: quantitative Daten, z.B. die Kennzahlen der Supply-Chain-Leistung, und qualitative Einschätzungen, z.B. die Umsetzungsgrade von Supply-Chain-Konzepten (Abbildung 1-5). Die quantitativen Daten unserer Untersuchung sind vergleichbar, weil wir sie in allen Unternehmen nach derselben, zuvor exakt definierten Methode erhoben haben. Die qualitativen Einschätzungen unter Verwendung von Skalen sind ebenfalls vergleichbar, da die einzelnen Stufen auf den Skalen bereits im Vorfeld genau festgelegt und mit Beispielen hinterlegt wurden.

Neben dem Service, gemessen als Regalverfügbarkeit, beruht die Auswahl der Champions auf den Kennzahlen zum Aufwand. Daher ist die Vergleichbarkeit dieser Daten besonders wichtig.

Bei den *Logistikkosten* (angegeben in Prozent vom Umsatz) haben wir sichergestellt, dass sowohl die Kosten selbst als auch deren Bezugsgröße, d.h. der Umsatz, in den Unternehmen, die sich an unserer Studie beteiligt haben, überall einheitlich gemessen worden sind. Die Logistikkosten – so wie wir sie für diese Studie definiert haben – umfassen die Kosten von der Warenannahme im Lager bis zur Anlieferung der Ware in der Filiale. Eingeschlossen sind somit die Kosten des Lagers, des Transports und der zentralen Steuerung, während die Kosten der Abhollogistik und der Streckenbelieferung (Direktlieferung vom Hersteller zur Filiale) ausgeklammert bleiben. Den Umsatzzahlen liegen Netto-Verkaufspreise zugrunde – und zwar nur der Produkte, die über die zentrale Logistik abgewickelt wurden. Nicht berücksichtigt worden ist somit der Umsatz von Produkten mit Streckenbelieferung.

Beim *Gesamtbestand* ist die Vergleichbarkeit gewährleistet, da nur Händler mit einem ähnlichen Sortimentsmix beim Food-/Drogerieartikel-Anteil einander gegenübergestellt worden sind. Anschließend wurde diese relative Position zu den

Wettbewerbern auf den Durchschnitt eines reinen Food-/Drogerie-Sortiments skaliert. So konnten wir selbst bei Händlern mit unterschiedlichen Sortimenten die Reichweite des Gesamtbestands in Tagen vergleichen.

Vergleichbarkeit der Supply-Chain-Leistung. Der Vergleich der Supply-Chain-Leistung, wie sie z.B. in der Matrix in Abbildung 1-2 dargestellt wird, und die damit erreichte Identifizierung von Champions und Verfolgern sind etwas komplizierter. Dies wird etwa anhand der folgenden beiden Fragestellungen deutlich: Ist Unternehmen A mit 0,5% höheren Logistikkosten, 5 Tage geringerer Reichweite des Gesamtbestands sowie einer um 2 Prozentpunkte höheren Regalverfügbarkeit als Unternehmen B nun besser oder schlechter als Unternehmen B? Wie lässt sich bei diesen komplexen Zusammenhängen eine Rangfolge festlegen, in der die tatsächlich besten 6 Unternehmen als Champions ausgewiesen werden? Damit ein Leistungsvergleich hier überhaupt möglich ist, müssen die einzelnen Kennzahlen vergleichbar gemacht, d.h. gewichtet und aggregiert, werden. Wir haben uns entschieden, dies durch eine monetäre Bewertung aller Kennzahlen zu erreichen, d.h., die Kennzahlen zu allen 3 Dimensionen, Logistikkosten, Reichweite des Gesamtbestands und Regalverfügbarkeit, in Euro und Cent auszudrücken. Zu dem Zweck, die untersuchten Händler gemäß ihrer Leistung in Champions und Verfolger zu kategorisieren, haben wir daher die Reichweite des Gesamtbestands mit Kapitalkosten bewertet. Bestandskosten und Logistikkosten ergeben zusammengenommen das Maß für den Aufwand bzw. die Supply-Chain-Kosten. Beim Service wurden statt der Regalverfügbarkeit die Regallücken, d.h. der Anteil nicht verfügbarer Produkte, verwendet. Davon wurden 50% als entgangener Umsatz und somit als Kosten der Nicht-Verfügbarkeit betrachtet. Beide Dimensionen, Aufwand und Service, wurden sodann auf diese Weise als Kosten in Prozent vom Umsatz ausgedrückt und konnten für den Vergleich zusammengeführt werden. Unternehmen A und B werden auf diese Weise vergleichbar und auch die Gruppe der 6 Champions lässt sich somit eindeutig bestimmen.

2. Filiallogistik: Effiziente Prozesse im Alltag

Bei den Interviews, die wir zur Vorbereitung dieses Buches mit den Supply-Chain-Managern europäischer Händler geführt haben, kamen wir immer wieder auf einen Bereich zu sprechen: die Filiallogistik. Dies hat sich auch bei der quantitativen Auswertung als wichtigstes Supply-Chain-Thema herausgestellt. Viele Händler empfinden die Logistikprozesse in den Filialen als ineffizient – und glauben, diese Ineffizienz sei ein wesentlicher Grund für Regallücken und Überbestände. Und sie haben mit ihrer Einschätzung Recht. Transporteinheiten stehen auf der Verkaufsfläche und behindern den Kundenfluss, Mitarbeiter verbringen einen Großteil ihrer Zeit mit anderen Aktivitäten als der Kundenbetreuung – auch dafür sind ineffiziente Filialprozesse verantwortlich.

Einfache Lösungen statt teurer IT. Neu sind diese Probleme und das Wissen um sie nicht, weshalb viele Händler in den vergangenen Jahren Projekte gestartet haben, um diese zu lösen. Hoffnungsträger waren und sind häufig neue IT-Systeme oder komplexe Planungstools. Ein Großteil der Verbesserungsprogramme ist allerdings weit hinter den Erwartungen der Initiatoren zurückgeblieben: Komplexe Prozesse mit komplexen Methoden zu optimieren scheint kein Patentrezept zu sein. Einfache Lösungen in der Filiale sind oft wirkungsvoller als der Einsatz teurer IT.

Einige wenige Händler sind bei der Optimierung ihrer Filiallogistik daher mit einem einfachen Ansatz sehr erfolgreich gewesen und haben ihre Supply-Chain-Leistung deutlich steigern können. Statt zu versuchen, komplexe Prozesse besser zu managen, haben sie die Prozesse vereinfacht und steuern diese mit simplen, aber wirkungsvollen Mitteln: Sie folgen z.B. der Maxime, nicht wertstiftende Tätigkeiten zu vermeiden und Verbesserungsvorschläge von den eigenen Mitarbeitern entwickeln zu lassen.

Bewusst oder unbewusst haben diese Händler die Methoden des Lean Manafacturing angewandt. Sie sind den gleichen Weg gegangen, auf dem Toyota an die Spitze der Automobilindustrie gelangt ist – und haben ein vergleichbares Ergebnis erzielt: kostengünstige Prozesse, die ohne Verschwendung zu verursachen genau das liefern, wofür der Kunde bereit ist zu zahlen. Nicht mehr, aber auch nicht weniger. Wir fassen die Konzepte, die diese Händler angewandt haben, unter dem Begriff „Lean Retailing" zusammen und stellen sie – im Anschluss an einen kurzen Exkurs über den Ansatz von Toyota – im weiteren Verlauf dieses Kapitels vor.

Die Automobilindustrie als Vorbild

Viele Einzelhändler haben heute in ihren Filialen mit ähnlichen Problemen zu kämpfen wie vor 50 Jahren die Automobilhersteller in ihren Fabriken: Die Kundenbedürfnisse sind nicht immer transparent, die Prozesse teilweise ineffizient, instabil und unflexibel, und das Wissen der Mitarbeiter wird nicht konsequent für die Verbesserung der Ist-Situation genutzt. Die erfolgreichen Automobilhersteller haben diese Probleme in der Zwischenzeit größtenteils gelöst, indem sie ein Konzept angewandt haben, das von Toyota entwickelt wurde: Lean Manufacturing. Viele der Ideen des Lean Manufacturing können, entsprechend angepasst, auf den Handel übertragen werden. Die Champions unter den Händlern haben das bereits getan und damit den Grundstein für ein neues Konzept in der Filiallogistik gelegt: Lean Retailing. Ob Lean Retailing den Handel ähnlich revolutionieren wird wie Lean Manufacturing die Automobilindustrie, bleibt noch abzuwarten. Da jedoch diejenigen Händler, die begonnen haben, Lean Retailing einzuführen, tatsächlich bereits signifikante Verbesserungen erzielen, stehen die Chancen dafür gut. Ein Erfolgsbeispiel: Ein Lebensmittelhändler hat es geschafft, seine Logistikkosten um 13% zu senken und den Gesamtbestand um 11% zu reduzieren; gleichzeitig stieg sein Umsatz um 3%.

Toyota – der Pionier des Lean Manufacturing. Lean Manufacturing hat Toyota in den vergangenen 30 Jahren die höchsten Wachstumsraten und die größte Marge der Automobilindustrie beschert. Die Aktionäre profitierten hiervon in Form einer üppigen Rendite. Toyota ist heute der zweitgrößte Automobilhersteller der Welt (Abbildung 2-1) mit einem

Marktanteil von 12% – 1970 waren es erst lediglich rund 5%. Bis 2010 will Toyota seinen Marktanteil sogar auf 15% steigern und würde damit zum größten Autobauer der Welt.

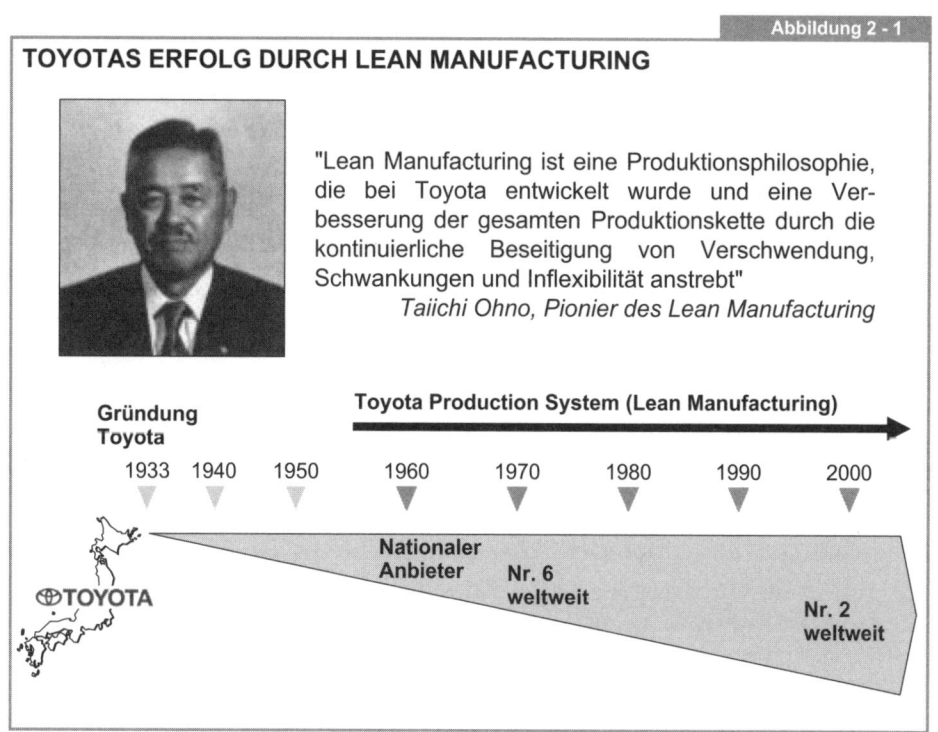

Abbildung 2 - 1

TOYOTAS ERFOLG DURCH LEAN MANUFACTURING

"Lean Manufacturing ist eine Produktionsphilosophie, die bei Toyota entwickelt wurde und eine Verbesserung der gesamten Produktionskette durch die kontinuierliche Beseitigung von Verschwendung, Schwankungen und Inflexibilität anstrebt"
Taiichi Ohno, Pionier des Lean Manufacturing

Wie erklärt sich diese Entwicklung? Schließlich ist Toyota weder für innovative Produkte noch für brillantes Marketing bekannt. Der Schlüssel zum Erfolg war in diesem Fall das effizienteste Produktionssystem der Welt. Entstanden ist dieses System in den 50er-Jahren. Toyota war gezwungen, seine Kosten massiv zu senken, konnte dabei aber nicht wie die amerikanischen Autokonzerne auf die Skalenvorteile einer Massenproduktion bauen und verfügte auch nicht über umfangreiche finanzielle Mittel für Investitionen. Daher galt es, ein Konzept zu finden, mit dem – auch ohne die Anschaffung teurer Produktionsanlagen – selbst kleine Stückzahlen effizient hergestellt werden konnten.

Toyota kaufte demzufolge gebrauchte amerikanische Produktionsanlagen und führte einen deutlich flexibleren Produktionsablauf mit kleineren Losgrößen ein. Dadurch konnte das Unternehmen zwar die Nachfrage besser erfüllen, zugleich drohte ihm aber ein neues Problem zu erwachsen: Bei kleinen Stückzahlen müssen die Maschinen häufiger gewechselt oder umgebaut werden, was zu langen Stillständen in der Produktion geführt hätte. Um dies abzuwenden, entwickelte Toyota ein Produktionssystem, das auf eben diesen raschen Wechsel mit minimalem Aufwand ausgerichtet war: Die Entfernungen, die die Werkzeuge und Maschinenteile in der Fabrik zurücklegen mussten, wurden deutlich reduziert, die Werkzeuge und Maschinen selbst so angepasst, dass sie flexibler verwendbar waren. Zusätzlich optimierte Toyota den Einsatz der Mitarbeiter durch eine bessere Personalplanung und festgelegte Abläufe bis hin zu einzelnen Handgriffen und investierte intensiv in den Ausbau der Fähigkeiten der Mitarbeiter.

Aus der höheren Kompetenz und Motivation der Beschäftigten resultierte ein weiterer, für die Entwicklung von Toyota wichtiger Vorteil: Das Unternehmen konnte die Mitarbeiter eng in einen kontinuierlichen Verbesserungsprozess einbinden. Dies ermöglichte es Toyota, schneller und v.a. mit deutlich geringeren Investitionen auf Veränderungen des Marktes zu reagieren bzw. die Produktion auf neue Modelle umzustellen.

Die Quintessenz des Lean Manufacturing. Im Laufe der Zeit entwickelte sich aus dem Vorgehen von Toyota der Management-Ansatz, der heute als Lean Manufacturing bezeichnet wird. Der Grundgedanke des Lean Manufacturing läuft darauf hinaus, zu minimalen Kosten dem Kunden genau die Leistungen oder Produkte anzubieten, die er sich wünscht und für die er bereit ist zu zahlen. Wird weniger geboten, ist der Kunde unzufrieden. Wird mehr geboten, entstehen Kosten ohne entsprechende Erlöse.

Möglich wird dieses kosten- und nutzenoptimierte Angebot, indem Verschwendung in allen Abläufen durch schlanke, stabile und flexible Prozesse konsequent vermieden wird. „Schlank" bedeutet, dass alle nicht wertschöpfenden Aktivitäten abgeschafft werden. „Stabil" heißt, dass alle Prozesse weitgehend festgelegt sind und konsistent zum erwünschten Ergebnis führen. Und „flexibel" sind Prozesse, wenn das Unternehmen auf Veränderungen der Rahmenbedingungen, etwa der Nachfrage, schnell und mit wenig Aufwand reagieren kann.

Eine neue Denkweise. Beim Lean Manufacturing handelt es sich nicht nur um eine veränderte Art der Produktion, sondern um eine grundsätzlich neue Denkweise – eine, die den Kunden und dessen Bedürfnisse in den Mittelpunkt stellt. Der Erfolg von Toyota beruht auf einer Unternehmenskultur, auf Grund derer die Mitarbeiter bereit sind, das eigene Handeln laufend zu hinterfragen und sich niemals mit der aktuellen Situation zufrieden zu geben. Dem Vorbild von Toyota sind in den vergangenen Jahren viele Industrieunternehmen gefolgt. Zahlreiche Erfolgsbeispiele finden sich auch jenseits der Automobilproduktion. So schaffte es beispielsweise der Computerhersteller Dell, seinen Bestand im Jahr 2001 durch das konsequente Umsetzen der Lean-Prinzipien 64 Mal umzuschlagen 50 Mal häufiger als der stärkste Wettbewerber, und dies zu nicht einmal halb so hohen Kosten. Wegen solcher hervorragenden Ergebnisse gilt Lean Manufacturing als eines der erfolgreichsten Managementkonzepte überhaupt.

Vom Lean Manufacturing zum Lean Retailing – Die industrielle Revolution im Handel

Lean-Manufacturing-Ansätze werden – leicht modifiziert – inzwischen auch im Handel eingesetzt. Die Supply-Chain-Champions haben bereits einige der Lean-Manufacturing-Ansätze erfolgreich an ihre Bedürfnisse angepasst und dadurch schlankere, stabilere und flexiblere Filialprozesse geschaffen.

Champions haben schlankere Filialprozesse. Die Champions unter den Händlern haben ihre Filialprozesse, z.B. das Auffüllen der Regale, vereinfacht und beschleunigt, um ihren Kunden einen ungestörten Einkauf zu ermöglichen. 2 Drittel der Champions, aber nur ca. 40% der Verfolger haben Auffüllprozesse etabliert, die den Verkauf nicht beeinträchtigen (Abbildung 2-2). Personalintensive Auffülltätigkeiten finden bei den Champions im Gegensatz zu den Verfolgern nicht während der Kernzeiten des Tages statt und sind größtenteils beendet, wenn die Filiale morgens öffnet. Dies ist ihnen gelungen, indem sie nicht wertstiftende Tätigkeiten wie unnötige Laufwege beim Auffüllen vermeiden und einfache Standards für das Vorgehen bei Auffülltätigkeiten geschaffen haben.

Champions haben stabilere Filialprozesse. Die Champions beobachten die Entwicklung der Bestände in der Filiale und speziell im Regal sehr viel genauer als die Verfolger. Die Ursachen für unnötige Schwankungen im Nachschub, z.B. falsches Bestellverhalten und unpassende Lieferrhythmen, ermitteln sie sofort und leiten Gegenmaßnahmen ein. Auf diese Weise haben sie im Durchschnitt 61% weniger Regallücken und einen um 37% geringeren Bestand als die Verfolger.

Champions haben flexiblere Filialprozesse. Die Champions können auf Nachfrageschwankungen flexibel reagieren, weil sie festgefahrene Prozesse aufgelöst haben. Wie Abbildung 2-2 zeigt, arbeiten 83% der Champions, aber nur 18% der Verfolger mit dynamisch an die Abverkaufsraten und Regalreichweiten angepassten Lieferrhythmen. Auf diese Weise reduzieren die Champions Fehlmengen und Überbestände. Auch das Regalmanagement ist bei den Champions flexibler als bei den Verfolgern: 50% der Champions, aber nur 19% der Verfolger können die Regalreichweiten und Facings an den Abverkauf angleichen. Bei den Champions gibt es keine strikten Vorgaben vom Category-Management, an die sich die Filiale halten muss. Stattdessen sind die Prozesse so gestaltet, dass die Filialen die Regalbestückung innerhalb von Korridoren, die das Category-Management festgelegt hat, kurzfristig ändern können, um Regallücken und Überbestände zu vermeiden.

Champions praktizieren Lean Retailing. Die Champions haben bereits einige Aspekte des Lean Manufacturing aufgegriffen und umgesetzt. Aus den vielen einzelnen Ansätzen, die auf die Verbesserung der Filiallogistik abzielen, hat sich inzwischen ein Gesamtkonzept für den Handel nach dem Vorbild des Lean Manufacturing entwickelt. Ursprung dieses Ansatzes war die Idee eines Produktionsexperten mit jahrelanger Erfahrung in der Anwendung von Lean Manufacturing in Stahlwerken und im Maschinenbau: Er wollte eine einzelne Filiale eines belgischen Einzelhändlers mit all ihren Prozessen konsequent nach Lean-Manufacturing-Ansätzen optimieren.

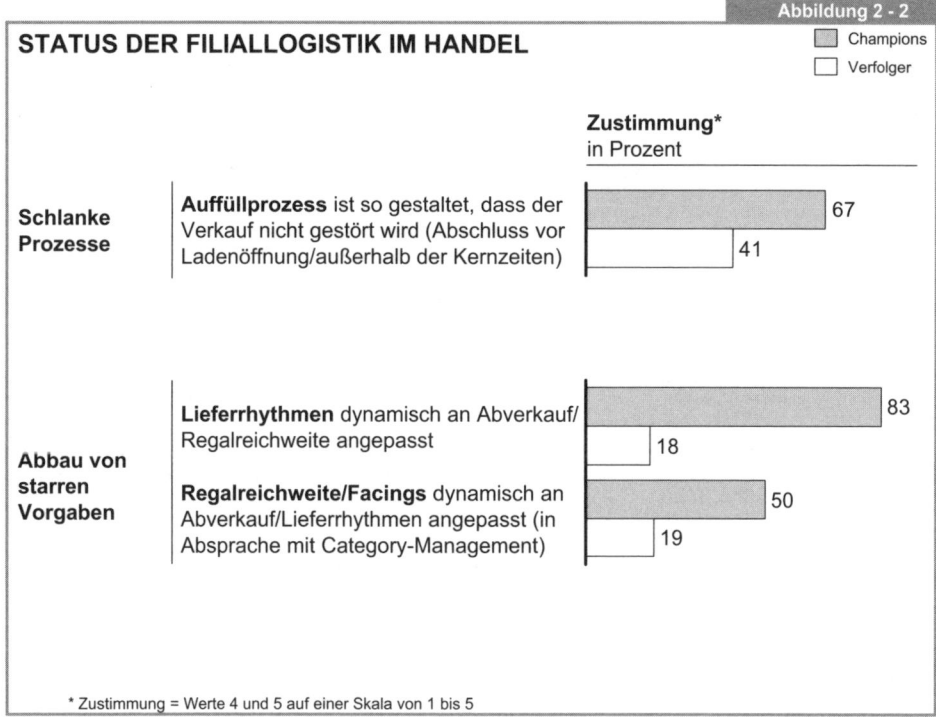

Abbildung 2 - 2

STATUS DER FILIALLOGISTIK IM HANDEL

☐ Champions
☐ Verfolger

Zustimmung*
in Prozent

Schlanke Prozesse

Auffüllprozess ist so gestaltet, dass der Verkauf nicht gestört wird (Abschluss vor Ladenöffnung/außerhalb der Kernzeiten)
67
41

Abbau von starren Vorgaben

Lieferrhythmen dynamisch an Abverkauf/Regalreichweite angepasst
83
18

Regalreichweite/Facings dynamisch an Abverkauf/Lieferrhythmen angepasst (in Absprache mit Category-Management)
50
19

* Zustimmung = Werte 4 und 5 auf einer Skala von 1 bis 5

Die Ergebnisse und die Begeisterung des Filialpersonals des Händlers haben alle Beteiligten überrascht und beeindruckt. Per Schneeballeffekt haben sich aus dem Pilottest mit der einen Filiale des Händlers inzwischen zahlreiche Anwendungsbeispiele auf der ganzen Welt und in fast allen Handelsformaten entwickelt. So ist ein überzeugendes, aber v.a. einfaches Konzept entstanden, das für die Filiallogistik als Konzept der Zukunft gilt: Lean Retailing.

Lean Retailing orientiert sich am Kunden und vermeidet Verschwendung. Nach dem Vorbild des Lean Manufacturing sind auch beim Lean Retailing die Vermeidung von Verschwendung und die Ausrichtung an den Wünschen des Kunden die Hauptziele. Auf Basis dieser beiden Ziele werden – wie in Abbildung 2-3 dargestellt – die Filialprozesse angepasst.

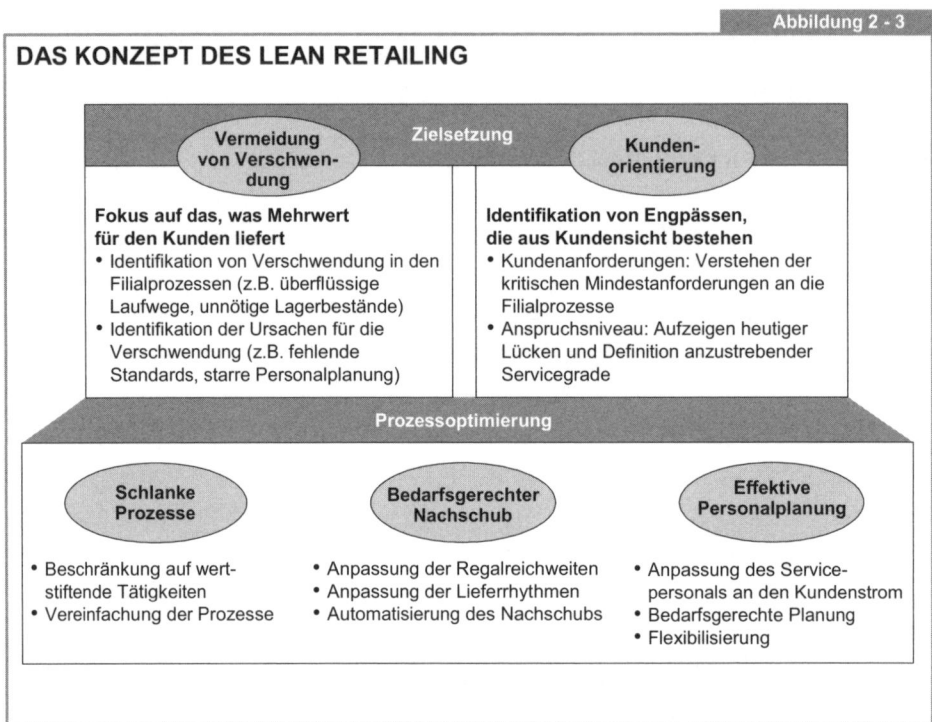

Abbildung 2 - 3

DAS KONZEPT DES LEAN RETAILING

Schlanke Prozesse sind beim Lean Retailing ebenso wie beim Lean Manufacturing der erste Ansatzpunkt. Sie sorgen dafür, dass die Abläufe einfach und transparent sind und alle Tätigkeiten Kundennutzen schaffen. Das Gegenstück zu den stabilen Produktionsprozessen beim Lean Manufacturing ist beim Lean Retailing der bedarfsgerechte Nachschub. Mit diesem lassen sich unnötige Bestellschwankungen vermeiden und sowohl Regallücken als auch Überbestände reduzieren. Flexibilität im Konzept des Lean Manufacturing bezeichnet die Möglichkeit, flexibel auf Änderungen der Rahmenbedingungen, z.B. eine schwankende Nachfrage, reagieren zu können. Beim Lean Retailing wird ebenfalls flexibel auf Nachfrageschwankungen reagiert, und zwar mittels der Einsetzung einer effektiven Personalplanung.

Auf diese Punkte werden wir in den folgenden Abschnitten noch einmal detailliert eingehen.

Verschwendung vermeiden – Konzentration auf das, was Wert stiftet

Im Zusammenhang mit Lean Manufacturing ist im Japanischen häufig von „muda" die Rede, worunter alles verstanden wird, was Kosten erzeugt, aber keinen Kundenmehrwert stiftet. Mit anderen Worten: Verschwendung ist all das, wofür der Kunde nicht bereit ist zu zahlen. Bei allen Filialprozessen kann Verschwendung auftreten. Lean Retailing sorgt mit einfachen Mittelns dafür, dass sie vermieden wird.

Abbildung 2-4 zeigt einige typische Beispiele für Verschwendung im Handel:

- *Unnötige Lagerbestände*. Im Hand- oder Filiallager liegen unnötige Bestände oder die Regalreichweiten sind zu hoch.

- *Wartezeiten*. Der Kunde wartet an der Kasse oder sucht einen Servicemitarbeiter; die Mitarbeiter warten auf Ware oder auf eine dringend erforderliche Information.

- *Regallücken*. Die Produkte, die der Kunde nachfragt, sind nicht vorrätig oder liegen zumindest nicht an der richtigen Stelle im Regal.

- *Qualitätsmängel*. Die Produkte sind beschädigt, abgelaufen oder verschmutzt, die Preisauszeichnung ist falsch oder die Verpackung beschädigt.

- *Überflüssige Aktivitäten*. Das Personal ist mit unnötigen Aufgaben wie dem Überprüfen von Wareneingangslisten oder dem Entfernen von Umverpackungen beschäftigt und steht nicht für die Kundenbetreuung zur Verfügung.

- *Vermeidbare Laufwege*. Das Personal wird durch lange und unnötige Laufwege beim Nachfüllen aus dem Filial- oder Handlager, beim Rücktransport überzähliger Ware oder beim Suchen nach Produkten gebunden.

Abbildung 2 - 4

BEISPIELE FÜR VERSCHWENDUNG IN DER FILIALE

Unnötige Lagerbestände · Wartezeiten · Vermeidbare Laufwege · Regallücken · Überflüssige Aktivitäten · Qualitätsmängel

Um die Verschwendung in Zahlen fassen zu können, haben wir bei einigen Händlern gemessen, mit welchem Anteil ihrer Arbeitszeit die Servicemitarbeiter tatsächlich dem Kunden zur Verfügung stehen. Abbildung 2-5 stellt die Ergebnisse am Beispiel eines Lebensmittelhändlers und eines Warenhauses dar. Beim Lebensmittelhändler betrug der Anteil der Tätigkeiten ohne direkten Kundenkontakt 54%, beim Warenhaus 44%. Der Vergleich mit einem Best-Practice-Beispiel aus dem Lebensmittelhandel zeigt, dass in beiden Fällen erheblich zu viel Zeit für nicht wertschöpfende Tätigkeiten eingesetzt wird, denn hier verbringt das Servicepersonal nur 27% der Zeit mit logistischen und administrativen Tätigkeiten.

Der hohe Anteil der Zeit, die die Mitarbeiter nicht „am Kunden" verbringen, ist Besorgnis erregend. In noch stärkerem Maße gilt das für die Konsequenzen dieser Verschwendung: Die Kosten sind durch den intensiven Personaleinsatz höher als notwendig, gleichzeitig gehen Umsätze verloren, weil die kaufwilligen Kunden nicht von ausreichend viel Personal betreut werden.

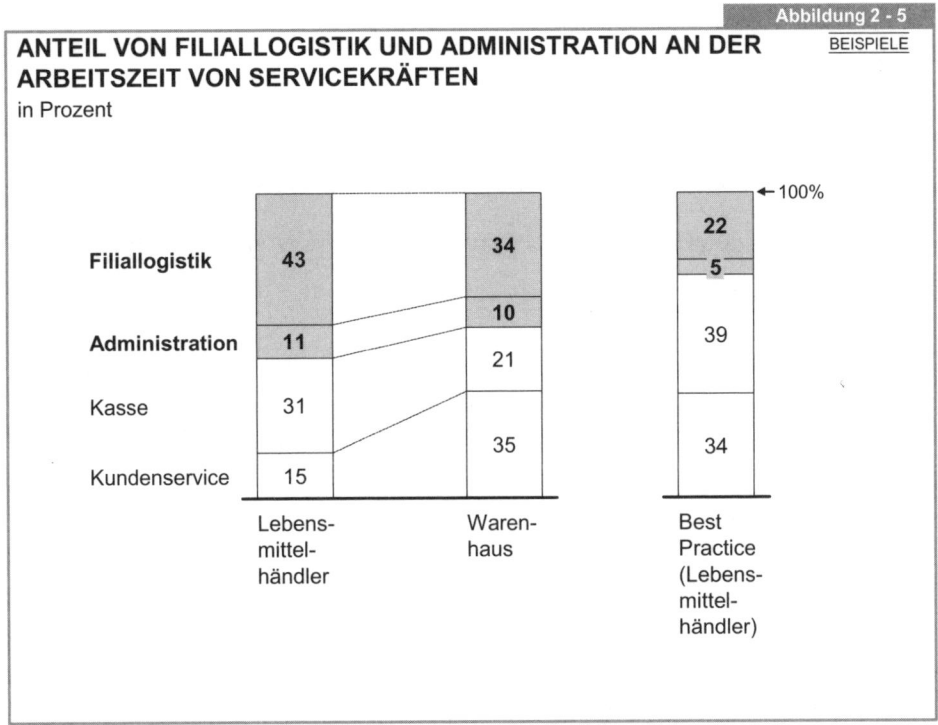

ANTEIL VON FILIALLOGISTIK UND ADMINISTRATION AN DER ARBEITSZEIT VON SERVICEKRÄFTEN
in Prozent

Abbildung 2 - 5
BEISPIELE

Verschwendung und ihre Ursachen identifizieren. Einige Arten der Verschwendung, z.B. große Regallücken, sind offensichtlich, andere wie eine geringe Verfügbarkeit des Servicepersonals für Kundenkontakte sind es weniger. Beim Erkennen von Verschwendung und ihren Ursachen hilft eine Reihe einfacher Diagnose-Tools. Mit ihnen kann der Händler seine Prozesse, den Bestand, seinen Personaleinsatz und die Kundenzufriedenheit analysieren. Einige Tools aus dem Werkzeugkasten des Lean Retailing stellen wir in den folgenden Abschnitten dieses Kapitels vor. Es lohnt, sie zur Hand zu nehmen und einzusetzen, denn mit ihnen lassen sich nicht nur Verschwendung und ihre Ursachen identifizieren, sondern auch die Schwachstellen der Ist-Situation visualisieren. Auf diese Weise können alle Mitarbeiter diese Schwachstellen mit eigenen Augen sehen und künftige schon bei den ersten Anzeichen erkennen. Unsere Erfahrung zeigt, dass vielen Filialangestellten häufig nicht bewusst ist, dass sie beispielsweise für das Einräumen von 10 Produkten 200 Meter zurückgelegt haben, dass ein Großteil der im Regal fehlenden Produkte unentdeckt im Filiallager lag oder dass sie nur einen Bruchteil ihrer Zeit dem Kunden für Serviceleistungen zur Verfügung stehen. Erst wenn alle verstanden haben, was schief läuft, entsteht die für Veränderungen essentielle Motivation.

Kundenorientierung – Dem Kunden das geben, was er will

Beim Lean Retailing steht der Kunde im Mittelpunkt. Er ist das Maß aller Dinge. Wenn er bekommt, was er will, erzielt der Händler die Umsätze, die er sich wünscht. Wie aber kann ein Händler wissen, was seine Kunden wollen?

1. Regel: Gehe nicht nur von dir selbst aus. Einige Supply-Chain-Experten glauben, sie könnten die Ansprüche der Kunden an die Filiale von sich selbst ableiten. Schließlich kennen sie ihre Filialen, sprechen mit den Kunden und sehen, was in der Filiale vor sich geht. Außerdem sind sie selbst Kunde in den Filialen des eigenen Unternehmens und bei anderen Händlern und wissen daher, worauf es ankommt. Viele Manager glauben daher, es sei doch am einfachsten, von den eigenen Wünschen auszugehen und diese – evtl. in leicht angepasster Form – auf den Kunden zu übertragen. Solch ein Vorgehen kann in Einzelfällen funktionieren, Marketingspezialisten wissen aber, dass diese Fälle eine Ausnahme sind. Wesentlich wahrscheinlicher ist es, dass der Supply-Chain-Manager mit seiner Einschätzung nicht den Kern des Kundenwunsches trifft. Das bedeutet nicht, dass die eigenen Erfahrungen und Beobachtungen nicht zählen würden, aber sie sollten nicht der alleinige Maßstab sein. Wichtig sind strukturierte Befragungen, damit das Eigenbild auf eine möglichst solide Basis gestellt wird – und ggf. korrigiert werden kann.

2. Regel: Frage den Kunden – er weiß am besten, was er will. Ein Element, das bei keiner Erhebung der Kundenanforderungen fehlen sollte, ist die Kundenbefragung. Denn niemand weiß besser, was der

Kunde will, als der Kunde selbst. Die Kundenbefragung sollte idealer-
weise stattfinden, wenn der Kunde die Filiale verlässt, denn dann ist ihm
das Kauferlebnis noch frisch in der Erinnerung. Abbildung 2-6 zeigt
einen Teil der Auswertung einer Kundenbefragung, die in einer Droge-
riefiliale durchgeführt worden ist. Hier wurde u.a. untersucht, warum
Kunden die Filiale verließen, ohne etwas gekauft zu haben. Der Drogist
hat durch diese Auswertung eine interessante Einsicht gewonnen: Über
1 Viertel der Kunden hatte nicht gekauft, obwohl sie die Filiale mit dem
festen Vorsatz, etwas zu kaufen, betreten hatten. Und: Über die Hälfte
der Nichtkäufer nannte dafür Gründe, z.B. dass kein Servicepersonal
verfügbar war oder die Ware im Regal fehlte, die sich direkt auf ineffiziente Filialprozesse zurückführen ließen. Daraufhin ergriff der Drogist
Maßnahmen, die gezielt an diesen Problemen ansetzten. Eine regelmäßige Überprüfung durch Kundenbefragungen ergab, dass anschließend der
Anteil der Kunden, die die Filiale mit festem Kaufwillen betraten und als
Nichtkäufer verließen, deutlich gesenkt werden konnte.

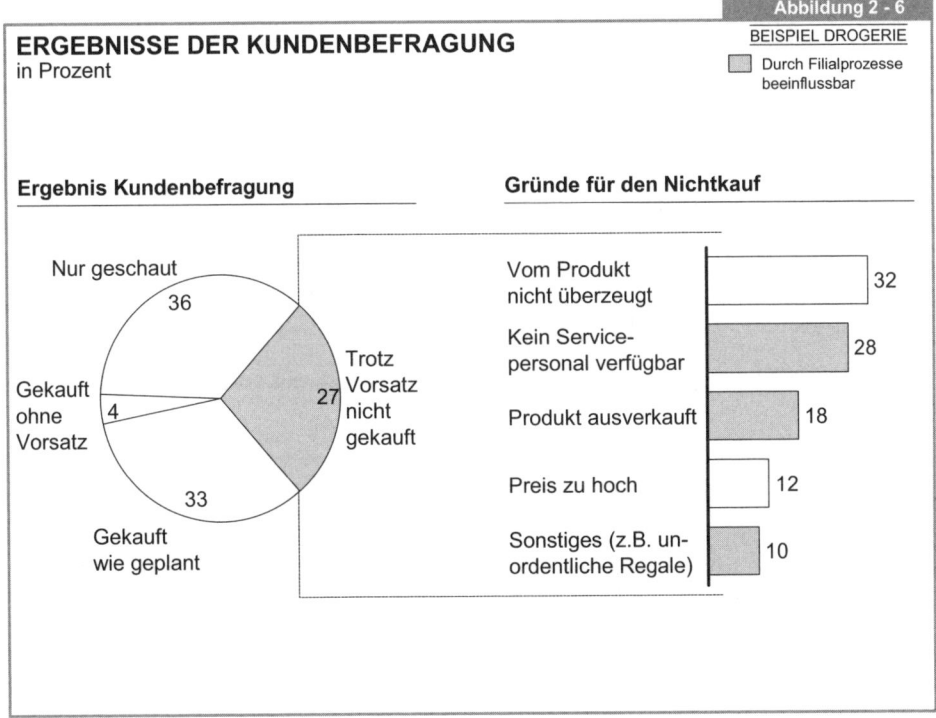

43

3. Regel: Nutze alle Informationen. Der Kunde äußert seine Wünsche und Erfahrungen häufig nicht direkt. Und wenn er es tut, z.B. indem er eine Beschwerde schreibt, werden diese Informationen nicht notwendigerweise auch richtig verwertet. Einige Beschwerden gehen erfahrungsgemäß ganz unter, während bei anderen überreagiert wird. Um den Kunden und seine Wünsche richtig zu verstehen, gilt es, Informationen aus unterschiedlichen Quellen zu nutzen. Möglichkeiten bieten außer den Kundenbeschwerden auch Kundenbefragungen, Mystery Shopper, Personalbefragungen und natürlich – zur Ergänzung – die eigenen Beobachtungen. Anschließend müssen diese Informationen zusammengeführt und ausgewertet werden; die Ergebnisse sind dann häufig überraschend.

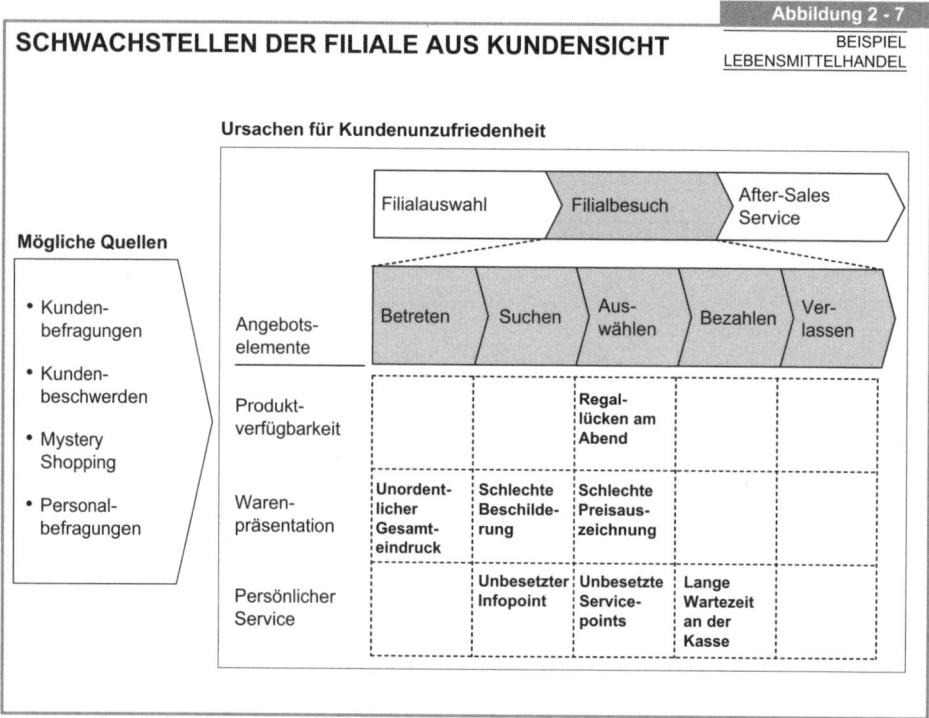

Abbildung 2-7 stellt dar, welche Schwachstellen die Filialen eines Lebensmittelhändlers aus Kundensicht hatten. Bei der Auswertung der verschiedenen Informationsquellen stellte sich heraus, dass die Kunden etwa die Beschilderung bei diesem Händler als unübersichtlich und teilweise verwirrend empfanden, weil die Hinweisschilder nur schwer lesbar waren und nicht die Schlagworte enthielten, nach denen die Kunden suchten. Und obwohl die objektiv erhobene Warenverfügbarkeit in der Filiale mit durchschnittlich 97% durchaus im Bereich zufrieden stellend lag, gaben die Kunden an, mit der Warenverfügbarkeit unzufrieden zu sein. Denn die von ihnen „gefühlte Warenverfügbarkeit" lag bei nur 90%, da die Produkte zwar in der Filiale vorhanden waren, von den Kunden aber nicht gefunden werden konnten. Zudem waren am Abend wichtige Frischeartikel wie Milch häufig ausverkauft. Weitere Schwachstellen aus Sicht des Kunden waren nicht verfügbare Mitarbeiter, lange Wartezeiten an der Kasse und ein schlechter Gesamteindruck der Filiale wegen der in ihr herrschenden Unordnung.

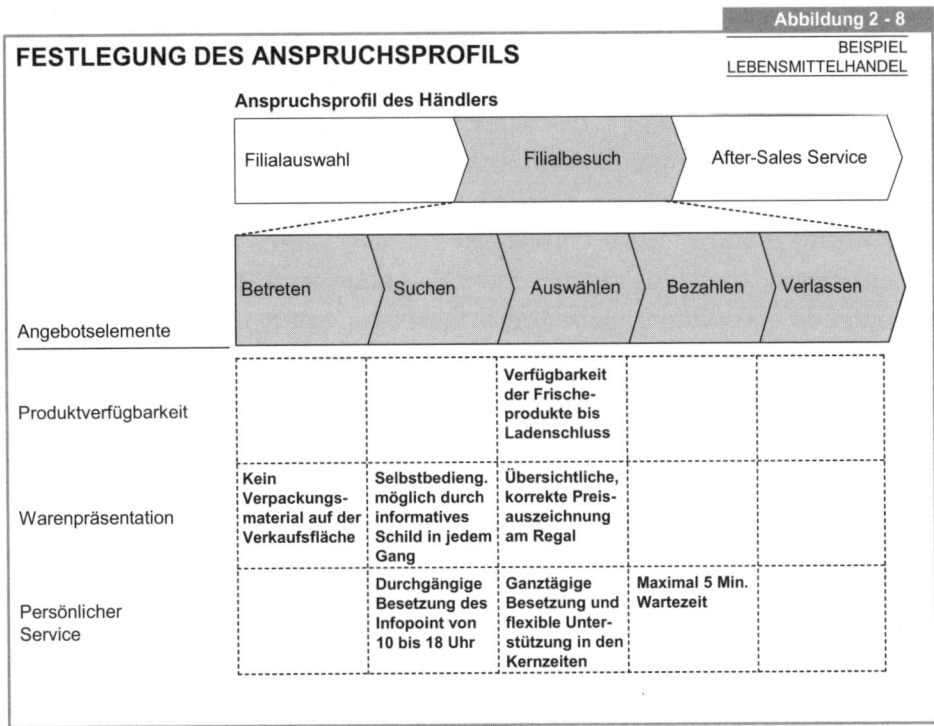

Ableitung des eigenen Anspruchsprofils. Wenn der Händler weiß, was der Kunde wünscht, sollte er sich auf der Grundlage dieser Informationen fragen, welchen Servicelevel er dem Kunden anbieten will und kann. Dabei muss er seine eigene Unternehmensstrategie und die Ansätze der Wettbewerber berücksichtigen. Auf dieser Grundlage kann er entscheiden, ob er bewusst die Kundenwünsche übererfüllen will, um sich positiv vom Wettbewerb abzuheben, oder ob er in einzelnen Bereichen sogar darauf verzichten kann, die Kundenwünsche vollständig zu erfüllen. So entsteht das Anspruchsprofil des Händlers für seine Filialen. Wichtig ist hierbei, alle Angebotsdimensionen – d.h. den Kundenservice, die Produktverfügbarkeit, die Warenpräsentation und den persönlichen Service – sowie alle Filialprozesse zu berücksichtigen. Abbildung 2-8 zeigt das Anspruchsprofil des bereits erwähnten Lebensmittelhändlers.

Schlanke Prozesse – Kein Handgriff zu viel

Die lange Reise der Ware ins Regal. Ein zentraler Prozess der Filiallogistik ist der Regalauffüllprozess. Aus Sicht des Kunden sind bei diesem Prozess nur der Transport der Ware bis zum Regal und das tatsächliche Einräumen wertschöpfend. Unnötiger Aufwand beim vorherigen Sortieren und Transportieren der Ware ist Verschwendung. Dass viele Händler ihre Auffüllprozesse noch verbessern können, zeigt sich daran, dass die Beschäftigten häufig bis zu 70% ihrer Zeit beim Auffüllen für nicht wertschöpfende Aktivitäten einsetzen: Mitarbeiter kramen in großen Kisten nach dem richtigen Produkt, suchen nach einem Ort, an dem sie überzählige Artikel aufbewahren können, oder laufen ständig zwischen Rampe, Regal und Handlager hin und her. Das Ergebnis sind ineffiziente Auffüllprozesse sowie Regale, die zu lange leer bleiben.

Jeder Händler ist anders. Ein schlanker Prozess ist dadurch gekennzeichnet, dass er verschwendungsfrei abläuft und eine hohe Wertschöpfung liefert. Dass es Sinn macht, solche Prozesse einzusetzen, ist offensichtlich. Wie aber lassen sich Prozesse verschlanken? Wie etwa sieht der optimale Regalauffüllprozess aus? Für schlanke Abläufe gibt es keinen allgemein gültigen Standard, denn was aus Sicht eines Händlers optimal ist, hängt stark vom Einzelhandelsformat und den Rahmenbedingungen des einzelnen Händlers ab. So hat beispielsweise ein Lebensmittelhändler feste Regalbelegungen und mobile Barcode-Scanner, mit denen er die Regalverfügbarkeit einfach über das Scannen der Regallücken überprüfen kann, während ein Textilhändler dafür in vielen

Sortimenten mit einer Listungstabelle arbeiten und ein Formular manuell ausfüllen muss. Beide Prozesse sind jedoch schlank.

Standardisierte Prozessoptimierung statt standardisierter Prozesse. Es gibt folglich keine standardisierten schlanken Prozesse, die jedem Händler automatisch eine schlanke Filiallogistik bescheren. Stattdessen gibt es standardisierte Werkzeuge für die Prozessoptimierung, mit denen sich jeder Händler individuell auf seine Bedürfnisse ausgerichtete schlanke Prozesse erarbeiten kann. 2 dieser Werkzeuge sind die *Einzelprozessanalyse* und das *Spaghetti-Diagramm*. Bei der Einzelprozessanalyse werden Schritt für Schritt alle Tätigkeiten dokumentiert und ihre Wertschöpfung hinterfragt. Auf diese Weise können nicht wertschöpfende Tätigkeiten erkannt und abgeschafft sowie wertschöpfende Tätigkeiten effizient miteinander verbunden werden. Die Einzelprozessanalyse ist ein Werkzeug, das sehr gut dazu geeignet ist, gemeinsam mit den Mitarbeitern der Filiale den Ablauf der Tätigkeiten vor Ort kritisch zu hinterfragen und nach Verbesserungsmöglichkeiten zu suchen. Der Einsatz des Spaghetti-Diagramms bietet sich bei bewegungsintensiven Tätigkeiten wie dem Auffüllen der Regale an. Details zum Spaghetti-Diagramm finden Sie in der Textbox „Prozessanalyse mit Spaghetti-Diagrammen".

Verschwendung mit dem Spaghetti-Diagramm aufdecken. Ein Händler, der Hypermärkte betreibt, hat den Auffüllprozess einer seiner Filialen als Spaghetti-Diagramm dargestellt, um herauszufinden, an welchen Stellen sich in seine Prozesse Ineffizienz eingeschlichen hat (Abbildung 2-9). Dabei hat er 3 Schwachstellen entdeckt: nicht standardisierte Laufwege, fehlende Behälter für den Transport zum Regal und fehlende Sortierung der Produkte. Dadurch legten die Mitarbeiter zum Auffüllen eines Produkts im Durchschnitt 20 Meter zurück.

Durch die Beseitigung dieser Schwachstellen konnte der Händler deutliche Verbesserungen erzielen: Die durchschnittliche Zeit, die zum Auffüllen benötigt wird, ist von 10 auf 3 Stunden gesunken; zudem verwenden die Mitarbeiter jetzt nur noch 27% ihrer Zeit für die Auffüllung gegenüber 54% vor der Optimierung. Hierdurch steht ihnen nun mehr Zeit zur Kundenbetreuung zur Verfügung. Außerdem hat sich die Warenverfügbarkeit verbessert. Die Optimierung hatte aber noch einen weiteren, nicht zu vernachlässigenden Effekt: Die Arbeit macht den Mitarbeitern nun deutlich mehr Spaß, da der Auffüllprozess dank der besseren Arbeitsmittel weniger anstrengend und einfacher ist und insgesamt besser läuft.

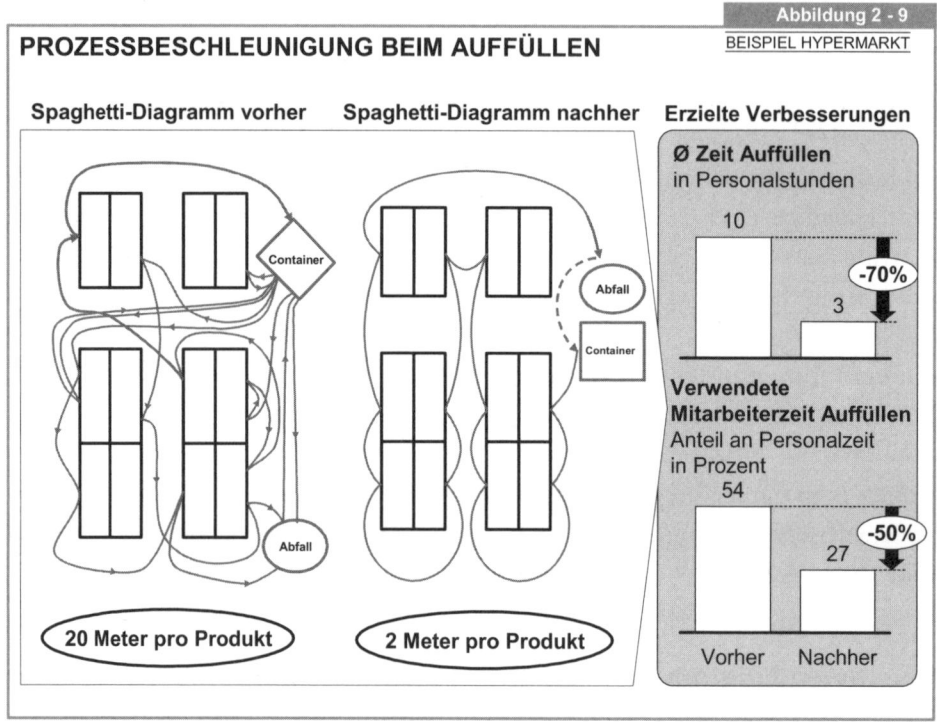

PROZESSBESCHLEUNIGUNG BEIM AUFFÜLLEN

Abbildung 2 - 9
BEISPIEL HYPERMARKT

Laufwege standardisieren. Wie das exemplarische Spaghetti-Diagramm zeigt, sind die Laufwege häufig unnötig lang. Das kann daran liegen, dass keine passenden Behälter für den Transport der Produkte innerhalb der Filiale vorhanden sind, oder daran, dass die Produkte falsch vorsortiert wurden. Der häufigste Grund ist aber, dass es „schon immer so gemacht" wurde. Um Verschwendung zu vermeiden, hat der Händler in unserem Beispiel gemeinsam mit seinen Mitarbeitern eine neue Auffüllreihenfolge festgelegt: Die Mitarbeiter hatten anhand des Filialgrundrisses überlegt, welche Regale am besten in eine „Tour" einbezogen werden sollten und in welcher Reihenfolge sie am schnellsten befüllt werden können. Auf diese Weise wurden die Laufwege erheblich verkürzt: Statt durchschnittlich 20 Meter laufen die Mitarbeiter jetzt nur noch 2 Meter, um einen Artikel einzuräumen.

Prozessanalyse mit Spaghetti-Diagrammen

Das Spaghetti-Diagramm ist – ähnlich den Spaghetti auf einem Teller – ein Bündel von Linien, das die Laufwege eines ausgewählten Prozesses grafisch darstellt. Je voller der Spaghettiteller, desto mehr unnötige Wege werden in der Filiale zurückgelegt.

Die Aussage eines Spaghetti-Diagramms scheint simpel, es ist jedoch genau diese einfache, plakative Darstellung, die allen Beteiligten die Augen öffnet. Anhand des Diagramms können die Ursachen für unnötige Laufwege sowie die unter Umständen einfachen Lösungen für dieses Problem oft sehr schnell gemeinsam mit den Beschäftigten der Filiale erarbeitet werden.

Und so erstellen Sie ein Spaghetti-Diagramm:

- Wählen Sie einen Prozess aus und beobachten Sie einen Mitarbeiter bei der Arbeit. Tipp: Verwenden Sie eine Videokamera. Die Gegenüberstellung von vorher und nachher, jeweils im Bild festgehalten, ist im späteren Rollout als „Beweismittel" für die Wirksamkeit der effizienzsteigernden Maßnahmen und zur Motivierung der betroffenen Mitarbeiter extrem hilfreich.

- Verfolgen Sie den Weg, den der Mitarbeiter zurückgelegt hat, und zeichnen Sie ihn auf; markieren Sie dabei auch die Laufrichtung, den Anfangs- und den Endpunkt. Erfassen Sie die jeweils benötigte Zeit in einer separaten Tabelle. Tipp: Die Darstellung ist weniger abstrakt, wenn Sie die Bewegungen auf einem Grundriss der Filiale mit eingezeichneten Regalen und Lagerräumen skizzieren.

- Erfassen Sie die Leistung (z.B.: 10 Produkte einsortiert), die dafür benötigte Zeit (z.B.: 5 Minuten) und die dabei zurückgelegte Distanz (z.B.: 250 Meter).

Geeignete Arbeitsmittel nutzen. Die Behälter, in denen die Ware angeliefert wird, stammen meist von der Zentrallagerlogistik oder, bei Direktbelieferung, von den Herstellern. Bei dem erwähnten Hypermarkt waren dies große und schwere Plastikcontainer. Die Mitarbeiter mussten, wie in Abbildung 2-10 dargestellt, die Ware aus diesen Containern nehmen und auf dem Arm zum Regal tragen. Das ideale Arbeitsmittel zum Auffüllen der Regale wären – aus Sicht der Filiallogistik des Händlers – aber Kistentürme aus wenigen aufeinander gestapelten, kleinen und leichten Plastikkisten. Mit einem flexiblen Untersatz auf Rollen können sie auf der Verkaufsfläche und in Gängen verwendet werden, ohne den Durchgang zu versperren. Diese Untersätze lassen sich leicht bewegen und die auf ihnen bewegte Ware kann übersichtlich und einfach greifbar zusammengestellt werden. Der Händler beschloss, die Zentrallagerlogistik langfristig auf diese Kistenformate umzustellen, diese aber zuvor schon auf

Filialebene einzusetzen. Zusätzlich zu den kleinen Kisten bekamen die Mitarbeiter weitere Arbeitsmittel wie Messer zum Öffnen und Behälter zum Entsorgen der Umverpackung sowie Behälter für überzählige Ware ausgehändigt. Das Ergebnis: eine deutliche Zeit- und Kraftersparnis für alle Filialangestellten.

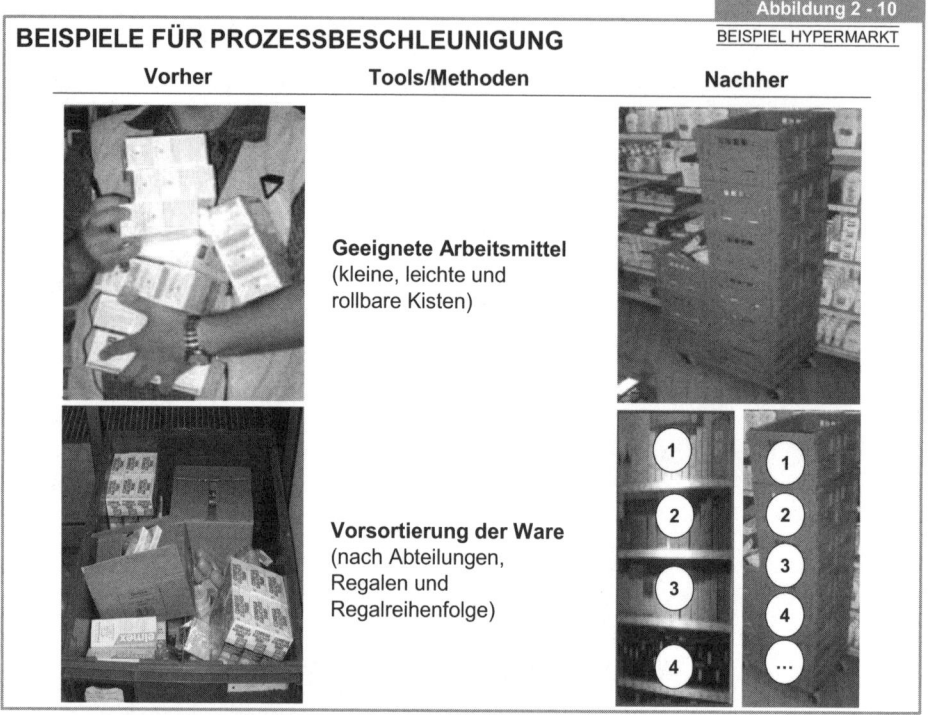

Abbildung 2 - 10

BEISPIELE FÜR PROZESSBESCHLEUNIGUNG — BEISPIEL HYPERMARKT

Vorher — Tools/Methoden — Nachher

Geeignete Arbeitsmittel (kleine, leichte und rollbare Kisten)

Vorsortierung der Ware (nach Abteilungen, Regalen und Regalreihenfolge)

Vorsortieren lohnt sich. Ähnlich wie die Transporteinheiten ist auch die Sortierung der Lieferung vom Kommissionierprozess des Lagers abhängig. Der dargestellte Händler erhielt die Lieferungen zwar nach Warengruppen vorsortiert, nicht aber nach Filiallayout bzw. nach Regalreihenfolge. Auch hier vermochte der Händler eine Veränderung in Gang zu setzen: Langfristig soll das Zentrallager die Waren nun vorsortiert anliefern. Für die Zeit bis dahin fand der Händler eine Lösung auf Filialebene: Die Mitarbeiter haben die Filiale in Abschnitte unterteilt, die jeweils durch eine „Tour" aufgefüllt werden, und sortieren die gelieferte Ware nun entsprechend diesen Touren und der Regalreihenfolge vor.

Auf diese Weise wurde es möglich, den Auffüllprozess zu beschleunigen und weitere Laufwege zu vermeiden.

Produktivitätsziele definieren. Zusätzlich zur operativen Anpassung der Filialprozesse sind einige Händler dem Beispiel der Industrie gefolgt und haben Produktivitätsziele festgelegt, etwa die Zahl der Produkte, die innerhalb eines bestimmten Zeitraums nachgefüllt werden muss. Anhand dieser Zielwerte kann die Produktivität kontinuierlich überprüft und der Personaleinsatz bedarfsgerecht geplant werden.

Schlank in allen Prozessen. Nicht nur der Auffüllprozess, sondern auch alle weiteren Tätigkeiten in der Filiale sollten auf Verschwendung und Beschleunigungsmöglichkeiten hin überprüft werden. Die administrativen Tätigkeiten der Abteilungs- oder Filialleiter können beispielsweise verringert werden, wenn die zu bearbeitenden Unterlagen, Kennzahlen und Berichte auf das notwendige Minimum beschränkt bzw. einfacher dargestellt und damit schneller lesbar werden. Bei einem Servicelevel des eigenen Zentrallagers von über 99,5% müssen auch nicht bei jedem Wareneingang die Lieferscheine kontrolliert werden. Ein genauer Blick auf die bisherigen Abläufe lohnt sich oft auch bei Preisabschriften, beim Überprüfen von Regallücken oder bei der Bearbeitung von Retouren.

Bedarfsgerechter Nachschub – Nicht zu viel, nicht zu wenig

Ziel des Nachschubmanagements ist eine konstant hohe Warenverfügbarkeit bei geringen Filialbeständen. Beides, Warenverfügbarkeit und Filialbestände, wird von einem komplexen Zusammenspiel aus Nachfrageprognosen, Abverkäufen, Bestellpunkten, Lieferrhythmen und Logistikprozessen in der Filiale bestimmt. Läuft dieses Zusammenspiel nicht optimal, entstehen zwangsläufig Regallücken und Überbestände. Während Regallücken sehr offensichtliche Symptome eines ineffizienten Nachschubmanagements sind, ist es wesentlich schwieriger, Überbestände zu identifizieren: Die Höhe des optimalen Bestands ist häufig gar nicht bekannt. Viele Händler wissen nicht, ab welcher Menge der Bestand unnötig ist, um den maximalen Abverkauf bis zum nächsten Auffüllen abzudecken. Auch die genauen Auswirkungen des Lieferrhythmus und des Minimalbestands auf die Entwicklung der Bestände haben viele Handelsunternehmen noch nicht ausreichend verstanden.

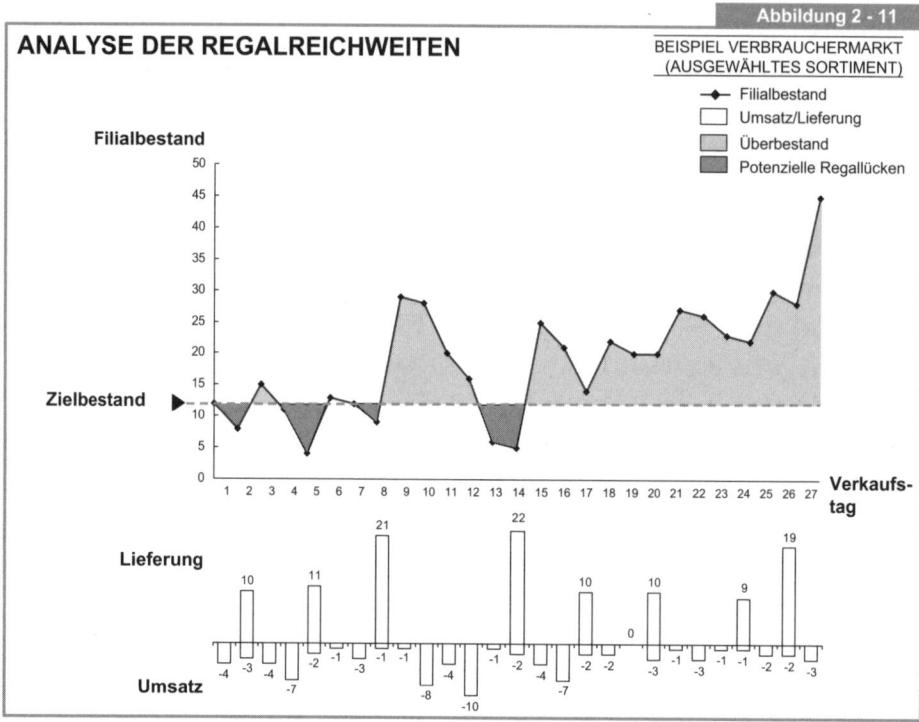

Entwicklungen des Bestands transparent machen. Sich auf die IT des Nachschubsystems oder die Erfahrung des bestellenden Mitarbeiters zu verlassen reicht oft nicht aus, um dauerhaft Regallücken und Überbestände zu vermeiden. Wichtig ist, zunächst einmal Transparenz über die Entwicklung der Regalbestände und die Wirkungszusammenhänge beim Nachschub zu schaffen. Genau dies leistet die Regalreichweitenanalyse.

Abbildung 2-11 stellt eine solche Regalreichweitenanalyse am Beispiel der ausgewählten Warengruppe eines Verbrauchermarkts dar. Das Diagramm zeigt, wie sich der Bestand im Regal in Abhängigkeit vom Abverkauf und von den Lieferungen entwickelt hat. Fällt der Bestand unter den Zielbestand, der aus der stochastischen Verteilung der historischen Nachfrage berechnet wurde, besteht das Risiko von Regallücken. Steigt der

Bestand über diesen Zielbestand hinaus an, wird unnötiger Bestand aufgebaut.

Dem dargestellten Händler war auf Grund seiner relativ niedrigen durchschnittlichen Warenverfügbarkeit von 93% bewusst, dass es in der untersuchten Warengruppe gelegentlich zu Regallücken kommt. Für alle Beteiligten war aber neu, dass gleichzeitig auch systematische Überbestände auftraten. Im dargestellten Beispiel konnte der Händler das Risiko von Regallücken und Überbeständen dadurch senken, dass er die minimalen Regalbestände reduzierte und gleichzeitig die verfügbaren Liefertage besser ausnutzte.

Der Blick fürs Ganze. Verschwendung in Form von systematischen Regallücken oder Überbeständen kann in der Filiale vermieden werden, indem die Übersteuerung bei der Nachbestellung reduziert und die Bestellung automatisiert wird (vgl. dazu auch Kapitel 5, Supply-Chain-Steuerung: Push, Pull und Promotions); auch veränderte Lieferrhythmen und Regallayouts können, wie wir gesehen haben, dazu beitragen. Manchmal ist aber die Filiale gar nicht (allein) verantwortlich für einen nicht bedarfsgerechten Nachschub. Eine falsche Tourenplanung oder Fehler bei der Kommissionierung im Lager etwa sind nicht ihr, sondern den vorgelagerten Prozessen anzulasten.

Klarheit über das Zusammenspiel der Prozesse in der Supply-Chain zu erlangen ist das Ziel der MIFA (Material- und Informationsflussanalyse). Die MIFA ist eine einfache grafische Darstellung des Wegs, den die Produkte und Informationen zurücklegen – vom Hersteller bis zum Kunden. Sie macht auch deutlich, wo der Waren- und Informationsfluss unterbrochen oder gestört wird.

Ein deutscher Betreiber von Verbrauchermärkten verwendete beispielsweise die MIFA, um gemeinsam mit den Mitarbeitern der Filiale, des Lagers und der zentralen Steuerung die Ursachen von Überbeständen und Regallücken in den Filialen zu identifizieren (Abbildung 2-12). Dem Händler ist es gelungen, anhand der MIFA ein Szenario für die zukünftigen Material- und Informationsflüsse zu entwerfen, das an allen ursprünglichen Schwachstellen auf allen Stufen ansetzt. Gleichzeitig hat er einige „Quick Wins" identifiziert. So war beispielsweise den Mitarbeitern der Filiale nicht bewusst, dass ein Großteil der verspäteten Lieferungen nicht auf den Kommissionierprozess, sondern auf Fehler bei der Nachbestellung zurückzuführen war. Deshalb achteten sie in der Folge darauf, rechtzeitig und gleichmäßiger zu ordern; dadurch sank die Anzahl der verspäteten Lieferungen um 90%.

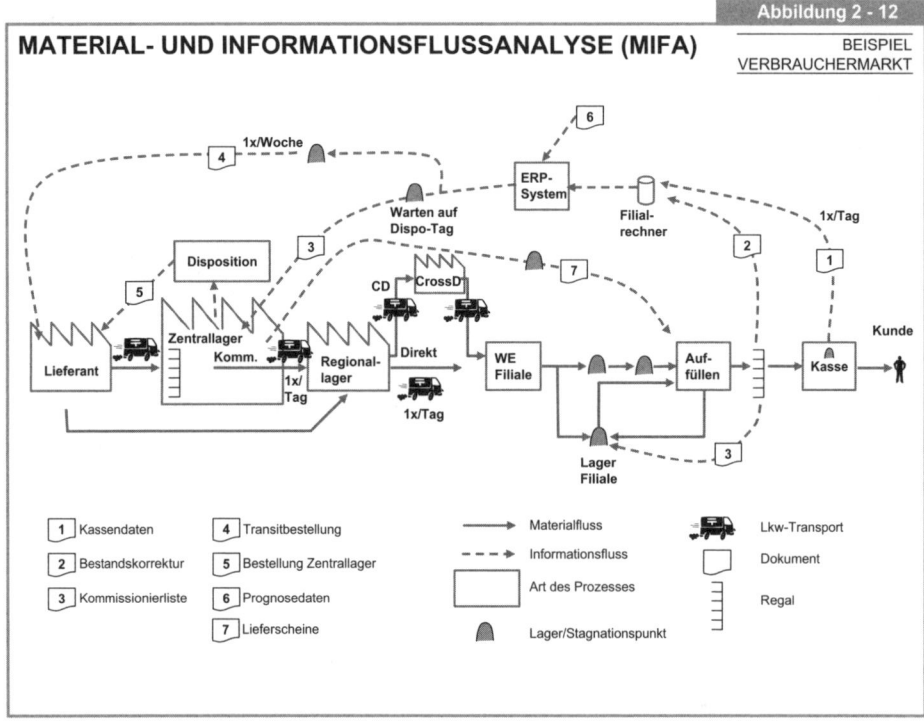

Abbildung 2 - 12

MATERIAL- UND INFORMATIONSFLUSSANALYSE (MIFA)

BEISPIEL VERBRAUCHERMARKT

MIFA – Die gesamte Supply-Chain auf einem Blatt Papier

Toyota profitiert seit den 50er-Jahren vom Einsatz der MIFA. Taiichi Ohno hatte erkannt, dass Verschwendung nicht auf einen Blick sichtbar ist, insbesondere nicht über geografisch getrennte Produktionsschritte hinweg. Er entwickelte deshalb die MIFA als Standardmethode für die visuelle Darstellung von Material- und Informationsflüssen. Die MIFA ist seither in vielen führenden Industrieunternehmen das Standardwerkzeug für die Visualisierung der Supply-Chain.

Die MIFA bildet die gesamte Supply-Chain des Einzelhändlers auf einem einzigen Blatt Papier ab. Durch Pfeile und Linien wird sowohl der Fluss der Ware vom Lieferanten über die Lagerstandorte bis ins Regal dargestellt als auch der Fluss von Informationen vom Kunden zurück zum Hersteller. Einige wenige standardisierte Symbole kennzeichnen die Lager- oder Stagnationspunkte, wichtige Prozesse und benötigte Dokumente. Ausgehend vom Kunden können so Schwachstellen im gesamten System identifiziert werden. Über den Ort der Verschwendung hinaus wird dank der vernetzten Darstellung auch sofort die Ursache dafür deutlich. Die Darstellung ist gut verständlich, so dass alle beteiligten Mitarbeiter anschließend Schwachstellen in ihrem Bereich ausmachen und Ideen für die Verbesserung entwickeln können. Nutzt man die MIFA in Abbildung 2-12 beispielsweise, um die Gründe für Regallücken zu finden, so kann es hilfreich sein, sowohl die einzelnen Stagnationspunkte der Ware auf dem Weg ins Regal als auch den Informationsfluss der Nachbestellung genau zu betrachten.

Und so erstellt man eine MIFA:
1. Ein Produkt oder eine Produktkategorie auswählen (z.B. Waschmittel des Herstellers XY) und Interviews mit einigen wenigen Mitarbeitern aus Filiale, Logistik und zentraler Steuerung führen, um folgende Informationen zu erhalten:
   – Ausgangs- und Endpunkt sowie Frequenz des Warenflusses
   – Wichtige Stationen des Warenflusses
   – Beteiligte Bereiche und Personen
   – Verwendete Methoden und Hilfsmittel.

2. Visualisierung des detaillierten physischen Materialflusses, Darstellung von Distanzen, Volumina, Bearbeitungspunkten, Beständen und Frequenzen. Tipp: Hier ist es oft hilfreich, den physischen Fluss beispielsweise von der Warenannahme bis zum Regal selbst abzuschreiten.

3. Identifikation der notwendigen Informationen bzw. Daten für jeden Schritt des physischen Materialflusses.

4. Erfassen der Quelle aller Informationen und grafische Rückverfolgung des Pfads.

5. Überprüfung der Darstellung des Ist-Zustands gemeinsam mit den Mitarbeitern, die in den jeweiligen Prozessen tätig sind.

6. Sammeln von Hypothesen, Einzeichnen der Möglichkeiten für eine Vereinfachung des Material- und Informationsflusses.

Effektive Personalplanung – Flexibel und bedarfsorientiert

Eine Personalplanung ist effektiv, wenn sie die folgenden 3 Kriterien erfüllt:

1. Das verfügbare Servicepersonal ist optimal an die tatsächliche Nachfrage angepasst.

2. Alle Tätigkeiten der Filiale werden bedarfsorientiert geplant.

3. Der Personaleinsatz ist flexibel.

Anhand einer Momentaufnahme des Personaleinsatzes in einer seiner Filialen hat ein skandinavischer Händler mit einem bedienungsintensiven Sortiment Schwachstellen in allen 3 Punkten festgestellt (Abbildung 2-13): Gemessen am Kundenstrom standen zu wenige Servicekräfte zur Verfügung, die anwesenden Mitarbeiter standen, da sie mit anderen

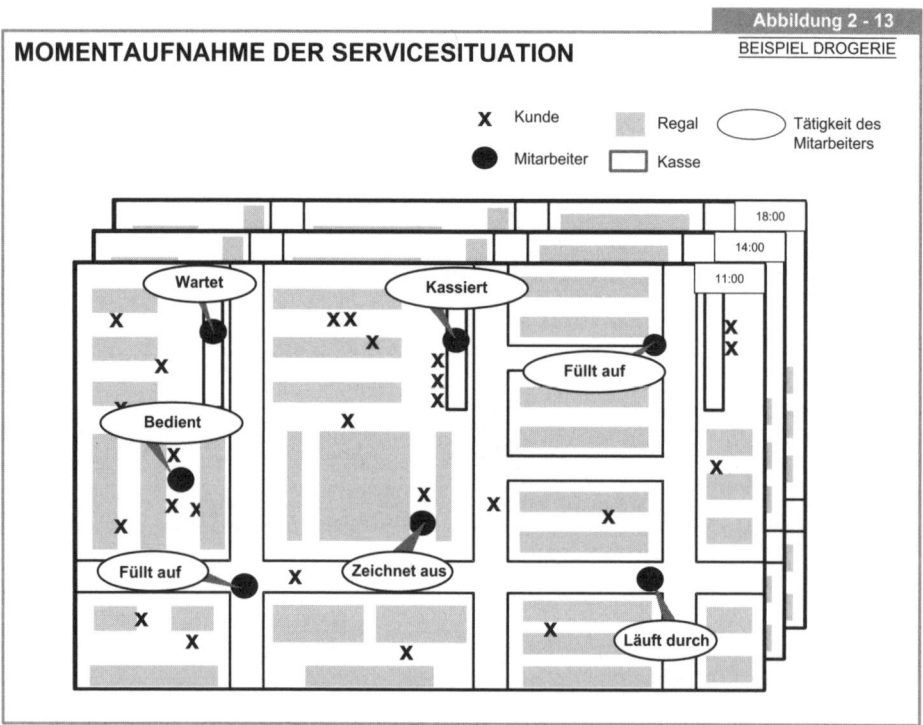

Tätigkeiten beschäftigt waren, nicht für die Kundenbetreuung zur Verfügung und fühlten sich an eine bestimmte Position gebunden (Kasse) statt flexibel eine andere Aufgabe (Beratung) zu übernehmen.

Den Service an den Kundenstrom anpassen. Intuitiv wird diese Regel wohl von den meisten Filial- und Abteilungsleitern bei der Personalplanung berücksichtigt, so dass zu umsatzstarken Zeiten mehr Personal für den Service bereitsteht als zu umsatzschwachen Zeiten. Ein genauer Vergleich von Kundenfrequenz und Servicepersonaleinsatz kann Klarheit darüber schaffen, wie gut dieser intuitive Ansatz funktioniert – und zwar sowohl bezogen auf die Wochenplanung als auch auf die untertägige Planung des Kundenservice. Abbildung 2-14 veranschaulicht das Kundenfrequenzprofil eines Händlers sowie die Anzahl der zur jeweiligen Tageszeit eingesetzten Servicekräfte. In der Ausgangssituation ist die Filiale während der Mittagszeit tendenziell unterbesetzt und in den Abendstunden überbesetzt.

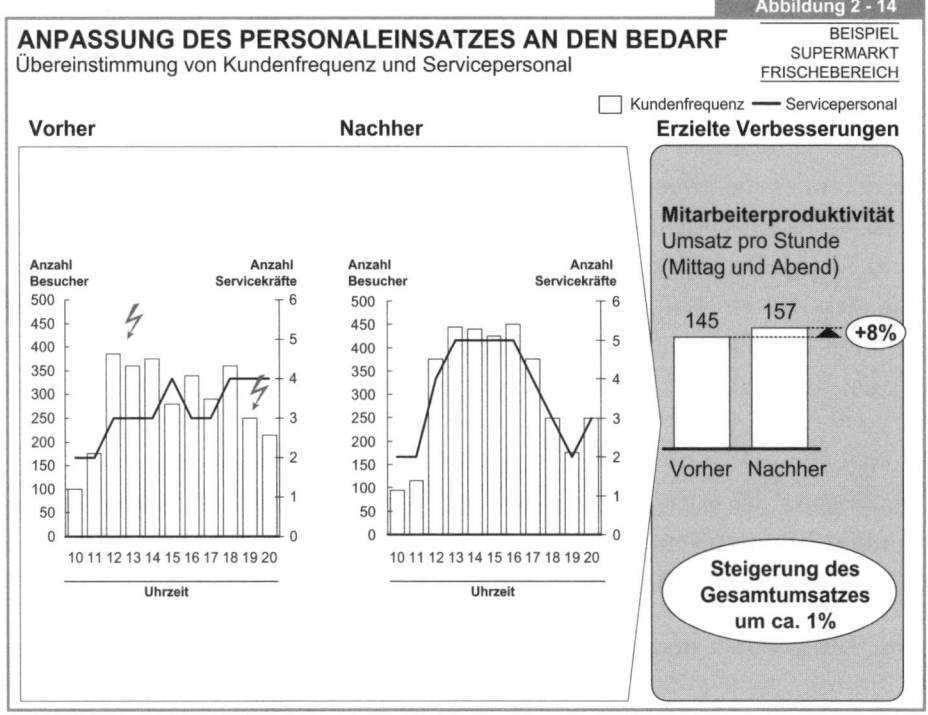

Abbildung 2 - 14

ANPASSUNG DES PERSONALEINSATZES AN DEN BEDARF
Übereinstimmung von Kundenfrequenz und Servicepersonal

BEISPIEL
SUPERMARKT
FRISCHEBEREICH

☐ Kundenfrequenz ▬ Servicepersonal

Vorher   **Nachher**   **Erzielte Verbesserungen**

Mitarbeiterproduktivität
Umsatz pro Stunde
(Mittag und Abend)

145   157   +8%

Vorher   Nachher

Steigerung des Gesamtumsatzes um ca. 1%

Klare Regeln und einfache Hilfsmittel. Wenn Unzulänglichkeiten wie diese erkannt sind, lassen sie sich häufig mit klaren Regeln und dem Einsatz von Hilfsmitteln für die Personalplanung vermeiden. Eine effektive Regel zur Vermeidung von Unterbesetzung besagt etwa, dass sich alle Mitarbeiter während der Kernzeiten – die zuvor genau festgelegt wurden – auf der Verkaufsfläche bzw. an definierten Servicepunkten befinden müssen. Auch übersichtliche Frequenzprofile für die einzelnen Filialen sind nicht nur gute Analyseinstrumente, sondern lassen sich auch dazu einsetzen, den Kundenservice an die Nachfrage anzugleichen. Solche Instrumente können die Erfahrung des Filial- oder Abteilungsleiters natürlich nicht ersetzen, vermögen aber seine Planung häufig zu vereinfachen und zu verbessern. Im Beispiel von Abbildung 2-14 ist es dem Händler gelungen, dadurch die Produktivität seiner Mitarbeiter um 8% und den Umsatz um 1% zu erhöhen.

Der optimale Servicelevel im Verkauf. Neben der Anpassung des Kundenservice an den Kundenstrom stellt sich stets auch die Frage nach der absoluten Höhe des anzubietenden Serviceniveaus. Mit Hilfe einer einfachen Frequenzzählung innerhalb eines bestimmten Zeitraums und den Umsatzdaten desselben Zeitraums kann untersucht werden, wie sich unterschiedliche Serviceniveaus auf den Umsatz auswirken. Dazu besetzt der Händler die Filiale oder die Abteilung zu einer bestimmten Tageszeit (z.B. 1 Woche lang immer zur Mittagszeit) mit einer unterschiedlichen Zahl von Servicemitarbeitern und analysiert anschließend rückblickend, wie sich die einzelnen Serviceniveaus auf die Kaufentscheidungen der Kunden und die Umsätze der Filiale ausgewirkt haben. Da die Personalkosten bekannt sind, lässt sich so das optimale Serviceangebot für den Testzeitraum ermitteln. Fragen wie „Bringen mehr Servicekräfte wirklich mehr Umsatz?" oder „In welcher Abteilung und zu welcher Zeit bringt der Einsatz der Servicemitarbeiter den meisten Umsatz?" lassen sich so fundiert beantworten. Auf der Grundlage dieser Erkenntnisse ist auch die Anzahl des Servicepersonals leicht festzulegen.

Alle Tätigkeiten bedarfsgerecht planen. Die Anzahl der Servicemitarbeiter mit der Kundenfrequenz in Einklang zu bringen ist ein wichtiger Schritt, um die Kundenzufriedenheit zu steigern. Allerdings muss dabei gewährleistet sein, dass die Servicemitarbeiter dem Kunden auch tatsächlich zur Verfügung stehen und nicht durch andere Tätigkeiten wie Regalauffüllen, Preisabschriften oder Administration davon abgehalten werden. Neben der Planung des Personalbedarfs für den Kundenservice muss deshalb auch die für alle weiteren Tätigkeiten der Mitarbeiter in der Filiale notwendige Arbeitszeit bedarfsgerecht festgelegt werden.

Mitarbeiter flexibler einsetzen. Ein Teil der Schwankungen des Mitarbeiterbedarfs ist wiederkehrend und vorhersehbar: Morgens werden viele Mitarbeiter zum Auffüllen der Ware benötigt und samstags generell mehr Mitarbeiter als montags. Andere Schwankungen sind nicht planbar: Der Kundenstrom kann plötzlich stärker oder schwächer als angenommen sein oder eine ganze Warengruppe muss kurzfristig umsortiert werden. Personalflexibilität umfasst deshalb 2 Dimensionen: flexible Arbeitszeiten, damit die Anzahl der Mitarbeiter optimal an die vorhersehbare Bedarfsschwankung angepasst werden kann, und eine flexible Zuordnung der Mitarbeiter zu den einzelnen Filialprozessen, damit sie rasch auf Unvorhergesehenes reagieren können.

Flexible Arbeitszeiten heißt in diesem Zusammenhang, dass Mitarbeiter beispielsweise nur für wenige umsatzstarke Stunden aushelfen oder dass zu umsatzstarken Zeiten wie in der Weihnachtszeit deutlich mehr Mitarbeiter zur Verfügung stehen als zu anderen Zeiten im Jahresverlauf. Wie flexibel die Arbeitszeiten tatsächlich gestaltet werden können, hängt stark von den rechtlichen Rahmenbedingungen und innerbetrieblichen Vereinbarungen ab und muss für jedes Unternehmen individuell festgelegt werden.

Weniger reglementiert und dementsprechend leichter umsetzbar als flexible Arbeitszeiten ist ein flexibler Personaleinsatz der Mitarbeiter, die sich in der Filiale befinden. Flexibilität bedeutet hier, dass auf unvorhergesehene Bedarfsschwankungen durch ein rasches Wechseln der Mitarbeiter zwischen den einzelnen Filialprozessen reagiert wird, um Unter- oder Überbesetzungen einzelner Positionen zu vermeiden. Die Erfahrung zeigt, dass das Wechseln der Mitarbeiter zwischen verschiedenen Tätigkeiten zu einer deutlichen Steigerung der Effizienz führen kann.

Abbildung 2-15 stellt dar, wie ein Lebensmittelhändler seinen Personal-einsatz optimierte, nachdem er herausgefunden hatte, dass die Einsatz-planung nicht flexibel genug war und dadurch lange Wartezeiten an den Kassen entstanden. Die Lösung sieht in seinem Fall so aus, dass 4 Mal pro Stunde die Situation an den Kassen überprüft und auf Basis vordefinier-ter Regeln entschieden wird, wie bei Unter- oder Überbesetzung zu reagieren ist. Bei langen Wartezeiten werden bestimmte Mitarbeiter von anderen Tätigkeiten abgezogen, z.B. vom Auffüllen der Regale oder notfalls auch vom Kundenservice. Sind die Kassen überbesetzt, über-nimmt das Personal andere Tätigkeiten, z.B. in der Warenpräsentation. Durch die Flexibilisierung des Personaleinsatzes wurde die durchschnitt-liche Anzahl wartender Kunden an der Kasse um 60% reduziert und die durchschnittliche Anzahl von Kassen, an denen keine Kunden warten, halbiert. Das Ergebnis: eine bessere Auslastung der Mitarbeiter und zugleich eine höhere Kundenzufriedenheit.

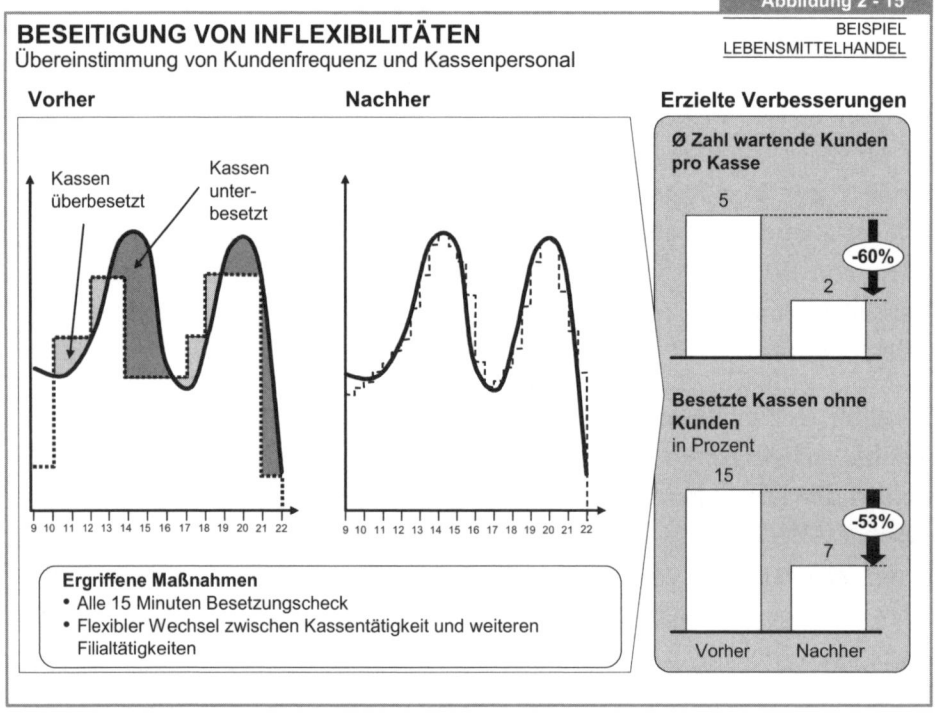

Abbildung 2 - 15

BESEITIGUNG VON INFLEXIBILITÄTEN
Übereinstimmung von Kundenfrequenz und Kassenpersonal

BEISPIEL
LEBENSMITTELHANDEL

Vorher — Nachher — Erzielte Verbesserungen

Kassen überbesetzt — Kassen unterbesetzt

Ø Zahl wartende Kunden pro Kasse
5
-60%
2

9 10 11 12 13 14 15 16 17 18 19 20 21 22

Ergriffene Maßnahmen
• Alle 15 Minuten Besetzungscheck
• Flexibler Wechsel zwischen Kassentätigkeit und weiteren Filialtätigkeiten

Besetzte Kassen ohne Kunden
in Prozent
15
-53%
7

Vorher — Nachher

Die dargestellten Ansätze zeigen deutlich: Eine bedarfsgerechte und flexible Personalplanung ist nicht zwangsläufig vom Vorhandensein oder der Einführung einer teuren und komplexen Personalplanungssoftware abhängig. Schon wenn ein Händler einige wenige einfache Planungsgrundsätze und Hilfsmittel anwendet und dabei Bedarf, Zeitaufwand und Priorität der Tätigkeiten berücksichtigt, lässt sich die Personaleffizienz deutlich steigern.

Immer und überall besser werden. Damit die dargestellten Ansätze des Lean Retailing zu einem in Umsatz und Kosten sichtbaren – und nachhaltigen – Erfolg führen, genügt es nicht, die Verbesserungsmaßnahmen nur in einzelnen Filialen umzusetzen. Wichtig ist, einen Prozess der kontinuierlichen Verbesserung anzustoßen. Dazu müssen die erarbeiteten Lösungsansätze sukzessive auf alle Filialen übertragen und die Mitarbeiter dabei eng eingebunden werden (Rollout), um eine nachhaltige Verhaltensänderung zu gewährleisten. Nach dem Vorbild des Lean Manufacturing entsteht schließlich durch das kontinuierliche Überprüfen des Erfolgs und das stetige Hinterfragen der Tätigkeiten eine Kultur in den Filialen, die auf die kontinuierliche Verbesserung aller Filialprozesse ausgerichtet ist. Details zum Rollout und zur kontinuierlichen Verbesserung stellen wir in Kapitel 8 vor.

Bei den dargestellten Ansätzen des Lean Retailing handelt es sich weniger um einige standardisierte Verbesserungsmaßnahmen als um eine Reise, auf die sich alle Mitarbeiter begeben. Am Ende dieser Reise steht ein Händler, der in allen seinen Filialprozessen sämtliche Formen der Verschwendung erfolgreich beseitigt und die Kundenzufriedenheit gesteigert hat. Dass dies möglich ist, zeigen zahlreiche Erfolgsbeispiele aus verschiedenen Einzelhandelsformaten, die durch Lean Retailing deutliche Umsatzsteigerungen sowie Kosten- und Bestandssenkungen erzielen konnten. Das gilt auch für die niederländische Drogeriekette Kruidvat aus der A.S. Watson Group, wie die folgende Fallstudie zeigt.

Top-Leistungen in den Filialen

Jürgen Schreiber, CEO A.S. Watson Health & Beauty Continental Europe, über das Verbesserungsprogramm TopShop zur Steigerung der operativen Leistung in den Filialen der Drogerie-Kette Kruidvat

Kruidvat ist mit über 1 Mrd. EUR Umsatz der führende Drogist in den Benelux-Staaten. In unseren rund 700 Filialen beschäftigen wir über 8.000 Mitarbeiter. Kruidvat gehört seit 2001 zur A.S. Watson Group (u.a. Superdrug, Watsons, Park´n Shop, Fortress).

Kruidvat legt seit jeher großen Wert auf die Zufriedenheit seiner Kunden. Eine Voraussetzung hierfür ist die hohe Leistungsfähigkeit der Filialen. Um diese weiter zu verbessern, wurde Ende 2004 das Programm TopShop gestartet. Ziel ist es, das Umsatzwachstum in den Filialen anzukurbeln, die Bestandskosten zu senken und die Personalproduktivität zu steigern.

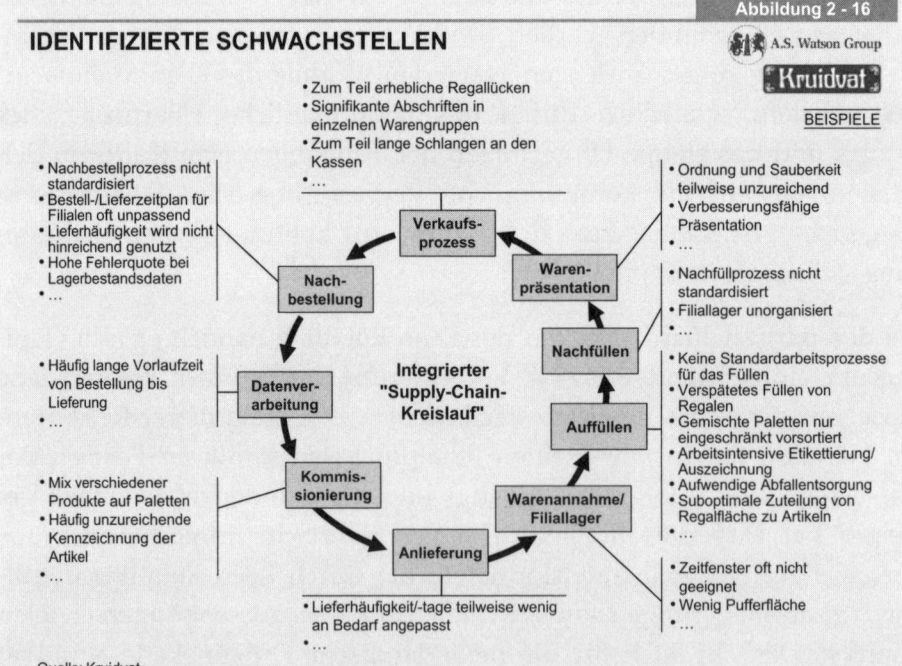

Abbildung 2 - 16

IDENTIFIZIERTE SCHWACHSTELLEN

Quelle: Kruidvat

Deutliches Verbesserungspotenzial in den Filialen identifiziert. Die Diagnose der Supply-Chain zu Beginn von TopShop offenbarte deutliche Verbesserungspotenziale sowohl in den Filialen als auch in der ihnen vorgelagerten Logistik (Abbildung 2-16). So waren tägliche Arbeitsabläufe in den Filialen zu wenig standardisiert und die Filialläger überwiegend unstrukturiert. Zudem führte ein suboptimaler Nachbestellprozess zu verzögerten Lieferzeiten und somit hohen Schwankungen. Das Aufzeigen dieser Defizite half, die Wechselwirkungen zwischen den einzelnen Problemfeldern zu erkennen. Auf dieser Basis wurden optimierte und standardisierte Prozesse entwickelt, die die Leistung der Supply-Chain in allen Filialen verbessern.

Konkrete und einfache Maßnahmen waren für uns besonders wichtig. Gemeinsam mit den Mitarbeitern ausgewählter Pilotfilialen haben wir die nötigen Maßnahmen erarbeitet und vor Ort getestet. Diese umfassten sowohl die Filialprozesse als auch die angrenzenden zentralen Bereiche wie Logistik, Controlling oder Einkauf. Für uns war dabei vor allem wichtig, dass alle Verbesserungsansätze rasch umzusetzen sind und von den Mitarbeitern unterstützt werden. Einige Maßnahmen möchte ich näher vorstellen:

- *Standardisierung der Filialprozesse*: Um den Personalaufwand bei wichtigen Filialprozessen wie der Nachbestellung, dem Auffüllen und dem Nachfüllen zu senken und zugleich deren Qualität zu steigern, haben wir neue, effizientere Prozesse entwickelt. Deren Bewältigung wird durch einfache Arbeitsmittel und Hilfestellungen erleichtert. Dazu gehören z.B. rollbare Kisten für das Nachfüllen sowie die Kennzeichnung besonders stark nachgefragter Artikel mit „Red Dots".

- *Neuorganisation Filiallager*: Die Lagerräume und das Handlager in der Filiale wurden so umgestaltet, dass die Mitarbeiter den Bestand mit einem Blick übersehen können und ohne Verzögerung an die nachzufüllenden Artikel herankommen.

- *Überarbeitete Allokation des Regalplatzes:* Detailanalysen zeigten, dass einige unserer Artikel regelmäßig sehr schnell vergriffen waren, ohne dass das Nachfüllen damit Schritt halten konnte. Wir haben daraufhin die Aufteilung der Regalplätze und die Anzahl der Facings zu Gunsten dieser schnell drehenden Artikel angepasst.

- *Filialgerechte Logistik:* Auch in der zentralen Logistik kam es zu einer Reihe von Verbesserungen. So haben wir eine stärkere Vorsortierung im Zentrallager eingeführt. Dadurch wird die Lieferzuverlässigkeit erhöht und zugleich die Nachfüllzeit in den Filialen verkürzt. Neue Ware und Aktionsartikel werden fortan entsprechend gekennzeichnet. Die Mitarbeiter in den Filialen können diese dadurch schneller erkennen und entsprechend platzieren. Die Filialen werden infolge des neuen Standardprozesses künftig verstärkt in gleichmäßigeren Mengen bestellen. Die reduzierte Variabilität führt zu einer besseren Planungsgrundlage im Zentrallager und als Folge wiederum zu einer geringeren Vorlaufzeit.

Die Ergebnisse überraschten selbst die Beteiligten. Während des flächendeckenden Rollouts zeigen sich deutliche Leistungsunterschiede zwischen den Filialen, in denen die TopShop-Maßnahmen bereits umgesetzt wurden, und jenen, denen der Rollout noch bevorsteht (Abbildung 2-17). So liegt das Umsatzwachstum um rund 3% über dem der Kontrollgruppe. Erreicht wurde dies insbesondere durch eine deutliche Reduktion der Regallücken um etwa die Hälfte sowie eine bedarfsorientiertere Einsetzbarkeit der Mitarbeiter und eine bessere Warenpräsentation. Zugleich sank der Bestand im Schnitt um etwa 6%; der Personalaufwand in den Filialen ging um bis zu 10% zurück.

Die deutlichen und raschen Leistungssteigerungen haben unsere ohnehin schon anspruchsvollen Erwartungen noch übertroffen und einen unternehmensweiten Motivationsschub ausgelöst.

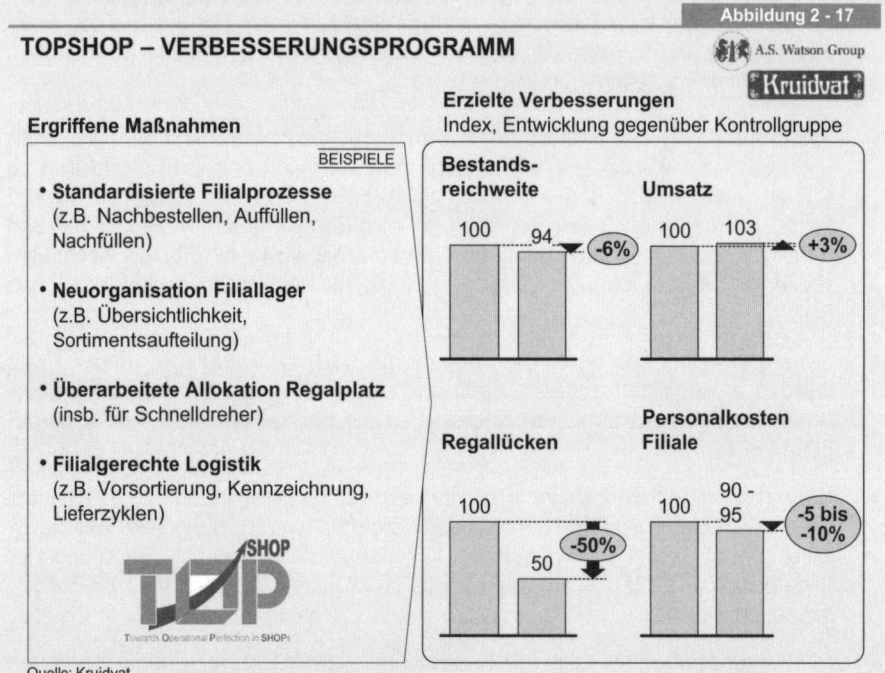

Quelle: Kruidvat

Kontinuierliches Performance-Management sichert den langfristigen Erfolg.
Eine wichtige Erfahrung unseres erfolgreichen TopShop-Programms war die Bedeutung eines konsequenten Performance-Managements:

- *Intensive Trainings:* Alle Verbesserungen in den Filialen wurden durch intensive Trainings der Mitarbeiter sowie des Managements begleitet. Dadurch ist es uns gelungen, eine deutliche Änderung von Einstellung und Verhalten bei allen zu erreichen. Bei Leistungsabweichungen führen TopShop-Experten zusätzlich Trainings in den Filialen durch, die sich ganz gezielt auf einzelne Schwachstellen konzentrieren.

- *Kontinuierliche Leistungskontrolle*: Wir haben klare Richtlinien zur Überprüfung des Umsetzungsstatus während der Rollout-Phase und zum Messen der zentralen Kennzahlen in den Filialen (z.B. Regalverfügbarkeit, eingesetzte Mitarbeiterstunden) eingeführt. Das Management kann so kontinuierlich die Leistung überprüfen und bei Bedarf durch gezielte Filialbesuche und Trainings gegensteuern.

- *Verbesserte Filialkommunikation:* Die Kommunikation mit den Filialen konzentriert sich künftig auf wesentliche Informationen. Zudem wurde sie standardisiert, beispielsweise in Form von Intranet-Rundschreiben mit Anweisungen für Regalumbauten bzw. aktuelle Promotionen.

Die Filialen spielen die zentrale Rolle für den Erfolg eines Händlers. Hier trifft der Kunde seine Kaufentscheidung. Kruidvat ist es gelungen, durch die TopShop-Verbesserungen die Filialen so zu verändern, dass der Kunde das Service- und Einkaufserlebnis erhält, das er sich wünscht. Wir werden auch künftig alle Möglichkeiten ausschöpfen, unsere Prozesse im Interesse unserer Kunden weiter zu perfektionieren.

3. Lager- und Lieferlogistik: Flexibel, zuverlässig und kostengünstig

Früher waren die Rollen zwischen Hersteller und Händler klar verteilt: Der Transport der Ware war Sache des Herstellers, der Verkauf die des Händlers. Heute übernimmt der Händler immer häufiger Logistikaufgaben des Herstellers: Er entscheidet darüber, wie seine Filialen beliefert werden, und wählt den effizientesten Mix aus den verschiedenen Optionen wie Direktbelieferung, Zentrallagerlogistik und Crossdocking (Nutzung von Umschlagpunkten) aus. Auch bei der Anlieferung an seine Läger und Umschlagpunkte beginnt der Handel, dem Hersteller die Kontrolle streitig zu machen, indem er die Ware immer häufiger selbst beim Hersteller abholt.

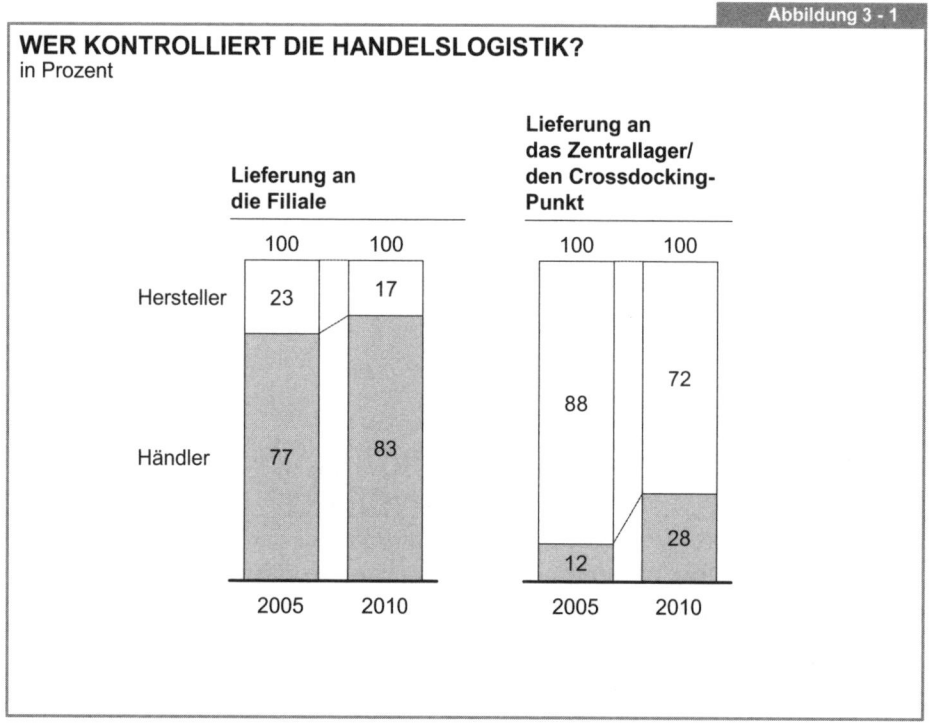

Abbildung 3 - 1

WER KONTROLLIERT DIE HANDELSLOGISTIK?
in Prozent

Der Handel übernimmt das Ruder. Hersteller müssen sich damit arrangieren, dass Händler ihnen ihre „Logistikhoheit" zunehmend streitig machen. Wie Abbildung 3-1 zeigt, kontrolliert der Handel heute bereits 77% der Lieferungen an die Filialen – und plant, diesen Anteil im Verlauf der kommenden 5 Jahre auf 83% zu steigern. Bei den Lieferungen an die Zentralläger oder Crossdocking-Punkte zeigt sich dies noch deutlicher: Hier kontrolliert der Handel heute erst 12% der Lieferungen – er will seinen Anteil allerdings bis 2010 durch einen massiven Ausbau der Abhollogistik mehr als verdoppeln.

3 Stellhebel für Händler. Die Anforderungen der Händler an die Logistik sind schnell umrissen: Sie benötigen ein Logistiksystem, das die Ware zu minimalen Kosten vom Lieferanten bis zur Filiale befördert, eine hohe Verfügbarkeit der Ware sicherstellt sowie flexibel auf variierende Volumina und Liefertermine reagieren kann. Die Erfahrung hat den Handel gelehrt, dass er selbst die Regie übernehmen muss, wenn er diese Anforderungen erfüllt sehen will. Aber was ist dazu zu tun? Unsere Untersuchung hat 3 zentrale Stellhebel identifiziert, die unsere Interviewpartner nutzen wollen, um ein solch leistungsfähiges Logistiksystem aufzubauen:

1. Schaffung eines flexiblen Logistikflusses
2. Intensiverer Einsatz der Abhollogistik
3. Gezieltes Outsourcing der Logistikprozesse.

Auf diese 3 Stellhebel gehen wir im Folgenden detailliert ein.

Flexibler Logistikfluss – Lieferung über Zentrallager, Crossdock oder direkt?

Ein Händler hat im Allgemeinen 4 Möglichkeiten, seine Filialen beliefern zu lassen: die Direktbelieferung, das 1- und das 2-stufige Crossdocking sowie die Zentrallagerbelieferung. Eine Belieferungsform, der die Champions bereits heute hohe Bedeutung beimessen, die bei vielen Verfolgern allerdings noch unterrepräsentiert ist, stellt das Crossdocking dar. Dabei werden die Filialen über einen Umschlagpunkt beliefert, ohne dass die

Ware hier eingelagert wird. Wir stellen Ihnen das Crossdocking anschließend im Detail vor und erläutern dann, wie Sie überprüfen können, ob sich diese Belieferungsform für den Warenfluss Ihres Unternehmens eignet.

In Abbildung 3-2 haben wir für Sie alle 4 Wege dargestellt, auf denen die Ware vom Hersteller in die Filiale gelangen kann. Die Frage, wer die Anlieferung der Ware übernimmt – der Hersteller oder der Händler –, haben wir hier zunächst bewusst ausgeklammert; zu diesem Punkt kommen wir später zurück.

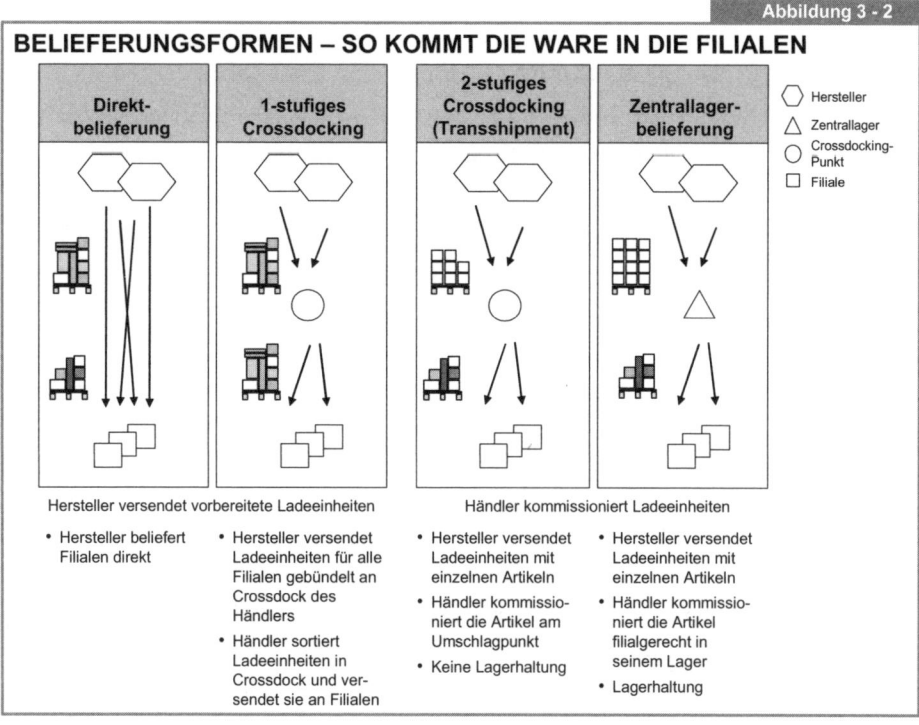

Abbildung 3 - 2

BELIEFERUNGSFORMEN – SO KOMMT DIE WARE IN DIE FILIALEN

Zentrallagerbelieferung dominiert. Traditionell hatte der Handel die Wahl zwischen Direktbelieferung und Zentrallagerbelieferung. Bei der Direktbelieferung wird die Ware vom Werk bzw. vom Lager des Herstellers direkt an die Filialen des Händlers geliefert. Die Ware hat auf ihrem Weg keine Berührung mit Lager- oder Crossdocking-Standorten des Händlers. Inzwischen hat sich die Zentrallagerbelieferung bei fast allen Händlern als dominante Belieferungsform etabliert. Hier wird die Ware

auf dem Weg zur Filiale in einem Zentrallager des Händlers zwischengelagert. Die Hersteller senden meist artikelreine Ladungsträger, d.h. etwa
eine Palette ausschließlich mit einem Waschmittel in einer bestimmten
Packungsgröße, an das Zentrallager; dort werden sie eingelagert und
später filialgerecht kommissioniert. Die Händler entscheiden sich zumeist
dann für eine Zentrallagerbelieferung, wenn die Nachlieferungszeit zu
lang ist, um die Geschwindigkeit und die Schwankung des Abverkaufs
auszugleichen. Andere Gründe, die für eine Zentrallagerbelieferung
sprechen, sind die niedrigen Servicelevel bestimmter Hersteller, sehr
hohe Mindestbestellmengen oder Kostenvorteile durch hohe Bestellmengen.

Crossdocking ist im Kommen. Anfang der 90er-Jahre wurde Crossdocking entwickelt und hat sich seitdem als eine wichtige Alternative zur
Zentrallager- und zur Direktbelieferung etabliert. Beim Crossdocking
werden die Filialen von einem Umschlagpunkt des Händlers aus beliefert, ohne dass die Ware dort zwischengelagert wurde. Die Lagerhaltung
wird dadurch vermieden, dass Volumen und Zeitpunkt der Lieferungen
an den Crossdocking-Punkt mit der Auslieferung an die Filialen synchronisiert bzw. genau aufeinander abgestimmt werden. Hierbei wird
zwischen dem 1-stufigen und dem 2-stufigen Crossdocking unterschieden (Abbildung 3-3):

- *1-stufiges Crossdocking.* Beim 1-stufigen Crossdocking kommissioniert der Hersteller bereits filialgerecht. Er erhält vom Händler
  die Bestellung pro Filiale, stellt die Ladungsträger filialrein zusammen und sendet sie an den Crossdocking-Punkt. Dort konso-
  lidiert der Händler – ggf. unterstützt durch einen Dienstleister –
  die verschiedenen Ladungsträger, die für eine Filiale (oder auch
  für einen weiteren Crossdocking-Punkt) bestimmt sind, und liefert diese aus. Der Inhalt der Ladungsträger bleibt unverändert.
  1-stufiges Crossdocking beschränkt sich derzeit noch fast ausschließlich auf Paletten. Andere Ladungsträger wie Rollcontainer
  oder kleinere Behälter und Pakete werden auf Grund des hohen
  Anpassungsaufwands beim Hersteller nur selten an die Händler
  geliefert.

- *2-stufiges Crossdocking.* Beim 2-stufigen Crossdocking kommissioniert der Hersteller auf den Crossdocking-Punkt bezogen und liefert artikelreine Ladungsträger. Die Ladungsträger werden dann am Crossdocking-Punkt aufgebrochen und für jede Filiale neu zusammengestellt. Die neuen Ladeeinheiten werden ebenfalls zusammengeführt und an die Filialen geliefert. Das 2-stufige Crossdocking wird häufig auch als Transshipment bezeichnet.

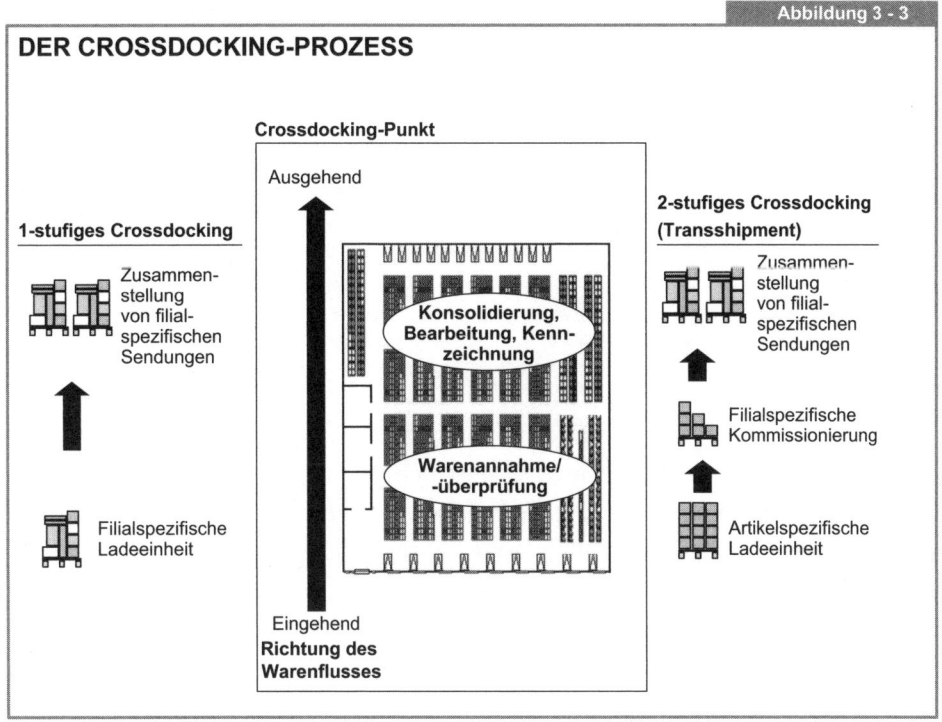

Abbildung 3 - 3

DER CROSSDOCKING-PROZESS

Abbildung 3-4 gibt einen Überblick über die Vor- und Nachteile der einzelnen Belieferungsformen und fasst zusammen, unter welchen Umständen welche Belieferungsform sinnvoll ist.

Abbildung 3 - 4

QUALITATIVE BEWERTUNG DER BELIEFERUNGSFORMEN

	Vor- und Nachteile	Voraussetzungen
Direkt-belieferung	⊕ Nutzung der Logistik- und Kommissionierkompetenz der Hersteller ⊕ Effiziente Abwicklung großer Liefereinheiten ⊖ Auf Grund fehlender Konsolidierung hohe Anzahl von Rampenkontakten bei kleinen Liefereinheiten ⊖ Hoher Logistikaufwand in den Filialen	• Große Liefereinheiten • Beispiel: weiße Ware, Getränke, WC-Papier
Cross-docking	⊕ Bestandsfreie Konsolidierung zu effizienten Liefereinheiten ⊕ Schlanker Prozess, Vermeidung von Redundanz ⊕ 1-stufiges Crossdocking: Nutzung der Logistik- und Kommissionierkompetenz der Hersteller ⊖ Hoher Koordinationsaufwand und Kompetenz-anspruch ⊖ 1-stufiges Crossdocking: hohe Anforderungen an Kooperationskompetenz und -bereitschaft von Herstellern und Händlern	• Nachbestellbare Artikel mit konstantem Absatz • Hohe Logistikkompetenz und Kooperations-bereitschaft bei Herstellern • Beispiele: Frische, Kosmetik, DIY-Sortimente
Zentrallager-belieferung	⊕ Sehr kurze Lieferzeit – hohe Liefertreue ⊕ Skaleneffekte im Einkauf durch Sammelbestellungen ⊖ Häufig redundante Lagerungen im Prozess von Herstellern und Händlern ⊖ Hohe Kosten durch Betrieb des Lagers	• Schwankung des Abverkaufs > externe Lieferzeit (traditioneller Lagerhaltungsansatz) • Geringe Logistikkompe-tenz beim Hersteller • Beispiele: Mode (ins-besondere aus Asien), Computer

Crossdocking als Kostenkiller. Crossdocking wirkt: Wenn einem Händler durch Synchronisation der Belieferungszeiten und Liefermengen ein reibungsloses Crossdocking gelingt, kann er seine Logistikkosten dadurch deutlich senken. Das zeigt auch das in Abbildung 3-5 angeführte Beispiel eines Lebensmittelhändlers, der 40% des früheren Zentrallagervolumens nun über 2-stufiges Crossdocking an die Filialen liefert. Grundlage seiner Entscheidung war eine detaillierte Prozesskostenrechnung, mittels derer er die zu erwartenden Einsparungen ermittelt hatte. Die Prozesskosten beispielsweise konnte er durch die Reduzierung von Lagertätigkeiten um 18% und die Bestandskosten entsprechend dem ausgelagerten Volumen um 40% senken. Zusätzlich führte der geringere Flächenbedarf im Lager zu einer langfristigen Kostensenkung an den Lagerstandorten von 12%. Bei zusätzlicher Berücksichtigung der Kosten, die der Hersteller zuvor für seine Logistikleistungen in Rechnung gestellt hatte, ergab sich in der Logistik insgesamt (inklusive Filiallogistik und Bestandskosten) eine Netto-Einsparung von 10%.

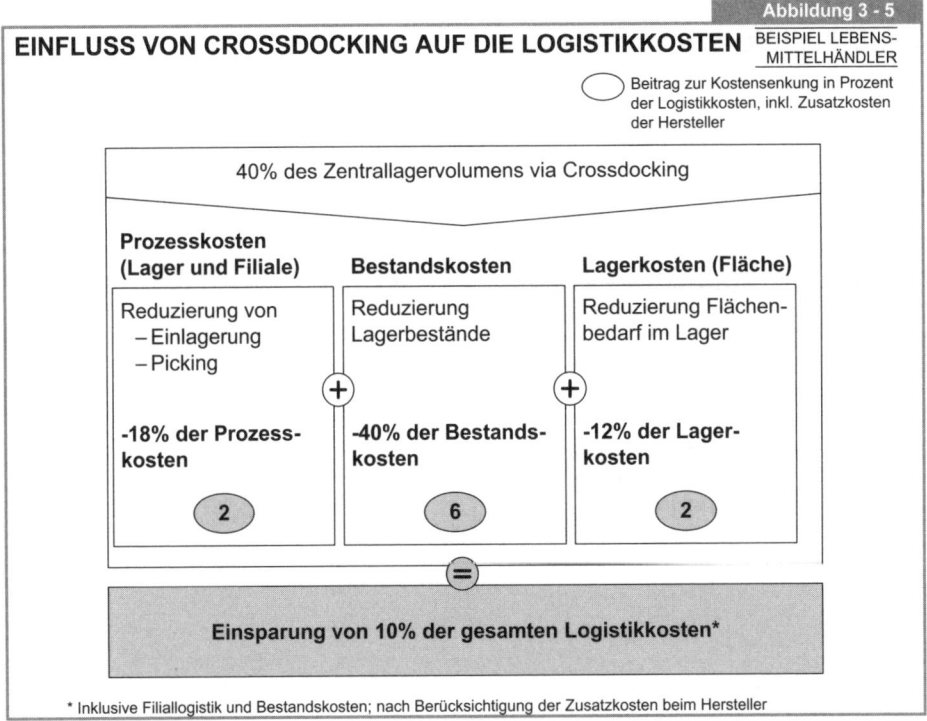

Abbildung 3 - 5

EINFLUSS VON CROSSDOCKING AUF DIE LOGISTIKKOSTEN BEISPIEL LEBENS-MITTELHÄNDLER

Beitrag zur Kostensenkung in Prozent der Logistikkosten, inkl. Zusatzkosten der Hersteller

40% des Zentrallagervolumens via Crossdocking

Prozesskosten (Lager und Filiale)	**Bestandskosten**	**Lagerkosten (Fläche)**
Reduzierung von – Einlagerung – Picking	Reduzierung Lagerbestände	Reduzierung Flächenbedarf im Lager
-18% der Prozess-kosten	**-40% der Bestands-kosten**	**-12% der Lager-kosten**
2	6	2

Einsparung von 10% der gesamten Logistikkosten*

* Inklusive Filiallogistik und Bestandskosten; nach Berücksichtigung der Zusatzkosten beim Hersteller

Die Champions setzen auf Crossdocking. Unsere Studie hat gezeigt, dass der Ausbau von Crossdocking nach Auffassung der Supply-Chain-Manager zu ihren wichtigsten 5 Aufgaben zählt und in den nächsten Jahren nochmals an Bedeutung gewinnen wird. Händler aus allen Formaten, z.B. der Baumarktbetreiber Hornbach, der Textilhändler C&A, der Lebensmittelhändler Carrefour oder der Discounter Lidl, haben bereits bekannt gegeben, dass sie massiv in den Aufbau von Crossdocking-Punkten investieren und die Zentrallagerbelieferung künftig weniger intensiv nutzen werden. Für die Champions hat der Ausbau des Cross-docking-Anteils eine höhere Priorität als für die Verfolger (Abbildung 3-6). Darüber hinaus erwarten die Champions höhere Ergebnisverbesse-rungen durch Crossdocking als die Verfolger. Für Händler, die bisher stark auf Zentralbelieferung gesetzt oder die Belieferung der Filialen und das Kommissionieren überwiegend den Herstellern überlassen haben, würde es sich daher durchaus lohnen, die Möglichkeiten von Cross-docking für ihre eigene Logistik zu überprüfen.

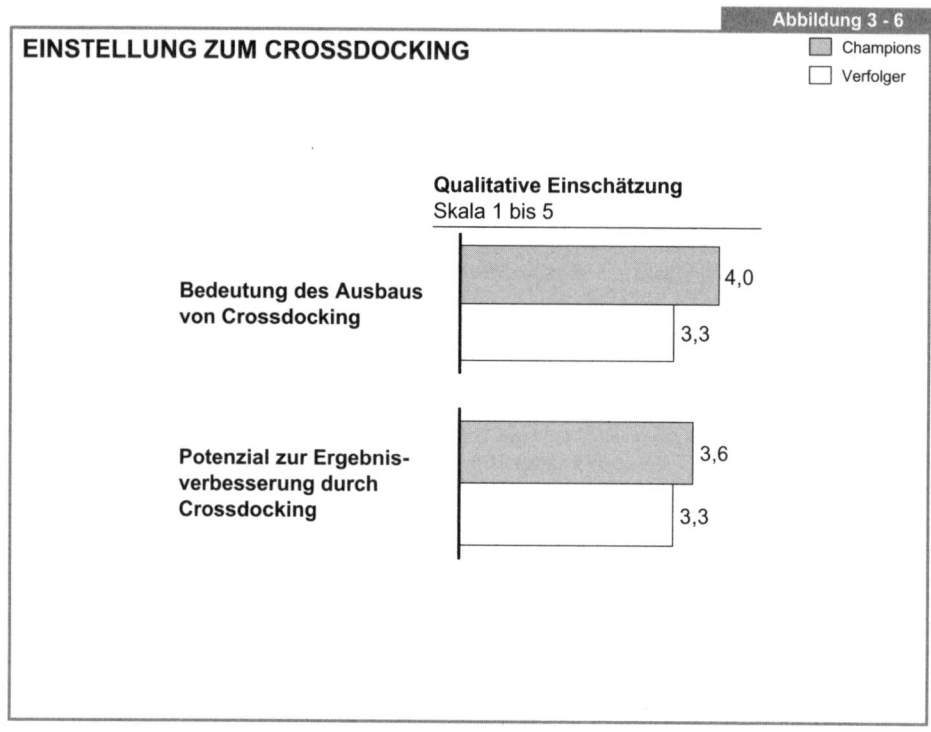

EINSTELLUNG ZUM CROSSDOCKING

Abbildung 3 - 6

☐ Champions
☐ Verfolger

Qualitative Einschätzung
Skala 1 bis 5

Bedeutung des Ausbaus
von Crossdocking

4,0

3,3

Potenzial zur Ergebnis-
verbesserung durch
Crossdocking

3,6

3,3

Ist Crossdocking das Richtige für uns? Um zu ermitteln, ob Cross-docking für den eigenen Warenfluss geeignet ist, bietet sich ein Vorgehen an, das in Abbildung 3-7 dargestellt ist: Der Händler prüft zunächst, ob der Lieferant und das Sortiment für eine Belieferung via Crossdocking geeignet sind. Anschließend vergleicht er die Wirtschaftlichkeit der verschiedenen Belieferungsoptionen anhand einer detaillierten Prozess-kostenrechnung.

1. Schritt: Eignung des Herstellers überprüfen. Ob ein Hersteller für Crossdocking geeignet ist, können Sie anhand der folgenden beiden Kriterien bestimmen:

- Der Hersteller sollte EDI-fähig sein, d.h., seine IT muss die gängigen EDI-Nachrichtentypen (ORDERS, INVOIC, DESADV, RECADV) übermitteln können, damit ein reibungsloser Informa-tionsaustausch gewährleistet ist.

- Der Hersteller muss über Lagerkapazitäten verfügen und sich durch eine hohe Liefertreue auszeichnen. Für das 1-stufige Crossdocking sollte er zusätzlich über eine hohe Kompetenz beim Kommissionieren verfügen, um fehlerfrei filial- oder abteilungsbezogen liefern zu können. Ein weiteres Kriterium ist das Bestellvolumen des Händlers beim Hersteller. Ist das Volumen gering, beliefert der Hersteller den Händler zu selten, um einen Nachschub von schnell drehenden Sortimenten über Crossdocking abzuwickeln.

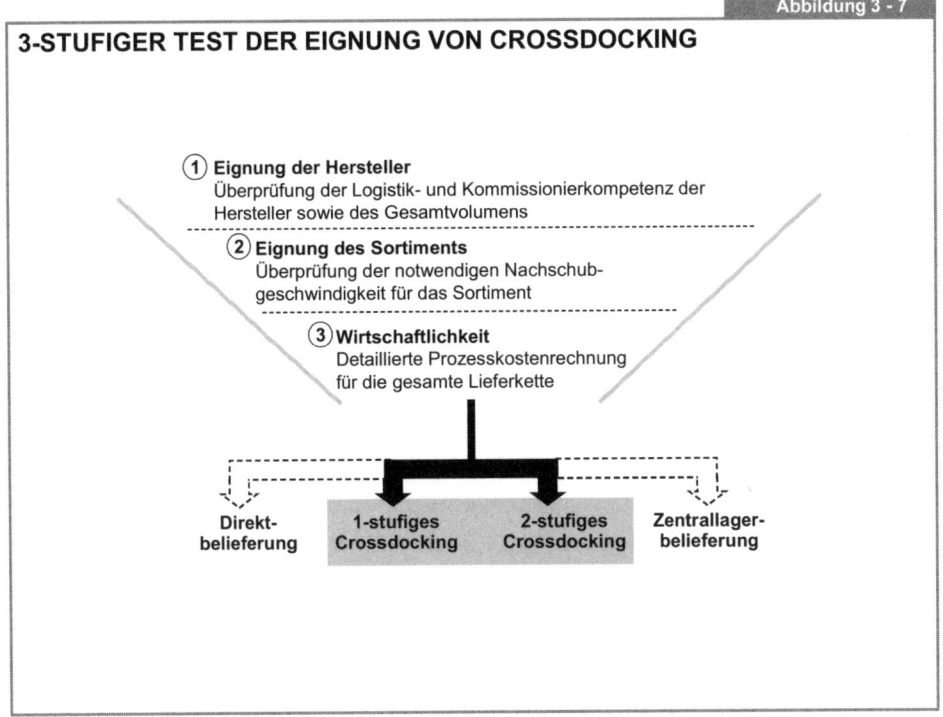

Abbildung 3 - 7

3-STUFIGER TEST DER EIGNUNG VON CROSSDOCKING

2. Schritt: Eignung des Sortiments überprüfen. Die Eignung des Sortiments hängt zum einen von der Warenpräsentation in der Filiale und zum anderen von der Drehgeschwindigkeit ab. Eine Warenpräsentation, die eine Platzierung der Palette auf der Verkaufsfläche ermöglicht, ist sehr gut für Crossdocking und insbesondere für 1-stufiges Crossdocking geeignet, da die Palette – ohne vom Händler bearbeitet werden zu müssen – vom Hersteller in die Filiale befördert werden kann. Diese Art der Warenpräsentation reduziert Logistikkosten in der Filiale und wird besonders intensiv von Discountern, zunehmend aber auch von anderen Handelsformaten wie Baumärkten und SB-Warenhäusern verwendet. Die Hersteller haben sich darauf eingerichtet und bieten „Display-ready"-Paletten und sogar gemischte Paletten an. Auch wenn die Warenpräsentation keine Platzierung der Paletten auf der Verkaufsfläche erlaubt, kann Crossdocking dennoch geeignet sein – und zwar wenn die Filialen die Regale von den Paletten befüllen oder wenn die Paletten in einem 2-stufigen Crossdocking aufgebrochen und in die Ladeeinheiten des Händlers umsortiert werden.

Für sehr schnell drehende Sortimente ist Crossdocking ungeeignet; die notwendige Nachschubgeschwindigkeit wird durch Zentrallager- oder teilweise auch Direktbelieferung besser gewährleistet. Allgemein ermöglicht 1-stufiges Crossdocking durch den geringeren Bearbeitungsaufwand am Crossdocking-Punkt jedoch höhere Nachschubgeschwindigkeiten als das 2-stufige Verfahren. Ein Lebensmittelhändler etwa hat für sich die Faustregel aufgestellt, dass er Crossdocking nur bei Sortimenten mit einer Belieferungsfrequenz von bis zu 3 Mal pro Woche einsetzt.

Wahl der Belieferungsform bei einem SB-Warenhaus

Ein Warenhausbetreiber hat eine Matrix entwickelt, anhand der er entscheidet, in welchen Fällen er Crossdocking einsetzt (Abbildung 3-8). Die beiden Dimensionen der Matrix sind das Auftragsvolumen, das er an den Hersteller vergibt, und die Sortimentseigenschaften. Beim Auftragsvolumen differenziert er nach selbst definierten Größenklassen zwischen niedrigem, mittlerem und hohem Volumen. Beim Sortiment wendet er 2 Kriterien an: die Drehgeschwindigkeit als Kriterium beim Treffen der Entscheidung, ob die erforderliche Nachschubfrequenz über Crossdocking machbar ist, und die Bestandskosten als Kriterium beim Treffen der Entscheidung, ob eine bestandslose Logistik via Crossdocking wünschenswert ist. Die Bestandskosten ergeben sich dabei aus Drehgeschwindigkeit und Warenwert.

Crossdocking ist immer dann die optimale Belieferungsform, wenn sich ein Auftragsvolumen beim Hersteller ergibt, das am Crossdocking-Punkt mindestens 1 Anlieferung pro Woche rechtfertigt, und zugleich die Drehgeschwindigkeit mittel bis niedrig ist, während die Bestandskosten relativ hoch sind. Bei hohen Drehgeschwindigkeiten zieht der SB-Warenhausbetreiber eine Zentrallagerbelieferung oder, bei großen Volumina, auch eine Direktbelieferung vor, um die Regalverfügbarkeit nicht zu gefährden. Bei einem niedrigen Gesamtvolumen beim Hersteller und mittlerer bis

KRITERIEN FÜR DIE WAHL DER BELIEFERUNGSFORM

Abbildung 3 - 8
BEISPIEL SB-WARENHAUS

Auftrags-volumen in m³		Sortiment		
	Niedrig	Zentrallager-belieferung	Zentrallager-belieferung	Crossdocking
Hersteller	Mittel	Zentrallager-belieferung	Crossdocking	Crossdocking
	Hoch	Direkt-belieferung	Crossdocking	Crossdocking
Dreh-geschwindigkeit		Hoch	Mittel	Niedrig
Bestandskosten		Niedrig	Mittel	Hoch

hoher Drehgeschwindigkeit wählt er ebenfalls die Zentrallagerbelieferung, da seltenes Anliefern am Crossdocking-Punkt nicht die erforderliche Nachschubfrequenz garantiert. Eine Ausnahme bilden Artikel mit geringem Gesamtvolumen und niedriger Drehgeschwindigkeit bzw. hohen Bestandskosten. Hierbei handelt es sich meist um Sonderbestellungen, die über Crossdocking abgewickelt werden, um die Prozesskosten zu senken.

3. Schritt: Wirtschaftlichkeit überprüfen. Die Wirtschaftlichkeit einer Belieferung via Crossdocking wird anhand einer detaillierten Prozesskostenrechnung ermittelt. Hierbei müssen die Kosten verglichen werden, die sich bei einem bestimmten Sortiment und Lieferanten pro Belieferungsform ergeben. Wichtig hierbei ist es, die gesamten Prozesskosten von Hersteller und Händler so gut wie möglich in die Kalkulation einzubeziehen und geeignete Annahmen zur Aufteilung der Kosten im Falle einer Verlagerung von Kommissionierprozessen auf den Hersteller zu treffen. Beim Vergleich des Crossdockings mit der Zentrallagerbelieferung ist die Differenz zwischen den eingesparten Lagerkosten und ggf. anfallenden Kommissionierungskosten einerseits sowie den höheren

Preisen des Herstellers andererseits ausschlaggebend. Abbildung 3-9 stellt dies in einer Beispielrechnung dar. Beim Vergleich zwischen Crossdocking und Direktbelieferung hingegen entscheidet die Höhe der Differenz aus Preisreduktion des Herstellers und Mehrkosten für Crossdocking und Filialbelieferung beim Händler darüber, welche Belieferungsform die günstigere ist.

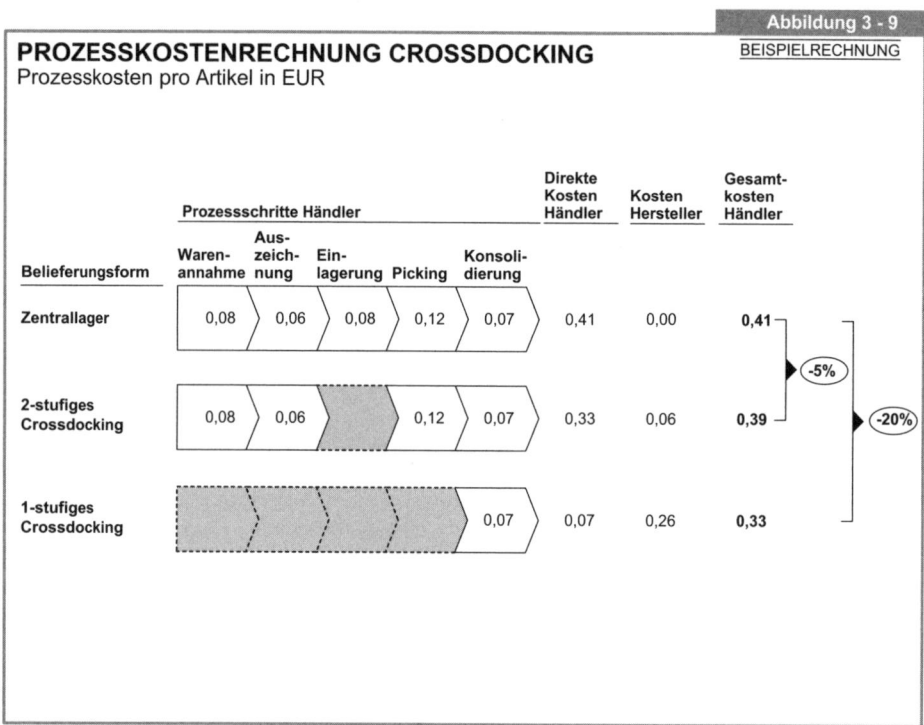

PROZESSKOSTENRECHNUNG CROSSDOCKING
Prozesskosten pro Artikel in EUR

Abbildung 3 - 9
BEISPIELRECHNUNG

Belieferungsform	Prozessschritte Händler					Direkte Kosten Händler	Kosten Hersteller	Gesamt-kosten Händler
	Waren-annahme	Aus-zeich-nung	Ein-lagerung	Picking	Konsoli-dierung			
Zentrallager	0,08	0,06	0,08	0,12	0,07	0,41	0,00	0,41
2-stufiges Crossdocking	0,08	0,06		0,12	0,07	0,33	0,06	0,39
1-stufiges Crossdocking					0,07	0,07	0,26	0,33

-5%
-20%

1-stufiges Crossdocking ist oft nur bei nationalen Lieferanten wirtschaftlich. Das 1-stufige Crossdocking stellt die höchsten Ansprüche an die Logistikkompetenz des Herstellers und verspricht zugleich die größten Einsparungen beim Händler. Häufig scheitert der Einsatz des 1-stufigen Verfahrens jedoch daran, dass der Hersteller die filial- oder abteilungsspezifische Kommissionierung nicht gemäß den Wünschen des Händlers oder nur zu hohen Kosten durchführen kann und die Händler nicht bereit sind, diesen wichtigen Prozess an den Hersteller zu übergeben. Ein weiterer Nachteil des 1-stufigen Crossdockings besteht darin, dass die Auslastung der Lkw hierbei um bis zu 50% geringer ist als beim 2-stufigen Verfahren. Der Grund: Während beim 2-stufigen Crossdocking die gelieferten artikelreinen Ladeeinheiten aufgebrochen und neu – zu vollständigen Ladeeinheiten – zusammengeführt werden, stellt der Hersteller die Ladeeinheiten beim 1-stufigen Crossdocking pro Filiale zusammen, so dass deren Kapazität nicht immer voll ausgeschöpft wird. Der Kostennachteil auf Grund niedriger Auslastung wächst mit der Entfernung vom Hersteller zum Händler, so dass 1-stufiges Crossdocking für ausländische Hersteller meist keine Option ist oder nur durch aufwendige Zwischenlagerung realisiert werden kann.

2-stufiges Crossdocking setzt „Pick to Zero" voraus. Das 2-stufige Crossdocking eignet sich auch dann, wenn der Hersteller nicht filialrein kommissionieren oder der Händler die Bestellung nicht filialbezogen an ihn weiterleiten kann. Den geringeren Logistikkosten des Herstellers stehen allerdings der erhöhte Aufwand des Händlers am Crossdocking-Punkt und die höheren Anforderungen an die Synchronisierung der eingehenden Lieferungen gegenüber. 2-stufiges Crossdocking eignet sich deshalb besonders dann, wenn der Händler vollständige Paletten vom Hersteller abnehmen kann und so dessen Kommissionieraufwand minimiert. Voraussetzung hierfür ist, dass der Händler über die Fähigkeit zum „Pick to Zero" verfügt. Dabei wird die gesamte Ware einer Palette an die Filialen weitergeleitet, ohne dass auch nur 1 Teil davon eingelagert werden müsste. Dies setzt wiederum voraus, dass die Filialen Unter- oder Überbelieferungen verkraften können, da sonst eine Einlagerung notwendig wird und der bestandslose Crossdocking-Punkt schrittweise zu einem weiteren, unerwünschten Lagerstandort umfunktioniert würde.

Zukünftige Belieferungsformen. Auf der Suche nach weiteren Effizienzpotenzialen sollten sich Supply-Chain-Manager 2 Belieferungsformen genauer ansehen: das Crossdocking von Rollcontainern, Paketen und wiederverwendbaren Behältern sowie das händlergesteuerte Merge-in-Transit.

1-stufiges Crossdocking beschränkt sich in Europa bisher weitgehend auf Paletten. In den USA werden hingegen beim Crossdocking schon seit geraumer Zeit Rollcontainer, Pakete und wiederverwendbare Behälter eingesetzt. Die Kommissionierung in Rollcontainer ist in der Industrie kaum verbreitet, für viele Hersteller aber möglich; für die Händler würde sie den Prozess am Crossdocking-Punkt deutlich beschleunigen. Ein weiterer Schritt ist der Einsatz von kleineren Ladeeinheiten wie Paketen oder wiederverwendbaren Behältern; dieser bringt vor allem in der Filiallogistik erhebliche Vorteile, z.B. kürzere Auffüllzeiten, und eine geringere Beeinträchtigung des Verkaufs mit sich. Baumarktartikel, Frische und Mode sind 3 Beispiele für Bereiche, in denen diese kleinen Ladeeinheiten bereits erfolgreich genutzt werden.

Bei Merge-in-Transit führt ein Hersteller die Bestellungen eines Kunden aus 2 Quellen (z.B. von 2 Produktionsstandorten) am Konsolidierungs- punkt – häufig ein Crossdocking-Punkt, ggf. mit zusätzlicher Lagerkapa- zität – zusammen und liefert sie zusammen aus. Der Hintergrund: Der Handel verlangt von seinen Herstellern in der Regel die Anlieferung der bestellten Artikel aus einer Quelle. Da die Produktionsstätten teilweise weit verstreut sind, müssen Konsolidierungszentren eingerichtet werden. Entsprechende Pilotversuche haben einige Hersteller bereits gestartet. Gelingt es jedoch einem Händler, durch eine entsprechende Synchroni- sation der eingehenden Lieferungen aus verschiedenen Quellen dieses Merge-in-Transit eigenständig abzuwickeln, lassen sich Redundanzen vermeiden und Effizienzsteigerungen auf beiden Seiten, beim Hersteller und beim Händler, erzielen.

Abhollogistik – Der Handel fährt vor

Euphorie und Optimismus bei den einen, Angst vor signifikanten Wett- bewerbsnachteilen bis hin zur Ratlosigkeit bei den anderen – die Mei- nungen der Supply-Chain-Manager über die Abhollogistik gehen weit auseinander. Während einige große Händler wie die Metro und Tesco bereits damit begonnen haben, intensiv in Abhollogistik zu investieren, sind andere noch damit beschäftigt, die Chancen und Risiken dieses neuen Logistikkonzepts abzuwägen und dazu Pilotversuche durchzufüh- ren. In einem Punkt sind sich aber alle Händler einig: Verdrängen sollte dieses Thema niemand.

Abhollogistik – die Ware übernehmen, sobald sie fertig gestellt ist.
Was genau ist eigentlich Abhollogistik und wer holt die Ware wo ab?

Abhollogistik bedeutet, dass der Händler oder ein beauftragter Logistik-dienstleister die Ware nicht vom Hersteller liefern lässt, sondern sie bei ihm abholt. Das Konzept sieht vor, dass der Hersteller die Ware an dem Ort in seiner Supply-Chain für den Händler bereitstellt, an dem sie fertig produziert und verpackt für den Versand an den Handel ist. 3 Orte bieten sich demnach für die Abholung an (Abbildung 3-10): bei Importen über den Seeweg der Hafen, über den die Produkte nach Europa gelangen, die Fabrik und die Lagerstandorte bzw. die Konsolidierungszentren der Hersteller. Abhollogistik ist damit nicht auf das Heimatland des Händlers und dessen Standorte beschränkt, sondern besitzt häufig auch eine globale Dimension. Beispielsweise übernehmen viele europäische Händler Non-Food-Ware bereits im asiatischen Ursprungsland und transportieren sie dann weiter – teilweise bis in die einzelnen Filialen.

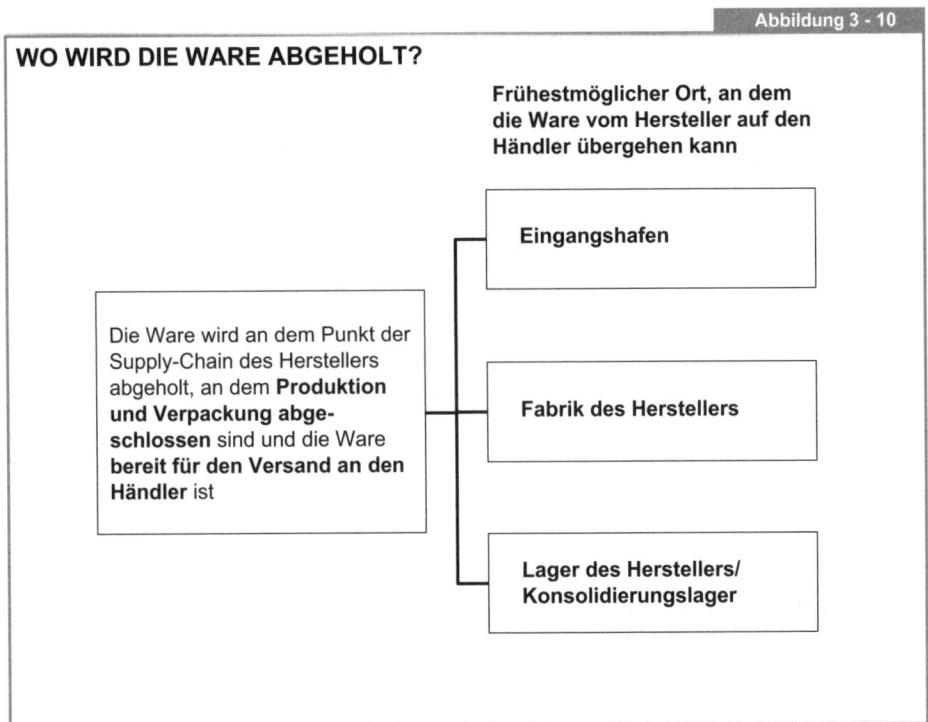

Abbildung 3 - 10

WO WIRD DIE WARE ABGEHOLT?

Frühestmöglicher Ort, an dem die Ware vom Hersteller auf den Händler übergehen kann

Die Ware wird an dem Punkt der Supply-Chain des Herstellers abgeholt, an dem **Produktion und Verpackung abge-schlossen** sind und die Ware **bereit für den Versand an den Händler** ist

Eingangshafen

Fabrik des Herstellers

Lager des Herstellers/ Konsolidierungslager

Starker Aufwärtstrend. Die „gefühlte" wachsende Bedeutung der Ab-hollogistik wollten wir gern mit Zahlen untermauern und haben daher unsere Interviewpartner gefragt, wie hoch der Anteil der Waren ist, deren Anlieferung sie selbst steuern, und wie hoch dieser Anteil wohl im Jahr 2010 sein wird. Die Tendenz ist eindeutig: Die Bedeutung der Abhollogistik wird im europäischen Lebensmittel- und Drogeriehandel bis zum Jahr 2010 um über 150% zunehmen (Abbildung 3-11). Heute holen die Händler weniger als 1 Zehntel der Waren ab, 2010 soll es bereits fast 1 Viertel sein. Zugleich nimmt die Bedeutung der Direktbelieferung im selben Zeitraum um 26% ab. Die Abhollogistik ist damit ein zentraler Treiber einer stärkeren Konzentration der Logistikkompetenz beim Handel.

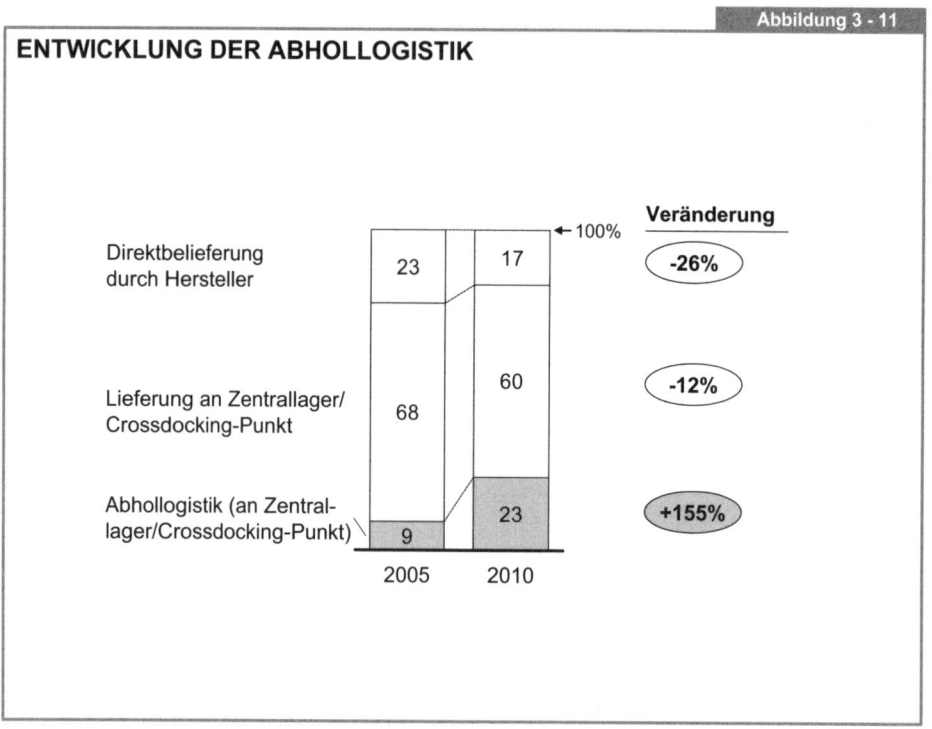

Abbildung 3 - 11

ENTWICKLUNG DER ABHOLLOGISTIK

Champions rechnen mit Stärkung ihrer Verhandlungsposition durch Wechsel zur Abhollogistik. Wenn die Händler die Anlieferung ihrer Ware selbst übernehmen, kontrollieren sie selbst – und nicht länger die Hersteller – die Belieferung der Zentralläger und der Crossdocking-Punkte. Diese wachsende Kontrolle über die Lieferkette sehen die Champions als Chance, die eigene Verhandlungsposition gegenüber den Herstellern deutlich zu stärken: Sie sind nicht mehr auf die Logistikleistung der Hersteller angewiesen, haben aber auf Grund ihrer eigenen Transporterfahrung zugleich einen guten Überblick über die Lieferkosten – und können dieses Wissen gezielt einsetzen, wenn sie mit den Herstellern über Konditionen verhandeln. 67% der Champions sind davon überzeugt, dass Abhollogistik das Kräfteverhältnis signifikant zu ihren eigenen Gunsten beeinflussen kann; bei den Verfolgern sind dies nur 50%.

Effizienzgewinn bei der Anlieferung. Die stärkere Kontrolle über den Warenfluss ist für sich genommen aus Sicht des Händlers nicht der entscheidende Vorteil der Abhollogistik. Interessant wird die Abhollogistik insbesondere auf Grund der dadurch möglichen Kostensenkungen. Diese resultieren aus der günstigeren Anlieferung von der Fabrik zum Händler. Aber auch in den nachgelagerten Prozessen – im Lager, an den Cross-docking-Punkten und bei der Filialbelieferung – sind durch eine bessere Synchronisation der Warenflüsse Kostensenkungen und Leistungssteigerungen möglich.

Die Kostensenkungen speisen sich aus 3 Quellen:

- *Wegfallen der Herstellermarge.* Hersteller berechnen den Händlern häufig nicht nur die Selbstkosten der Logistik, sondern schlagen eine Marge auf. Transportiert der Händler selbst, entfällt diese Logistikmarge des Herstellers. Da aber die Logistikkonditionen und Einkaufspreise der Hersteller meist nicht so transparent sind, dass der Händler die Höhe der Marge ableiten und entsprechend hart mit dem Hersteller verhandeln könnte, lässt sich das hier schlummernde Kostensenkungspotenzial teilweise nicht vollständig erschließen.

- *Skaleneffekte.* Diese treten dann auf, wenn der Händler durch die Abhollogistik mehr Volumen bündelt als der Hersteller und so Vorteile beim Einkauf von Transportleistungen/-kapazität erreichen kann. Durch die höheren Volumina sind zudem die Transportmittel besser ausgelastet als bei kleinvolumigen Einzellieferungen, was weitere Skaleneffekte ermöglicht.

- *Vermeidung von Redundanz.* Kostensenkungen resultieren auch daraus, dass unnötige Lieferwege und Zwischenlagerungen im Logistiknetz des Herstellers und des Händlers eliminiert werden.

Das wird in Abbildung 3-12 deutlich. Bei der klassischen Lieferung durch den Hersteller bzw. durch von ihm beauftragte
Dienstleister wird die Ware häufig in eigenen Zentrallägern zwischengelagert, bevor sie zu einem Konsolidierungszentrum oder
einem Crossdocking-Punkt transportiert wird und von dort aus
in das Zentrallager des Händlers oder zu einem weiteren Crossdocking-Punkt gelangt.

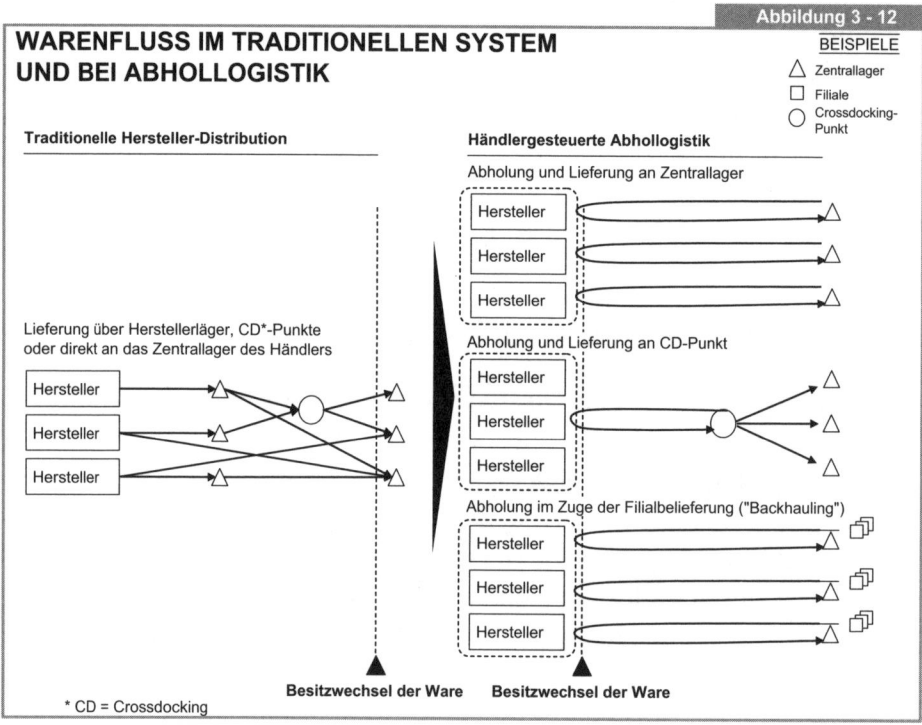

Einige Artikel aus China, die ein französischer Händler in seinen Filialen
verkauft, hatten vor kurzem noch einen ähnlich komplexen Lieferweg
zurückzulegen: Der Hersteller stellte die Lieferung in China zusammen
und lieferte sie an seinen bevorzugten europäischen Hafen, Southamp-
ton; von dort wurde die Ware an das Herstellerlager in Rotterdam transportiert und anschließend zu den verschiedenen Lägern des Händlers.
Heute holt der Händler seine Ware in China ab und transportiert sie über
den Umschlagpunkt in Rotterdam direkt an sein Zentrallager in Paris.

Bei der Abhollogistik kann der Händler die Ware somit direkt an das letzte Lager oder den letzten Crossdocking-Punkt in der Lieferkette bringen, auf diese Weise die Lieferkette straffen und so auch die Kosten der Lieferkette reduzieren. Das Potenzial ist hierbei umso größer, je komplexer die Anlieferung durch den Hersteller ist. Wie hoch der Effizienzgewinn für den Händler letztlich ausfallen wird, hängt nicht zuletzt aber auch davon ab, wie die Einsparungen zwischen ihm und dem Hersteller aufgeteilt werden.

Oft der erste Schritt: Backhauling. Nutzt der Händler seine leeren Lkw, um auf dem Rückweg von der Filialbelieferung Ware beim Hersteller abzuholen, wird das als Backhauling bezeichnet. Der Vorteil des Backhauling aus Sicht des Händlers: Die Auslastung der eigenen Lkw steigt und bei geeignetem Standort der Produktionsstätten sind die Transportkosten niedriger als bei einer separaten Anlieferung durch den Hersteller. Backhauling ist meist auf regionale, teilweise auch auf nationale Hersteller beschränkt, stellt aber zugleich für viele Händler den Einstieg in Überlegungen zu einem intensiveren Einsatz von Abhollogistik dar.

Effizienzgewinne im Lager, am Crossdocking-Punkt und bei der Filialbelieferung. Auch in den nachgelagerten Prozessen kann Abhollogistik die Effizienz erhöhen, da Händler beim Transport in Eigenregie die Anlieferung, die Lager- und Crossdocking-Prozesse und die Filialbelieferung besser synchronisieren können. Vor allem die genaue Einhaltung der festgelegten Zeitfenster ist bei eigenen Transporten oder bei Transporten durch selbst beauftragte Dienstleister oft eher gewährleistet als bei der Anlieferung durch den Hersteller. Beim Crossdocking kann der Händler die Tourenplanung für die ein- und ausgehende Logistik so gestalten, dass die Waren mit synchronem Warenausgang auch tatsächlich eng getaktet eintreffen, ein rascher Durchlauf gewährleistet ist und unnötige Einlagerungen vermieden werden.

Abhollogistik im Textilhandel

Abhollogistik führt nicht nur im Lebensmittelhandel zu mehr Effizienz. Ein europäischer Textilhändler hatte angesichts der komplexen und kostenintensiven Lieferkette einiger Artikel zunächst alle Stufen der Logistikkette vom Ursprungsland bis zum Regal analysiert. Anschließend ermittelte er auf Basis einer Prozesskostenrechnung, wie hoch die Einsparungen wären, wenn er Abhollogistik einsetzen würde. Das Einsparpotenzial war so attraktiv, dass er die Ware nun möglichst direkt im Ursprungsland vom Hersteller abholt oder spätestens in einem europäischen Hafen übernimmt. Damit vermeidet er redundante Zwischenlagerungen und mehrfaches Bewegen der Lieferungen. Abbildung 3-13 zeigt die Straffung der Lieferkette und die Kostensenkungen, die sich daraus ergeben haben: Die Zahl der Lieferungen zwischen verschiedenen Lagerstandorten des Herstellers und des Händlers konnte halbiert werden; die Ware wird rund 6 Mal häufiger direkt an das Lager geliefert, von dem aus die Filialen versorgt werden. Insgesamt gelang es dem Händler, durch die Einführung der Abhollogistik seine Logistikkosten um 36% zu senken.

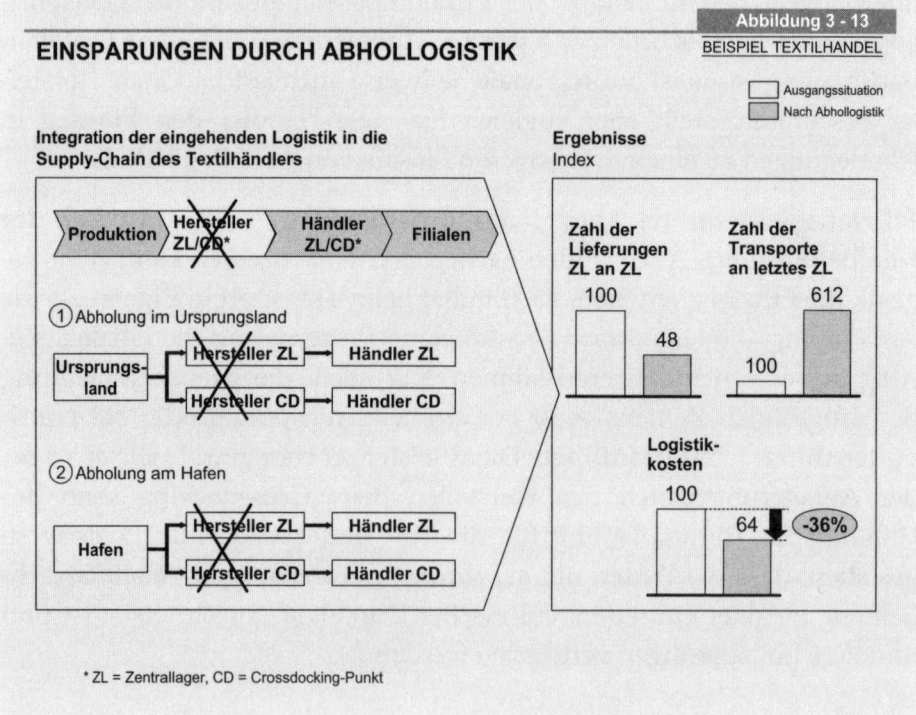

EINSPARUNGEN DURCH ABHOLLOGISTIK

Abbildung 3 - 13

BEISPIEL TEXTILHANDEL

* ZL = Zentrallager, CD = Crossdocking-Punkt

Effizienzpotenziale realisieren: Verrechnung der Abhollogistik. Die bisherigen Ausführungen zur Abhollogistik haben deutlich gemacht, dass mehr Kontrolle über die Supply-Chain auf Seiten des Händlers zu Effizienzsteigerungen in den Lägern, an Crossdocking-Punkten und bei der Filialbelieferung führen kann. Stärker noch als Kostensenkungen in den nachgelagerten Prozessen tragen niedrigere Kosten bei der Warenanlieferung zur Steigerung der Supply-Chain-Effizienz durch Abhollogistik bei. Die Schwierigkeit dabei: Meist sind die Kosten der Anlieferung im Produktpreis enthalten und werden nicht isoliert ausgewiesen. Wenn der Händler nun Abhollogistik einführt, muss er seine Logistikkosten mit dem Hersteller verrechnen können. Hierfür bieten sich 2 Möglichkeiten an: der Einkauf der Ware zu Preisen, die um die Logistikkosten reduziert werden („ex works"), oder die Vergütung der Abhollogistik durch den Hersteller.

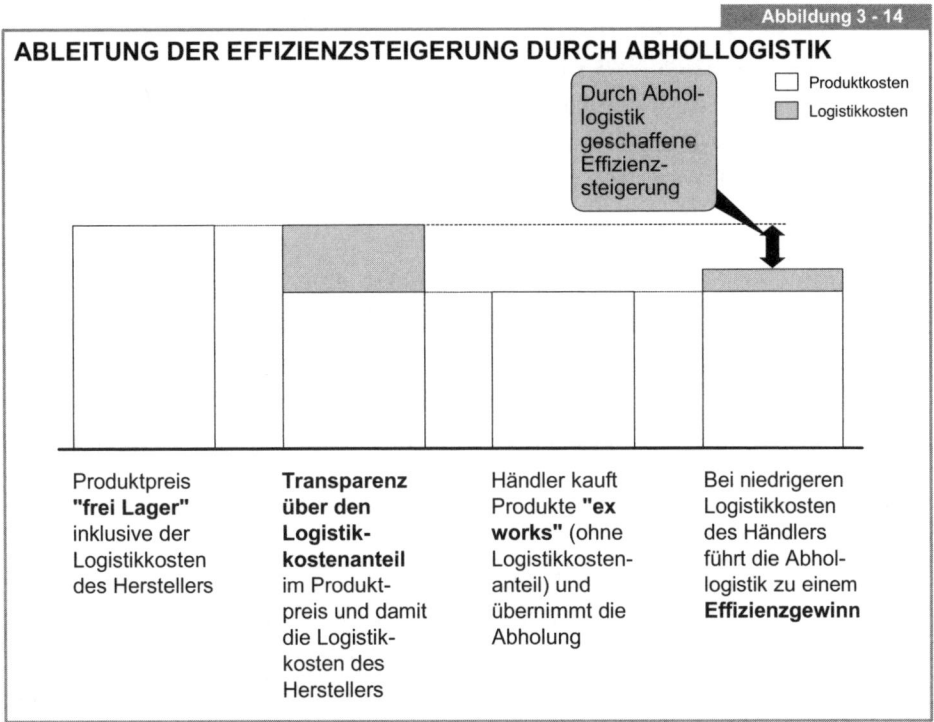

Abbildung 3-14 zeigt die „ex works"-Verrechnung: Der Händler kauft die Ware ohne Logistikkostenaufschlag ein, was allerdings eine hohe Transparenz der Logistikkosten des Herstellers voraussetzt. Der Einspareffekt für den Händler entsteht dadurch, dass die Kosten für seine Logistikleistung pro Artikel niedriger sind als der bisherige Aufschlag des Herstellers.

Sich mit dem Hersteller über den Produktpreis ohne Logistikkostenaufschlag zu einigen, ist für Händler jedoch häufig schwierig. Die zweite Möglichkeit, die Zahlung einer Logistikvergütung vom Hersteller an den Händler, ist leichter zu handhaben. Diesen Weg ist beispielsweise die Metro gegangen. Der Händler und seine u.U. eingesetzten Logistikpartner treten bei diesem Modell als Dienstleister auf, die für das Abholen der Ware vom Hersteller entlohnt werden. Diese Lösung hat im Idealfall die gleichen Effizienzvorteile für den Händler, ist aber aus 2 Gründen leichter umzusetzen:

1. Voraussetzung für die „ex works"-Verrechnung ist, dass der Anteil der Logistikkosten am Produktpreis transparent ist. Für den Händler ist es aber oftmals schwierig, diesen Anteil zu ermitteln, da neben den Logistikkosten eine Vielzahl intransparenter Aufschläge und Rabatte auf den Abgabepreis wirken und der Hersteller oft nicht bereit ist, die Kalkulation der einzelnen Artikel offen zu legen.

2. Eine „ex works"-Vereinbarung setzt eine umfassende Veränderung der Einkaufsprozesse voraus, da die Einkaufsgespräche mit Verhandlungen über die Logistikkonditionen belastet werden. Die bisherigen Einkaufsprozesse beizubehalten und die Logistikvergütung separat zu vereinbaren, ist daher in den meisten Fällen einfacher.

Die Metro hat das Modell der Logistikvergütung so umgesetzt, dass die Tochtergesellschaft MGL (Metro Group Logistics) vom Hersteller eine Vergütung in Höhe seiner zuvor zwischen ihm und der Metro festgelegten Logistikkosten erhält, das so genannte Kostenäquivalent. Die für „ex works"-Vereinbarungen notwendige Transparenz über die Logistikkosten ist hier zwar gegeben, die Metro wollte jedoch nicht, dass die Einkäufer zusätzlich über „ex works"-Konditionen verhandeln müssen. Die MGL wickelt nun die Warenanlieferung zu günstigeren Konditionen ab als der Hersteller, die Metro-Filialen werden jedoch für die logistischen Leistungen mit denselben Beträgen wie zuvor belastet. Auf diese Weise hat die Metro eine profitable Tochtergesellschaft mit hoher Kompetenz in der Abhollogistik geschaffen.

Verhandlungsprozess zur Abhollogistik bei Tesco

Tesco unternahm im Jahr 2001 einen ersten Vorstoß in Richtung Abhollogistik. Zu diesem Zeitpunkt begann das britische Handelsunternehmen, seine Hersteller über seine Pläne, die Warenanlieferung selbst zu kontrollieren, zu informieren. Für das Pilotprojekt wählte Tesco das Tiefkühlsortiment aus, da diese Produkte eine eigenständige Lieferkette erfordern und sich somit von den anderen Sortimenten gut abgrenzen ließen. Inzwischen hat Tesco die Abholung der Ware auf fast alle Sortimente ausgeweitet. Für die Verhandlungen mit den Herstellern hat Tesco einen standardisierten Prozess mit 6 Schritten entwickelt:

1. Schritt: Informieren der Hersteller/Erläuterung der Ziele. Zunächst informiert Tesco eine Gruppe von Herstellern aus dem gleichen oder einem ähnlichen Sortiment über die Zielsetzung und den Ablauf der Initiative zur Abhollogistik.

2. Schritt: Analyse der Ist-Situation der Logistik durch die Hersteller. Die Hersteller werden aufgefordert, standardisierte Formulare zur Logistikstruktur und zu den Logistikkosten auszufüllen. Die auf diese Weise erhobenen Informationen umfassen die Logistikstandorte, die Standorte der Fabriken, von denen aus Tesco beliefert wird, sowie Lieferfrequenzen und -kosten für Tesco.

3. Schritt: Gestaltung der Soll-Situation der Logistik durch Tesco. Die erhobenen Daten sammelt Tesco in einer zentralen Datenbank und erarbeitet dann den optimalen Logistikmodus für jeden Hersteller.

4. Schritt: Einigung mit dem Hersteller über den Logistikkostenanteil am Produktpreis. Tesco und der Hersteller legen gemeinsam fest, welcher Anteil des aktuellen Produktpreises den Logistikkosten zuzurechnen ist.

5. Schritt: Festlegung von Kennzahlen und Zielwerten. Tesco schreibt gemeinsam mit dem Hersteller einige zentrale Kennzahlen und Zielwerte wie die rechtzeitige Abholung und Abholfrequenzen fest. Ziel dabei ist es, auf beiden Seiten Klarheit über die geforderte Leistung herbeizuführen und Controlling-Mechanismen zu schaffen.

6. Schritt: Festlegung von Anfangsdatum und Prozess der Leistungsbewertung. Gemeinsam terminieren die Beteiligten den Zeitpunkt, ab dem die neuen Vereinbarungen zur Abhollogistik greifen sollen. Zudem wird definiert, wie genau die gemeinsame Leistungsbewertung in regelmäßigen Workshops ablaufen soll.

Die von Tesco bekannt gegebenen Ergebnisse dieses standardisierten Vorgehens sind vielversprechend: Die pünktliche Anlieferung an die Zentralläger konnte um etwa 20% und die Auslastung der Lkw um knapp 10% gesteigert werden. Die größten Erfolge mit Abhollogistik konnte Tesco nach eigenen Angaben bei kleineren und mittelgroßen Herstellern erzielen.

Agieren statt reagieren. Die Abhollogistik steht noch am Anfang ihrer Entwicklung, wird aber in den kommenden Jahren stark ausgebaut werden. Für alle Beteiligten steht dabei viel auf dem Spiel: Die Händler, die in der Abhollogistik bereits aktiv sind, müssen die geplanten Einsparungen auch tatsächlich durch faktenbasierte Konditionsverhandlungen und schlanke Logistikprozesse realisieren. Diejenigen, die keine eigene Abhollogistik betreiben, laufen währenddessen Gefahr, dass die Hersteller die Kosten für die durch den Ausbau der Abhollogistik bei den Händlern insgesamt entstandenen redundanten Kapazitäten und die entgangenen Logistikmargen an sie weiterreichen. Diese Händler müssen daher dringend ihre Handlungsoptionen ausloten.

Outsourcing – Kontrolle behalten und Kosten sparen

Integration und Outsourcing – ein Widerspruch? Erfolgreiche Händler gewinnen zunehmend die Logistikhoheit. Ihr Ziel ist es, die gesamte Supply-Chain vom Hersteller bis ins Regal zu kontrollieren. Das Auslagern von Logistikleistungen scheint dazu auf den ersten Blick nicht zu passen. Outsourcing und vollständige Kontrolle über die Lieferkette müssen aber keinen Widerspruch darstellen. Die Champions beweisen das: Sie lagern einzelne operative Teilbereiche aus und sparen dabei reichlich Kosten ein – ohne jedoch die Kontrolle über die Supply-Chain aufzugeben.

Champions nutzen Outsourcing gezielt. Auf welchen Stufen der Lieferkette ist das Outsourcing nun tatsächlich sinnvoll? Wann lagern die Champions Logistikleistungen im Interesse niedrigerer Kosten aus, wann erbringen sie die Leistungen im Interesse der Kontrolle über die Supply-Chain selbst? Wir haben die Teilnehmer unserer Studie nach dem Outsourcing-Grad von 2 zentralen Logistikprozessen befragt, dem Transport zu den Filialen und dem Lagerbetrieb.

In Abbildung 3-15 sehen Sie das Ergebnis: Der Outsourcing-Grad beim Transport liegt im Durchschnitt bei 65% des Volumens, der des Lagers ist

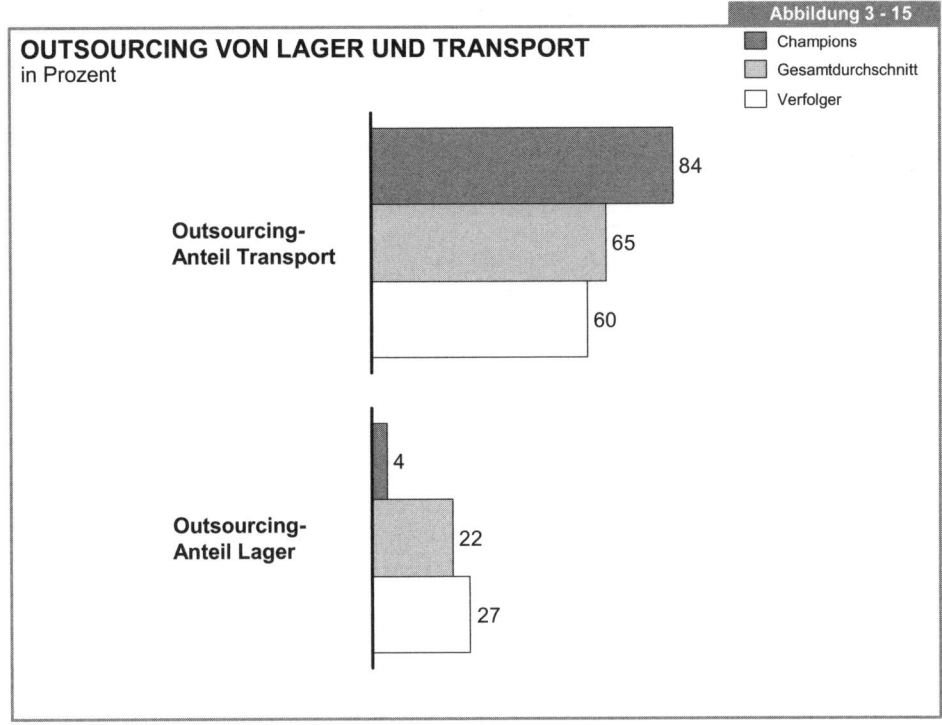

Abbildung 3 - 15

OUTSOURCING VON LAGER UND TRANSPORT
in Prozent

Champions
Gesamtdurchschnitt
Verfolger

Outsourcing-
Anteil Transport

84
65
60

Outsourcing-
Anteil Lager

4
22
27

mit nur 22% des Lagerbestands deutlich niedriger. Die Strategie, die diese Zahlen widerspiegeln, nämlich den Transport so weit wie möglich an Dienstleister zu vergeben und das Lager selbst zu bewirtschaften, haben uns in den Interviews viele Supply-Chain-Manager bestätigt. Dass dieser Strategie fast alle folgen, die Champions aber auch hier deutlich konsequenter bei der Umsetzung sind, zeigt der Vergleich zwischen Champions und Verfolgern: Beim Transport haben die Champions 84% des Volumens an Dienstleister vergeben, die Verfolger jedoch nur 60%. Zugleich bewirtschaften die Champions die Läger nahezu vollständig selbst und vergeben im Durchschnitt nur 4% des Lagerbestands an Dienstleister, während die Verfolger hier mehr als 25% fremdvergeben.

Strategische Bedeutung der Logistikleistung und eigene Kompetenz entscheiden. Um eine Entscheidung pro oder contra Outsourcing zu treffen, müssen sich Händler 2 zentrale Fragen stellen: Welche Bedeutung hat die Logistikleistung, die sie auslagern möchten, für ihr gesamtes Geschäftsmodell und wie kompetent und effizient sind sie selbst beim

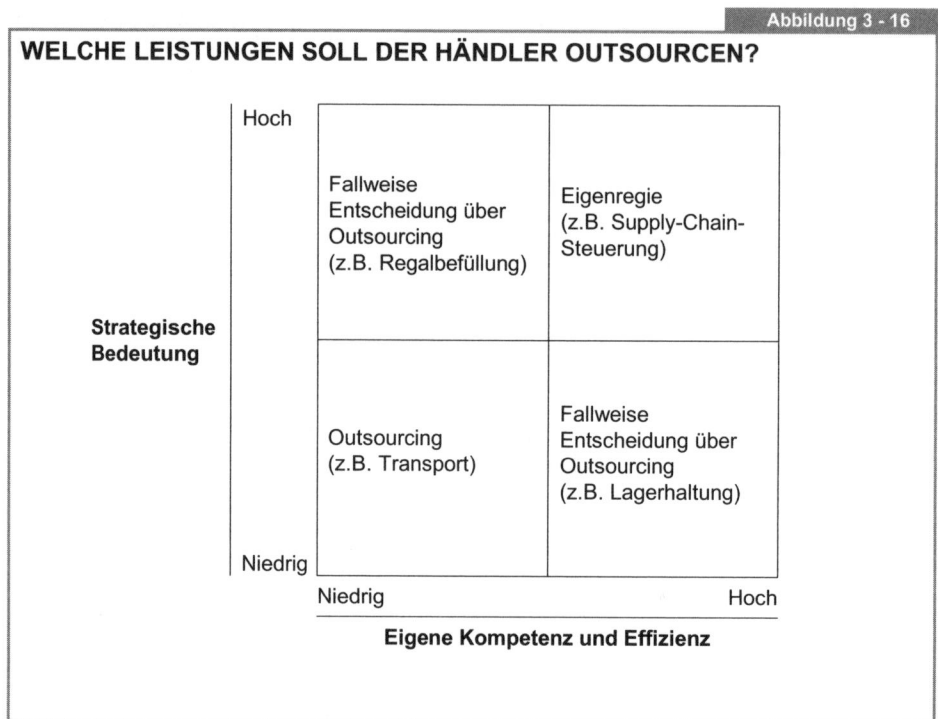

Abbildung 3 - 16

WELCHE LEISTUNGEN SOLL DER HÄNDLER OUTSOURCEN?

Hoch

Fallweise Entscheidung über Outsourcing (z.B. Regalbefüllung)

Eigenregie (z.B. Supply-Chain-Steuerung)

Strategische Bedeutung

Outsourcing (z.B. Transport)

Fallweise Entscheidung über Outsourcing (z.B. Lagerhaltung)

Niedrig

Niedrig   Hoch

Eigene Kompetenz und Effizienz

Erbringen dieser Leistung? Die Matrix in Abbildung 3-16 zeigt die beiden Dimensionen, die bei der Entscheidungsfindung berücksichtigt werden müssen, ebenso wie die abgeleiteten Handlungsempfehlungen: Outsourcing ist in den Bereichen sinnvoll, in denen der Händler über wenig Kompetenz verfügt – worunter dann typischerweise die Effizienz leidet – und die zugleich nur eine geringe strategische Bedeutung für das Geschäftsmodell des Händlers haben. Bei Funktionen mit hoher strategischer Bedeutung, in denen der Händler Kompetenz- und Leistungsvorteile aufgebaut hat, sollte er hingegen die Regie selbst übernehmen. So wie die Champions: Sie haben in den vergangenen Jahren ihr Know-how in der Lagerwirtschaft ausgebaut und durch die fortschreitende Automatisierung der Lagerprozesse die Effizienz auf dieser Stufe der Lieferkette gesteigert; daher betreiben die Champions die Läger jetzt fast ausschließlich in Eigenregie. Für sie ist die filialgerechte Kommissionierung einerseits strategisch besonders wichtig, andererseits ist sie einer der entscheidenden Hebel für Kostensenkungen und Serviceverbesserungen: Die Logistikkosten in der Filiale reduzieren sich, während die Warenverfügbarkeit steigt. Ein Outsourcing des gesamten Lagers scheint für sie deshalb nicht sinnvoll. Die Champions setzen Dienstleister stattdessen für zeitlich begrenzte Einlagerungen bei Unterkapazitäten und bei gewissen Spezialsegmenten ein.

Outsourcing-Potenziale durch Größenvorteile beim Dienstleister. Logistikleistungen an einen Dienstleister zu vergeben lohnt sich für den Händler dann, wenn der Dienstleister die Vorteile des höheren Volumens oder effizienterer Prozesse in Form von niedrigeren Kosten an den Händler weiterreicht. Solche Vorteile können sein:

- *Bessere Infrastruktur.* Skaleneffekte entstehen hierdurch, wenn der Dienstleister ein Netz von Lagerstandorten und Crossdocking-Punkten betreibt, das in Anzahl und Lage dem des Händlers überlegen ist. Oder wenn der Dienstleister eine bessere Transportinfrastruktur vorhält – mit größeren Lkw, eigenen Schiffen, flexibleren Belieferungsformen und höheren Lieferfrequenzen.

- *Höhere Auslastung.* Sie wird erreicht, wenn es dem Dienstleister gelingt, durch Bündelung oder bessere Steuerung die Produktivität der Mitarbeiter und der Infrastruktur (z.B. Ladevolumen der Lkw) zu steigern.

- *Größere Einkaufsmacht.* Hier kommen Skaleneffekte zustande, wenn der Dienstleister mit Subunternehmern beim Einkauf von Lkw, IT-Leistungen oder Liegenschaften niedrigere Kosten verhandeln kann als der Händler.

- *Niedrigere Fixkosten.* Eine weitere Quelle von Effizienzpotenzialen durch Skaleneffekte können die im Vergleich zum Händler geringeren Fixkosten des Dienstleisters darstellen, etwa weil dessen Geschäftsmodell weniger komplex und dadurch die Verwaltung schlanker ist.

Outsourcing-Potenziale durch Kompetenz der Dienstleister. Dienstleister können dem Händler nicht nur durch die Bündelung von Volumen, sondern auch durch ihren eigenen Kompetenzvorsprung Effizienzvorteile bescheren. Manche verfügen beispielsweise über langjährige Erfahrung im Crossdocking oder über spezialisierte IT-Systeme, die denen des Handels überlegen sind und einen effizienteren Waren- und Informationsfluss ermöglichen. Besonders relevant ist der Know-how-Vorsprung der Dienstleister bei globalen Lieferketten. Doch auch operativ, bei den einzelnen Logistikprozessen, haben viele Dienstleister einschlägige Erfahrungen anzubieten, so dass sie höhere Durchlaufgeschwindigkeiten bei niedrigeren Kosten erreichen. Bewährte Beziehungen der Dienstleister zu Subunternehmern oder beispielsweise den Einfuhrbehörden können ebenfalls ein Anreiz für das Outsourcing von Leistungen sein. Tchibo ist ein Beispiel für einen Händler, der entlang der gesamten Lieferkette Partner mit hoher Kompetenz in den einzelnen Teilprozessen beauftragt hat (siehe nachfolgende Fallstudie).

Outsourcing – eine individuelle Entscheidung. Auch wenn die Champions überwiegend auf einen Lagerbetrieb in Eigenregie setzen, kann – nach Prüfung der individuellen Outsourcing-Potenziale – auch die vollständige Vergabe des Lagers an einen Dritten sinnvoll sein. Ein Beispiel hierfür ist die Non-Food-Supply-Chain von Tchibo. Das Handelsunternehmen schließt Logistikpartnerschaften mit Dienstleistern, die in einzelnen Bereichen eine höhere Kompetenz als Tchibo selbst besitzen, und vergibt ganze Logistikprozesse an diese Dienstleister. Dadurch ist es Tchibo gelungen, die Leistungsfähigkeit seiner Lieferkette zu steigern und gleichzeitig die Kontrolle über die gesamte Lieferkette zu behalten. Der erfolgreiche Betrieb aller Tchibo-Läger in Partnerschaft mit Dienstleistern zeigt, dass die Entscheidung über die Fremdvergabe von Logistikprozessen – auf Grund der strategischen Bedeutung der Prozesse und der eigenen Kernkompetenzen – fallweise getroffen werden muss.

Erfolgreiches Management der Dienstleister. Wenn Händler Outsourcing einsetzen, wie zufrieden sind sie dann mit den Dienstleistern? Auch dieser Frage sind wir nachgegangen und auch hierzu haben wir von den interviewten Händlern Auskunft erhalten. Demnach sehen viele der befragten Handelsunternehmen erheblichen Verbesserungsbedarf bei der Leistung der Dienstleister: Beim Transport traf dies auf 30% der Händler zu, beim Lager waren sogar 38% der Händler nicht zufrieden. Auch dies mag in manchem Fall ein Grund für den zurückhaltenden Einsatz von Outsourcing sein.

In den Interviews schilderten uns die unzufriedenen Händler, dass es häufig Schnittstellenprobleme zwischen ihnen und den Dienstleistern gibt, dass geforderte Servicelevel (Liefergenauigkeit, Liefertreue) nicht eingehalten werden und dass dadurch hohe Folgekosten entstehen, die den Kostenvorteil des Outsourcings deutlich schmälern oder sogar zunichte machen können. Unzufrieden sind viele Auftraggeber auch, weil die gemeinsame Entwicklung und Umsetzung von maßgeschneiderten Lösungen nicht richtig funktioniert; viele Kooperationen mit Dienstleistern scheitern daran sogar. Um solche Negativerfahrungen zu vermeiden, empfiehlt es sich, vor Vertragsabschluss genau zu definieren, welche Servicelevel- und Flexibilitätsvorgaben der Dienstleister erfüllen muss. Später, im Logistikalltag, sollten Dienstleister und Händler diese Vorgaben regelmäßig und zeitnah gemeinsam überprüfen und Abweichungen sofort konsequent nachgehen.

Logistikpartnerschaften bei Tchibo

Tchibo verfolgt mit seiner Non-Food-Supply-Chain die Strategie, die Lieferkette vom Hersteller bis zur eigenen Filiale intensiv zu kontrollieren und dennoch zugleich auf jeder Stufe kompetente Dienstleister zu nutzen (Abbildung 3-17). Dazu bindet das Handelsunternehmen seine Dienstleister als langfristige Partner in seine Lieferkette ein. Die beiden Leitlinien dabei sind hohe Transparenz und eine verursachungsgerechte Verteilung der Aufwände und der realisierten Einsparungen zwischen Dienstleister und Händler. 68% der gesamten logistischen Wertschöpfung wird bei Tchibo von externen Dienstleistern erbracht.

Abbildung 3 - 17

SUPPLY-CHAIN VON TCHIBO

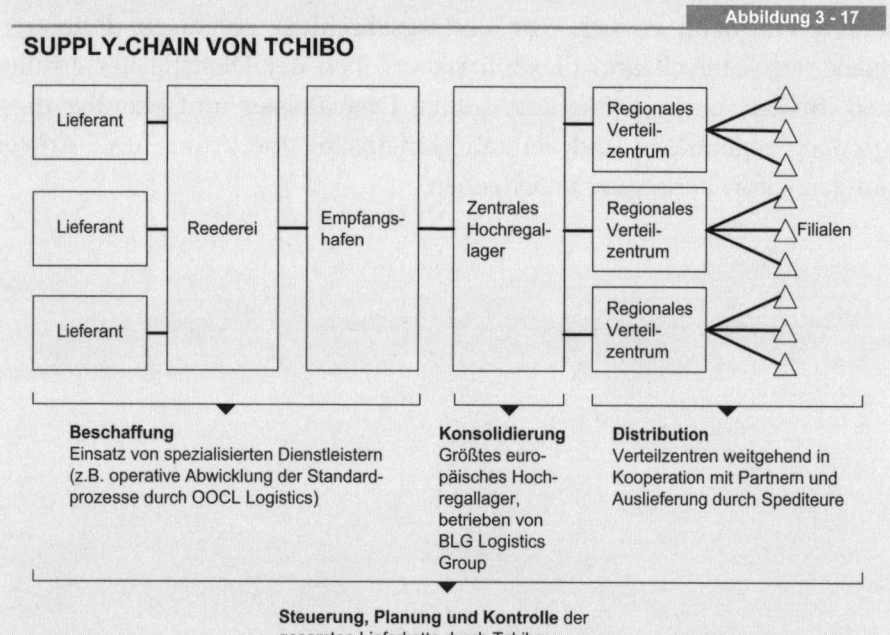

Quelle: Tchibo, 2004

Bei der *Beschaffung* kontrolliert und synchronisiert Tchibo die eingehenden Transporte aus dem Ausland über ein eigenes Steuerungssystem; die operative Abwicklung übernimmt hingegen der Partner OOCL Logistics, der dabei das Bindeglied zwischen Tchibo, den Lieferanten und den Transporteuren vor Ort ist. Er prüft die Warenverfügbarkeit, ist in die Lieferantenbewertung integriert und unterstützt die Supply-Chain-Steuerung durch die Koordination von Kapazitäten sowie die Zeitplanung. Der Dienstleister übernimmt daher auch Tätigkeiten wie die Buchung von Schiffsraum bei Reedereien, das Dokumentenmanagement sowie das Tracking und Tracing der Ware. Das Ergebnis: ein perfekter Informationsfluss schon vor Ankunft der Ware aus dem Ausland sowie Synergien bei Frachtverhandlungen und Rampensteuerung, die sich positiv auf Kosten, Durchlaufzeit und Prozessqualität auswirken.

Der *Konsolidierung* der Warenströme von zahlreichen Lieferanten und aus verschiedenen Teilen der Welt kommt im Tchibo-Geschäftsmodell eine zentrale Bedeutung zu. Die Waren müssen zu wöchentlich neuen „Tchibo-Welten" zusammengestellt werden und rechtzeitig zu Verkaufsstart in den Filialen sein. Um dies zu gewährleisten, wurde 2003 ein Hochregallager in Bremen in Betrieb genommen – mit einer Kapazität von 150.000 Palettenstellplätzen das größte Hochregallager Europas; betrieben wird es von der BLG Logistics Group. Hier werden die meist per Binnenschiff oder Bahn angelieferten Container entladen, zu Paletten gemäß den Tchibo-Welten zusammengestellt und eingelagert. Bei diesem Schritt findet auch die Qualitätssicherung statt.

In der *Distribution* steht Tchibo vor der Herausforderung, die Filialen punktgenau und jede Woche wieder erneut mit den Artikeln der neuen Tchibo-Welt zu beliefern und gleichzeitig die nachfrageorientierte Nachversorgung der Filialen mit Artikeln der beiden auslaufenden Einkaufswelten zu gewährleisten. Auch hierbei setzt Tchibo auf die Partnerschaft mit Dienstleistern und erreicht so eine Liefertermintreue von 98,9% und eine Liefergenauigkeit von 99,98%. Die Ware wird dabei tagesgenau vom Hochregallager in Bremen an ein Netz aus Verteilzentren geliefert, die in Zusammenarbeit mit Dienstleistern betrieben werden. In den Verteilzentren wird die Ware in vertriebswegspezifische Behältersysteme kommissioniert, gemäß der Tourenplanung sortiert und dann automatisch palettiert. Anschließend wird sie an die Nahverkehrsfahrzeuge weiterer Dienstleister übergeben, die die Filialen beliefern.

Durch die intensive Kontrolle der gesamten Supply-Chain und die gleichzeitige partnerschaftliche Einbindung kompetenter Dienstleister ist es Tchibo gelungen, die Logistikstückkosten seit 1999 um rund 20% zu senken. Auch bei Einzelprozessen wie der Kommissionierung konnte Tchibo im gleichen Zeitraum erhebliche Leistungssteigerungen erreichen, z.B. eine Erhöhung der Pick-Produktivität um ca. 50%.

4. Kooperation: Vorsicht vor Überdosis

Vor mehr als 10 Jahren zeigte eine Studie erstmals die Renditepotenziale einer Kooperation zwischen Herstellern und Händlern auf – und forderte als Konsequenz eine intensivere Zusammenarbeit. Die Studie mit dem Titel „Supplier-Retailer Collaboration", herausgegeben vom Coca-Cola Retailing Research Council Europe, markiert den Beginn einer lebhaften Debatte über Supply-Chain-Kooperation in Europa. Seither hat sich das ehemals oft angespannte Verhältnis zwischen Herstellern und Händlern stark gewandelt.

Die Eiszeit ist vorbei. Es gibt kaum noch Händler, die eine Kooperation mit Herstellern grundsätzlich ablehnen. Der elektronische Datenaustausch ist zum Standard geworden und fast alle Händler haben Initiativen zur Zusammenarbeit mit ihren Herstellern in den verschiedenen Bereichen der Lieferkette gestartet. Der Grundtenor bei den Händlern ist, dass durch eine Zusammenarbeit mit den Herstellern Effizienzsteigerungen möglich sind, die im Alleingang nicht erreichbar wären.

Sieht man jedoch genauer hin, wird deutlich, wie groß die Bandbreite bei der Kooperation ist. Einige Händler sind nach wie vor skeptisch und nutzen die Potenziale von Kooperationen kaum oder gar nicht, während immer mehr Händler das andere Extrem repräsentieren: Sie betrachten die Kooperation als Allheilmittel und laufen damit Gefahr, bei Kooperationsprojekten unfokussiert vorzugehen; sie investieren viel und erreichen wenig.

Vor diesem Hintergrund überrascht es kaum, dass die Teilnehmer an unserer Untersuchung es als eine ihrer wichtigsten Aufgaben in den kommenden Jahren betrachten, die Supply-Chain-Kooperation zu intensivieren – nach der Optimierung der Filialprozesse steht dieses Thema neben der Lager- und Lieferlogistik gleich an zweiter Stelle auf ihrer Agenda. Internationale Initiativen wie ECR (Efficient Consumer Response) und GCI (Global Commerce Initiative) spiegeln die Bedeutung, die Unternehmen der Supply-Chain-Kooperation beimessen, wider: Auf den Konferenzen der beiden Initiativen besprechen die Entscheidungsträger aus Konsumgüterindustrie und Handel regelmäßig, wie sie besser zusammenarbeiten können. Die Kooperation in der Lieferkette beschäftigt bei Händlern wie bei Herstellern auch das Top-Management. Das zeigen die Teilnehmerlisten der Konferenzen: Zumeist nehmen selbst die Vorstandsvorsitzenden der größten Hersteller und Händler persönlich daran teil. Und in zahlreichen ECR-Arbeitsgruppen arbeiten Vertreter der obersten Unternehmensebene daran, die Effizienz der eigenen Lieferkette durch Kooperationen zu steigern.

Renditepotenzial realistisch einschätzen – ein Muss. In den vergangenen Jahren sind in einigen ECR-Studien Einsparpotenziale und mögliche Servicesteigerungen durch Kooperation in Höhe von teilweise über 5% der Endverbraucherpreise genannt worden. Tatsächlich wird auf den Konferenzen immer wieder von signifikanten Leistungssteigerungen – wie Bestandsreduktionen um 50 bis 80% oder 10% mehr Umsatz – berichtet. Diese Zahlen wecken Begehrlichkeiten, die der Logistikalltag kaum einzulösen vermag. Denn diese Zahlen beziehen sich meist auf einzelne Pilotprojekte; oft werden auch die Investitionen in die Kooperation nicht vollständig in die Betrachtung einbezogen.

Einige Vorstände von Handelsunternehmen haben auf Basis der oft ernüchternden Ergebnisse beim Rollout umfangreicher Kooperationsprojekte begonnen, auf eine mögliche Überbewertung und zu starke Formalisierung der Kooperation hinzuweisen. Sie vertreten die Auffassung, dass Kooperationen zu häufig als Selbstzweck verfolgt werden und nicht selten ein Ablenkungsmanöver von schwachen eigenen Supply-Chain-Leistungen sind.

In unserer Untersuchung haben die Supply-Chain-Manager ihre Einschätzung des realistischen Potenzials einer intensivierten Supply-Chain-Kooperation in den kommenden 5 Jahren abgegeben. Sie kamen dabei im Durchschnitt auf eine Reduktion der Logistik- und Bestandskosten um 15 bis 20% und eine Erhöhung der Regalverfügbarkeit um 2 bis 3 Prozentpunkte. Das sind immer noch signifikante Leistungssteigerungen, die einem Wachstum der Umsatzrendite um mindestens 1 Prozentpunkt entsprechen. Die Diskrepanz zwischen Studie und Erwartungshaltung zeigt, was in der Vergangenheit zu selten ausgesprochen wurde: Intensive Kooperation ist eine Möglichkeit, Supply-Chain-Prozesse effizienter zu gestalten, sie ist aber nicht die erhoffte Wunderwaffe, die alle Schwächen der Lieferkette auszugleichen vermag. Auch Erfahrungen von McKinsey zeigen: Die Umsatzrendite steigt durch eine bessere Filiallogistik eindeutig stärker als durch eine intensivere Lieferanten-Kooperation.

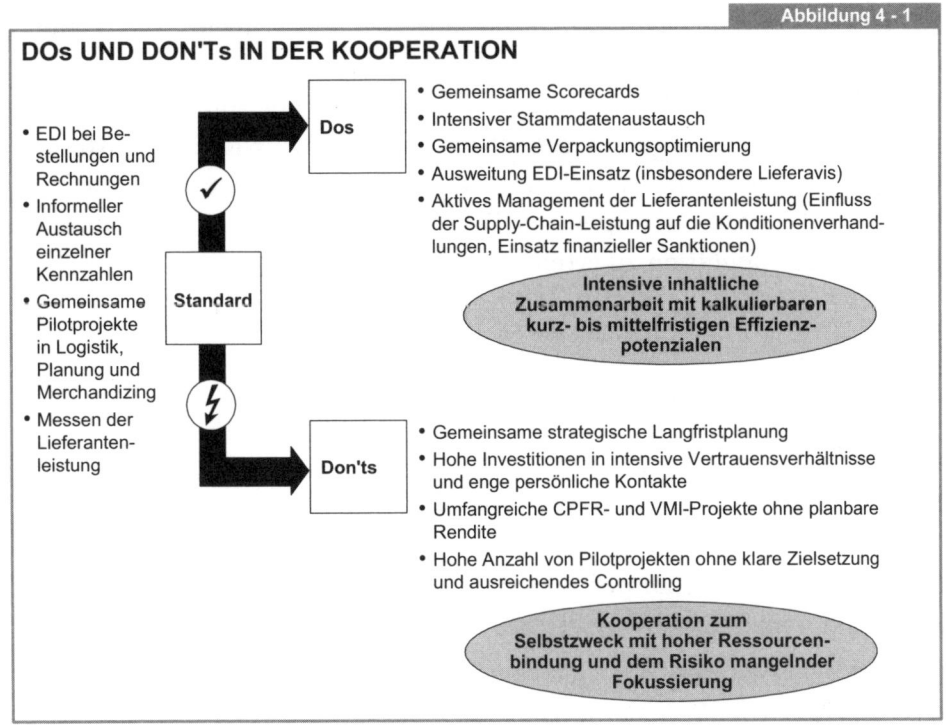

Abbildung 4 - 1

DOs UND DON'Ts IN DER KOOPERATION

Was soll man tun, was kann man lassen? Wir wollten wissen, was heute in der Lieferantenkooperation bereits Standard ist, in welchen Bereichen die Champions intensiver kooperieren als die Verfolger und wo sie sich eher zurückhalten. Die Ergebnisse bestätigen die Hypothese, dass die Kooperation oft überbewertet wird: Die Champions sehen zwar gemeinsame Interessen von Herstellern und Händlern in operativen Fragestellungen, zweifeln aber den Nutzen von langfristigen, strategischen Kooperationsprojekten an. Sie beschränken sich auf die Kooperationsfelder, die tatsächlich Wert stiften, rechnen sehr genau, bevor sie in die Zusammenarbeit investieren, und kontrollieren regelmäßig den

Erfolg. „Dort, wo die Kooperation zum Kaffeeklatsch verkommt und der Erfolg nicht messbar ist, sind wir eher vorsichtig", sagte einer der erfolgreichen Händler im Interview über die Grenzen seiner Kooperationsbereitschaft.

Abbildung 4-1 fasst unsere Erkenntnisse zum Thema Kooperation zusammen und gibt damit gleichzeitig einen Ausblick auf die folgenden Abschnitte, in denen wir darstellen, auf welchen Gebieten die Supply-Chain-Champions intensiv kooperieren, wo sie das bewusst nicht tun und wie sie die Lieferantenleistung managen. Darüber hinaus betrachten wir den Umsetzungsstatus bei einzelnen Themen wie EDI, VMI und CPFR und geben eine Handlungsempfehlung dazu, wie ein Unternehmen Schritt für Schritt vorgehen sollte, um eine Effizienzsteigerung durch Lieferantenkooperation zu erreichen.

Fokussierte Zusammenarbeit – Konzept statt Klüngel

Ist eine intensive Zusammenarbeit zwischen Händler und Hersteller grundsätzlich gut – oder eher schlecht? Um dieser Frage nachzugehen, haben wir die Intensität der Supply-Chain-Kooperation in verschiedenen Bereichen gemessen und getrennt nach Champions und Verfolgern ausgewertet.

Wie Abbildung 4-2 zeigt, kooperieren die Champions bei langfristigen und strategischen Themen weniger als die Verfolger und sind bei persönlichen Kontakten und beim Aufbau eines Vertrauensverhältnisses eher zurückhaltend.

Champions lassen sich nicht in die Karten gucken. Bei langfristigen Zielsetzungen wie der Aufstellung des zukünftigen logistischen Netzwerks oder der optimalen Belieferungsform sehen die erfolgreichen Händler in geringerem Maße als die Verfolger einen Mehrwert in der Absprache mit den Herstellern. Während die allgemeine Bereitschaft zur Kooperation bei allen Händlern inzwischen hoch ist, sind die Champions skeptisch, ob der Aufwand für solche langfristigen Absprachen tatsächlich gerechtfertigt ist und daraus ein messbarer Vorteil für sie erwächst. Bei einigen strategischen Fragestellungen in der Supply-Chain, z.B. hinsichtlich der Einführung von Abhollogistik, liegen die Interessen der Parteien nach Meinung der Champions zu weit auseinander, als dass ein gemeinsames Vorgehen sinnvoll und möglich wäre.

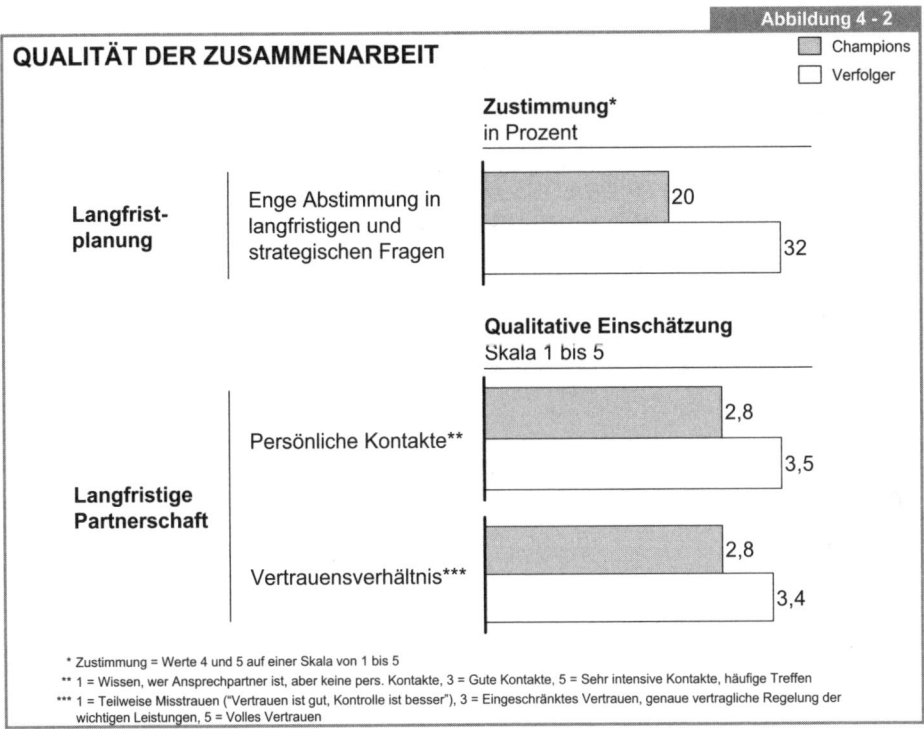

Abbildung 4 - 2

QUALITÄT DER ZUSAMMENARBEIT

Champions
Verfolger

Zustimmung*
in Prozent

**Langfrist-
planung** — Enge Abstimmung in langfristigen und strategischen Fragen — 20 / 32

Qualitative Einschätzung
Skala 1 bis 5

Persönliche Kontakte** — 2,8 / 3,5

**Langfristige
Partnerschaft** — Vertrauensverhältnis*** — 2,8 / 3,4

* Zustimmung = Werte 4 und 5 auf einer Skala von 1 bis 5
** 1 = Wissen, wer Ansprechpartner ist, aber keine pers. Kontakte, 3 = Gute Kontakte, 5 = Sehr intensive Kontakte, häufige Treffen
*** 1 = Teilweise Misstrauen ("Vertrauen ist gut, Kontrolle ist besser"), 3 = Eingeschränktes Vertrauen, genaue vertragliche Regelung der wichtigen Leistungen, 5 = Volles Vertrauen

Einen Mindestabstand wahren. Auch beim Knüpfen direkter persönlicher Beziehungen zu den Supply-Chain-Mitarbeitern der Hersteller halten sich die Champions zurück. Auf einer Skala von 1 bis 5 bewerteten die Champions die qualitative Intensität ihrer persönlichen Kontakte im Durchschnitt mit 2,8, die Verfolger mit 3,5. Die erfolgreichen Unternehmen bestätigten uns, dass sie an einem intensiven Kontakt interessiert sind, aber zu enge Bindungen nicht als effizienzfördernd ansehen: Zu wissen, wer der Ansprechpartner beim Hersteller ist, reicht ihrer Meinung nach völlig aus, um bei Problemen rasch reagieren zu können, während zu enge Bindungen bei den oft hart geführten Verhandlungen eher störend sein können. Auch das Vertrauensverhältnis zu den Herstellern bewerten die Champions mit 2,8 als deutlich weniger stark ausgeprägt als die Verfolger, die dieses mit 3,4 bewerten. Das Misstrauen zwischen Händlern und Herstellern scheint damit zwar der Vergangenheit anzugehören, dennoch schätzen die heutigen Champions eine freundliche Distanz; Vertrauensseligkeit ist ihre Sache nicht.

Wie Abbildung 4-3 zeigt, kooperieren Champions gern, wenn kurz- bis mittelfristige Effizienzgewinne winken – und dann sogar intensiver als die Verfolger.

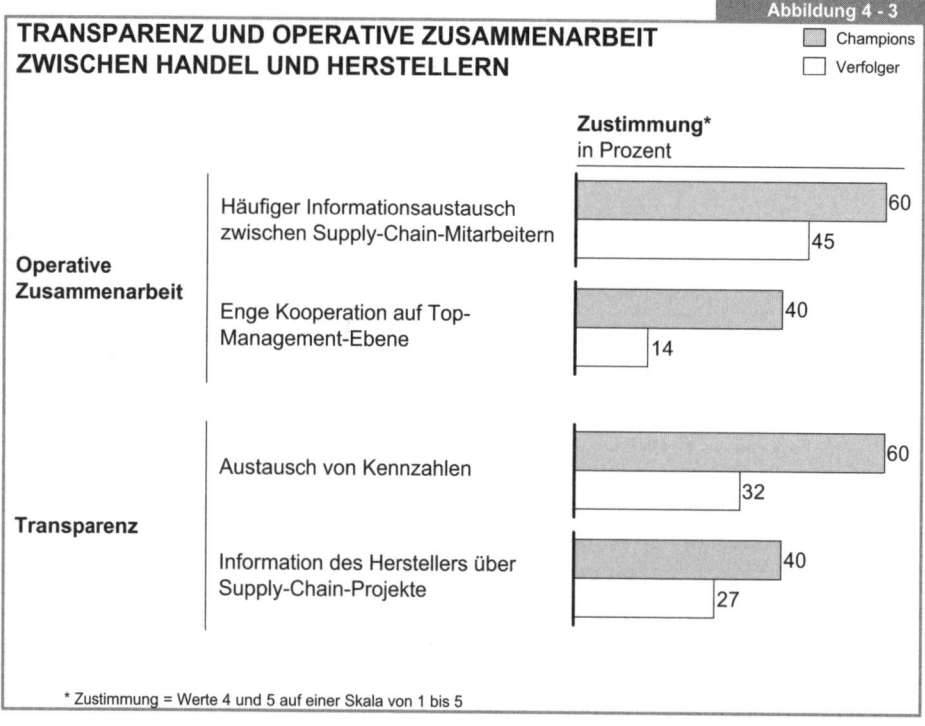

Zusammenarbeit auf allen Ebenen. Die Champions arbeiten sowohl auf Management-Ebene als auch im operativen Geschäft intensiver mit ihren Herstellern zusammen als die Verfolger. Beispiele operativer Zusammenarbeit sind die gemeinsame Festlegung der Lieferwege oder die Optimierung der Verpackung, um die Filiallogistik effizienter zu gestalten (siehe zum Thema Verpackung den nachfolgenden Abschnitt in diesem Kapitel). 60% der Champions, aber nur 45% der Verfolger berichten, dass ihre Mitarbeiter im ständigen Kontakt mit den Supply-Chain-Mitarbeitern der

Hersteller sind. Auch auf der Ebene des Top-Managements kommt es bei den Champions häufiger zu engen Kooperationen als bei den Verfolgern (bei 40% der Champions, aber nur bei 14% der Verfolger). Während sich bei einigen Händlern die Vorstände gar nicht in die Zusammenarbeit einschalten oder nur bei akuten Problemen hinzugezogen werden, suchen sie bei den Champions aktiv das Gespräch mit dem Vorstand des Herstellers, um die Notwendigkeit bzw. Bedeutung von bereits begonnenen oder noch anstehenden Projekten für die gemeinsame Effizienzsteigerung zu unterstreichen und das Umsetzungstempo auf beiden Seiten zu erhöhen.

Ohne Informationen keine Effizienzgewinne. Die Supply-Chain-Champions haben erkannt, dass ein transparenter Informationsfluss die Supply-Chain-Leistung steigern kann. 60% der Champions, aber nur 32% der Verfolger tauschen mit der Industrie in großem Umfang Kennzahlen aus wie die Regalverfügbarkeit oder die Bestandsreichweite der Produkte des Herstellers und dessen Lieferzuverlässigkeit. Selbst bei internen Supply-Chain-Projekten, z.B. geplanten Pilotprojekten oder der Implementierung neuer IT, informieren die Champions ihre Hersteller umfassend: 40% der Champions geben an, sich bei ihren Supply-Chain-Projekten um eine hohe Transparenz zu bemühen, bei den Verfolgern tun dies nur 27%.

Ausbau der Transparenz bei Stammdaten und Logistikstrukturen. 2 Themen, bei denen Händler und Hersteller noch zu wenig koordiniert arbeiten, werden künftig im Mittelpunkt von Kooperationen stehen: fehlerfreie und synchronisierte Stammdaten sowie Transparenz über die Logistikstrukturen der Hersteller.

Der reibungslose Informationsfluss zwischen den Partnern und innerhalb der Unternehmen setzt eine gute Qualität der Stammdaten voraus. Unsere Untersuchung hat gezeigt, dass fehlerhafte *Stammdaten* bei vielen Händlern zu hohen Fehlerquoten und erheblichem manuellen Bearbeitungsaufwand führen. Das gilt ebenso für Hersteller: Procter & Gamble schätzt beispielsweise, dass seine Account-Manager bei besserer Stammdatenqualität jährlich 5.000 Stunden einsparen und auf strategisch wichtigere und wertsteigernde Aufgaben verwenden könnten. Dort, wo die

Stammdaten vollständig und systematisch synchronisiert und regelmäßig aktualisiert werden – und zwar bei Hersteller und Händler –, lassen sich Fehler wie falsche Volumenberechnungen oder falsche Nachbestellungen vermeiden. ECR und GCI arbeiten gemeinsam mit Vertretern der Unternehmen daran, weltweit gültige Datenstandards, z.B. für die wichtigsten Produktattribute, zu etablieren und die Voraussetzungen für einen transparenten Austausch über internationale Datenbanken zu schaffen.

Wenig Transparenz herrscht zudem noch weiterhin bezüglich der *Logistikstrukturen* der Hersteller. Standorte, Belieferungswege und organisatorische Strukturen kennen laut eigener Aussage nur 28% der Händler. Für verlässliche Prozesskostenkalkulationen und faktenbasierte Entscheidungen über Belieferungsformen wie Crossdocking oder Abhollogistik sind diese Informationen aber notwendig und Bemühungen um höhere Transparenz in diesem Bereich daher ratsam.

Regalgerechte Verpackung – Hier lohnt sich die Kooperation

Vom Hersteller direkt ins Regal. Insbesondere eine Reihe führender Händler in Großbritannien hat begonnen, gemeinsam mit ihren Lieferanten die Produktverpackungen so zu verändern, dass die Ware mit minimalem Aufwand in die Filiale und dort in die Regale gelangen kann. Die Beispiele in Abbildung 4-4 zeigen, wie Roll-Paletten (oben links) oder Display-Kartons für die Warenpräsentation in der Filiale und im Regal verwendet werden.

Abbildung 4 - 4

BEISPIELE REGALGERECHTER VERPACKUNG

Quelle: IGD – Institute of Grocery Distribution

Mit regalgerechter Verpackung verfolgen die Kooperationspartner 4 Ziele (siehe auch Abbildung 4-5):

1. Leichtere Identifikation der Ware im Wareneingang und bei der Vorbereitung des Nachfüllens (Unilever kennzeichnet beispielsweise jedes Paket eines Sortiments mit einem Klebeband in einer bestimmten Farbe)

2. Einfaches und schnelles Öffnen der Verpackungen für die Mitarbeiter in den Filialen (beispielsweise mittels abreißbarer Deckel)

3. Einräumen der Ware in der Verpackung mit möglichst wenigen Handgriffen (beispielsweise Platzierung des gesamten geöffneten Kartons im Regal)

4. Weniger aufwendige Entsorgung durch Nutzung wiederverwendbarer Verpackungen und Ladungsträger.

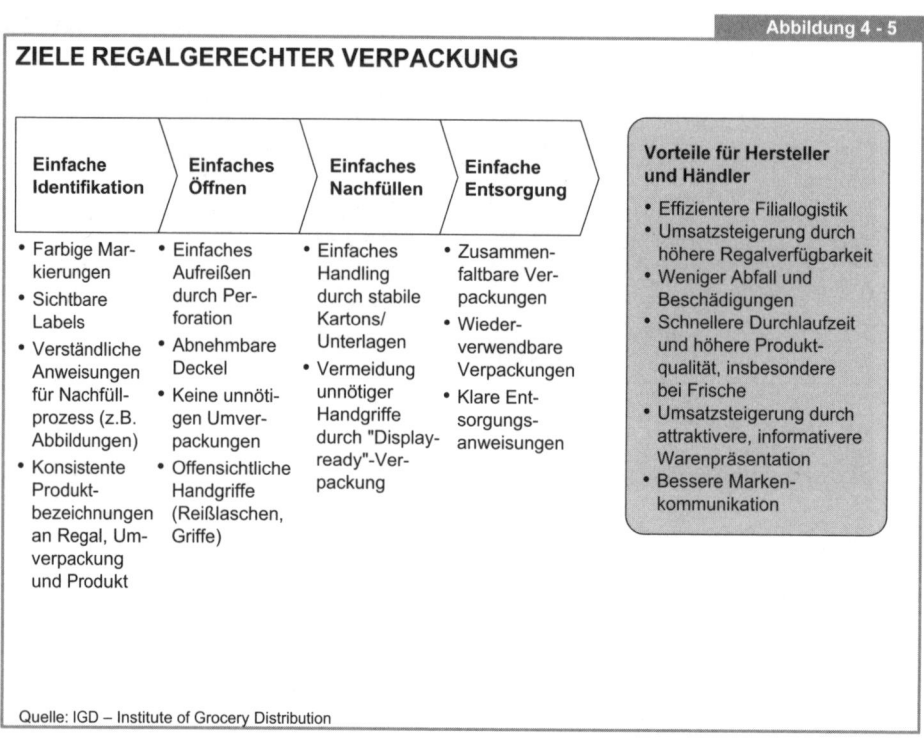

Abbildung 4 - 5

ZIELE REGALGERECHTER VERPACKUNG

Einfache Identifikation	Einfaches Öffnen	Einfaches Nachfüllen	Einfache Entsorgung
• Farbige Markierungen	• Einfaches Aufreißen durch Perforation	• Einfaches Handling durch stabile Kartons/ Unterlagen	• Zusammenfaltbare Verpackungen
• Sichtbare Labels	• Abnehmbare Deckel	• Vermeidung unnötiger Handgriffe durch "Displayready"-Verpackung	• Wiederverwendbare Verpackungen
• Verständliche Anweisungen für Nachfüllprozess (z.B. Abbildungen)	• Keine unnötigen Umverpackungen		• Klare Entsorgungsanweisungen
• Konsistente Produktbezeichnungen an Regal, Umverpackung und Produkt	• Offensichtliche Handgriffe (Reißlaschen, Griffe)		

Vorteile für Hersteller und Händler

• Effizientere Filiallogistik
• Umsatzsteigerung durch höhere Regalverfügbarkeit
• Weniger Abfall und Beschädigungen
• Schnellere Durchlaufzeit und höhere Produktqualität, insbesondere bei Frische
• Umsatzsteigerung durch attraktivere, informativere Warenpräsentation
• Bessere Markenkommunikation

Quelle: IGD – Institute of Grocery Distribution

Vorteile für Händler und Hersteller. Die Forderung nach regalgerechten Verpackungen geht naturgemäß meist vom Handel aus, bringt jedoch Vorteile für beide Partner, den Hersteller und den Händler, mit sich: Der einfachere, schnellere und schlankere Prozess erhöht die Regalverfügbarkeit, reduziert die Durchlaufzeiten, senkt die Prozesskosten und sorgt für weniger Abfall und Beschädigungen. Die regalgerechten Verpackungen erfüllen aber auch einen Marketing-Aspekt: Die Nutzung der einheitlich gestalteten Verpackungen bei der Warenpräsentation unterstützt die Markenkommunikation des Herstellers. Der Käufer sieht sich, wie in der Abbildung 4-4 erkennbar, einer „Markenwand" gegenüber; die so präsentierte Ware drängt sich klar in den Vordergrund, und zwar ganz ohne weitere Werbemaßnahmen. Auch für den Endkunden bietet die regalgerechte Verpackung Vorteile: Die Regale sind aufgeräumter und die Ware ist dadurch besser zu finden. Dafür bedankt er sich wiederum beim Händler – mit einem üppiger gefüllten Einkaufskorb und dem nächsten Einkauf in der Filiale.

Umstellungsprozess: Alle betroffenen Funktionen einbinden. Auch wenn eine regalgerechte Verpackung Vorteile für alle Beteiligten verspricht, so sind die Anforderungen von und Rahmenbedingungen bei Herstellern und Händlern doch sehr unterschiedlich: Die Produktion muss auf Skaleneffekte achten und Sonderlösungen vermeiden, die Logistik ist an hoher Auslastung und einfachem Handling interessiert und das Category-Management muss den Regalplatz berücksichtigen und für eine attraktive Warenpräsentation sorgen. Es ist deshalb sehr wichtig, alle Beteiligten – von der Filiale des Händlers bis zur Produktion beim Lieferanten – in den Umstellungsprozess einzubinden. Sehr innovativ ist Tesco dabei vorgegangen: Der britische Einzelhändler hat seine Lieferanten eingeladen, am nächtlichen Nachfüllen in den Filialen teilzunehmen und die Probleme und Anforderungen der Filiallogistik selbst zu erleben und dadurch besser zu verstehen.

Händler: Klare Ansprüche formulieren, Prozesse anpassen. Der Handel muss – ausgehend von den bestehenden Verpackungen und Ladeeinheiten – entscheiden, für welche Sortimente regalgerechte Verpackungen vorteilhaft sind. Für diese gilt es dann, nach der Absprache mit den Herstellern Ausgangssituation und mögliche Verpackungsänderung in einer Prozesskostenrechnung gegenüberzustellen. Die Auswirkungen regalgerechter Verpackung beschränken sich dabei nicht auf die Filiallogistik, sondern betreffen auch das Handling auf den vorgelagerten Stufen. Beispielsweise ermöglicht der reduzierte Kommissionieraufwand effiziente Crossdocking-Lösungen. Gemeinsam mit seinem Category-Management muss der Händler zudem auch Veränderungen bei der Flächen- und Regalplatzverteilung modellieren. Nicht zu vergessen: Bei der Einführung neuer Verpackungsarten müssen die Mitarbeiter in der Warenannahme und die Nachfüll-Kräfte neu geschult werden.

Gemeinsam lernen. In der Regel lohnt es sich, die Einführung filialgerechter Ladeeinheiten oder regalgerechter Verpackungen gemeinsam mit dem Hersteller zu testen. Das haben zum Beispiel Unilever und Tesco bei der Einführung eines 2-teiligen Kartons für Margarinebecher 6 Wochen lang getan. Die Neuerung dabei: Die obere Hälfte des Kartons wird abgenommen und die Becher werden mit der unteren Hälfte des Kartons direkt ins Regal gestellt. In den Pilotfilialen wurden die Regalverfügbarkeit, die Nachfüllgeschwindigkeit und der Umsatz gemessen und einer Vergleichsgruppe gegenübergestellt. Dabei kristallisierten sich die Vorteile der neuen regalgerechten Verpackung ebenso heraus wie die Probleme, die dabei auftreten – etwa zerrissene Kartons im Regal und unklare Anweisungen auf der Umverpackung.

Management der Lieferantenleistung – Kontrolle statt Vertrauen

In den vorangegangen Abschnitten ist deutlich geworden, dass der Händler seine Supply-Chain-Leistung nicht unabhängig von den Lieferanten steigern kann – d.h., auch die Leistung der Hersteller muss stimmen. Wir haben untersucht, wie die Champions vorgehen, um diese zu beeinflussen.

Die Champions haben die Lieferantenleistung im Griff. Bei den Champions gehören eine enge inhaltliche Kooperation und eine starke Kontrolle der Leistung des Partners zusammen. Zwar kooperieren die Champions eng mit den Herstellern, aber am Aufbau eines persönlichen Vertrauensverhältnisses haben sie wenig Interesse. Zu dieser Grundeinstellung passt auch, dass und wie sie die Leistung ihrer Lieferanten managen. Abbildung 4-6 zeigt, dass die Champions hier vor allem auf strenges Controlling und Nutzung der Leistungskennzahlen setzen.

Erst messen, dann meckern. Wie eng die Effizienz der Supply-Chain-Prozesse des Händlers an das Leistungsniveau der Lieferanten geknüpft ist, zeigen folgende 2 Beobachtungen: Gelingt es dem Lieferanten nicht, die Zeitfenster der Anlieferung genau einzuhalten, wirkt sich das auf die weitere Lieferkette aus – es kommt zu unnötigen Einlagerungen, verspäteter Filialbelieferung und Regallücken. Entspricht die Lieferung hinsichtlich Qualität, Etikettierung oder Zusammensetzung nicht genau der Bestellung oder werden notwendige Daten nicht rechtzeitig oder nur unvollständig übertragen, wird eine Nachbearbeitung notwendig, die ebenfalls den Warenfluss verzögert und teilweise zu erheblichen Folgekosten führt. Um Situationen wie diese zu vermeiden, müssen Leistungs-

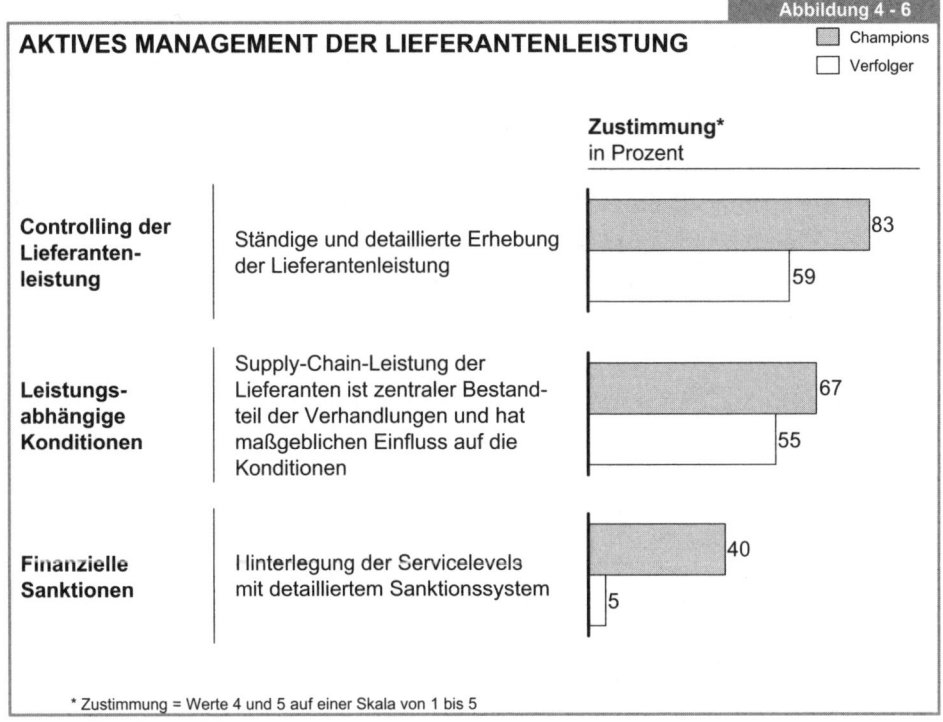

Abbildung 4 - 6

AKTIVES MANAGEMENT DER LIEFERANTENLEISTUNG

☐ Champions
☐ Verfolger

Zustimmung*
in Prozent

Controlling der Lieferanten- leistung	Ständige und detaillierte Erhebung der Lieferantenleistung	83 / 59
Leistungs- abhängige Konditionen	Supply-Chain-Leistung der Lieferanten ist zentraler Bestand- teil der Verhandlungen und hat maßgeblichen Einfluss auf die Konditionen	67 / 55
Finanzielle Sanktionen	I linterlegung der Servicelevels mit detailliertem Sanktionssystem	40 / 5

* Zustimmung = Werte 4 und 5 auf einer Skala von 1 bis 5

defizite rasch, konsequent und mit Zahlen belegt an den Hersteller heran-getragen werden. Voraussetzung dafür ist, dass die Lieferantenleistung für die Händler transparent ist. Denn was nützt es, wenn das Management zwar von leeren Regalen erfährt, aber nicht weiß, wo es im Prozess gehakt hat. 83% der Champions erheben daher standardisiert alle relevanten Leistungskennzahlen zu Qualität und Zeit sowie zu Zusammensetzung und Dokumentation der Lieferungen. Bei den Verfolgern machen dies nur 59%.

Leistungsmanagement mit gemeinsamen Scorecards. Eine Möglichkeit für Händler, Intransparenz abzubauen und die Lieferantenleistung zu managen, ist die Nutzung von Scorecards. Sie dienen zum einen dem Vergleich der Leistungen verschiedener Unternehmen und zum anderen dem Datenaustausch zwischen den Partnern (siehe auch die Fallstudie „Scorecarding bei Sainsbury's und Kraft"). ECR und GCI haben hierzu standardisierte Scorecards entwickelt, die Hersteller und Händler nutzen können. Einige Händler wie die Metro haben zusätzlich eigene Plattformen zum Daten- und Kennzahlenaustausch erstellt („Metro-Link").

Leistungsabhängige Konditionen. Das Messen der Lieferantenleistung ist nur der erste Schritt. Anschließend müssen die gewonnenen Erkenntnisse in die Verhandlungen über die Lieferkonditionen eingebunden und mit dem Hersteller besprochen werden. 67% der Champions fassen die Lieferantenleistung in standardisierten Reports zusammen; Diskussionen zwischen Einkauf bzw. Supply-Chain-Management und Hersteller zum Thema Leistung sind bei ihnen ein zentraler Bestandteil der Konditionenverhandlungen und haben einen maßgeblichen Einfluss auf deren Ergebnis. Nur 55% der Verfolger nutzen die Ergebnisse aus den Messungen der Lieferantenleistung so konsequent.

Scorecarding bei Sainsbury's und Kraft

In den vergangenen Jahren haben der britische Einzelhändler Sainsbury's und der Lebensmittelproduzent Kraft 3 gemeinsame Projekte durchgeführt, um die Transparenz von Kennzahlen zu steigern (Abbildung 4-7). Die beiden Unternehmen wussten anfangs nicht, welche Daten der Geschäftspartner erhebt und wie die Daten – auch im Vergleich zum Wettbewerb – aussahen. Auch die primären Ziele des jeweils anderen (z.B. Erhöhung der Regalverfügbarkeit oder Reduzierung der Logistikkosten) waren den Unternehmen nicht klar. Im ersten Schritt wurde die Datentransparenz erhöht, indem beispielsweise die Abverkäufe der Filialen und die Lagerreichweiten elektronisch ausgetauscht wurden. So konnten fortan Aktionen gemeinsam gesteuert werden. Der zweite Schritt zielte darauf ab, die Regalverfügbarkeit durch Controlling und Optimierung der Logistikprozesse zu steigern. Im Frische-Bereich beispielsweise führten die Kooperationspartner eine untertägige Messung der Regalverfügbarkeit ein und erarbeiteten einen optimalen Nachfüllprozess mit klaren Zeitvorgaben. Im dritten Schritt etablierten die beiden Unternehmen eine Plattform für das kontinuierliche Management der Leistung. Hierfür entwickelte Sainsbury's gemeinsam mit der französischen Supermarktkette Carrefour die „Collaborate Performance Management"-Scorecard, die vom Dienstleister GNX betrieben wird. Diese Scorecard nutzen sie, um die Lieferantenleistung zu überprüfen und ein Benchmarking zu ermöglichen. Gleichzeitig ist sie die Grundlage für faktenbasierte Review-Gespräche zwischen Sainsbury's und Kraft. Die GNX-Plattform wird außer von Sainsbury's und Carrefour auch von den Händlern Kroger und Coles-Myer für den Austausch von Kennzahlen mit ihren Herstellern genutzt.

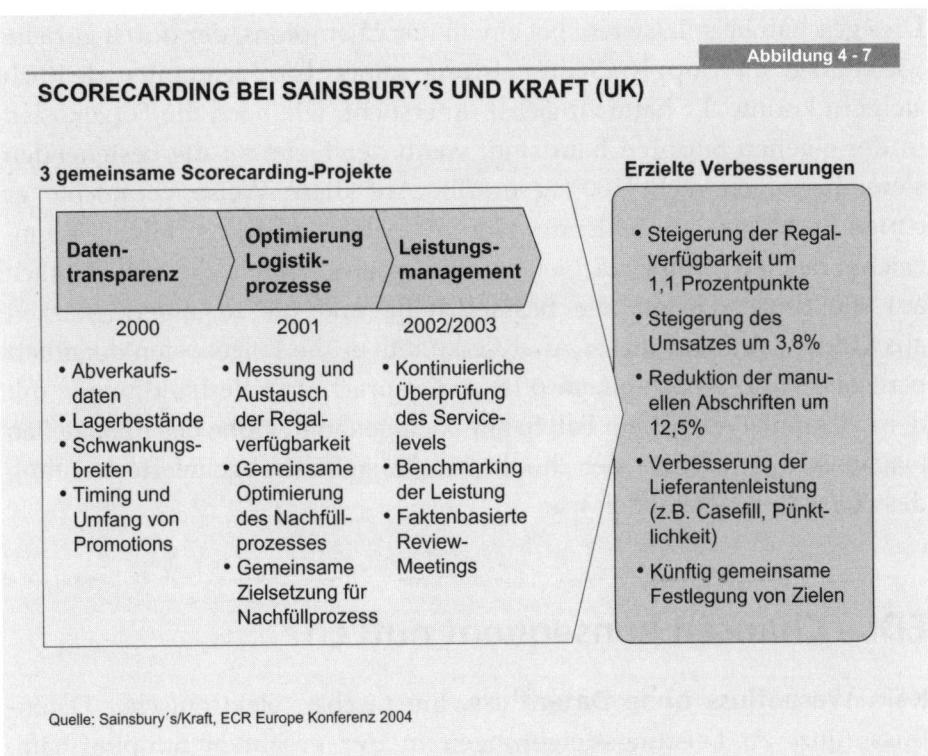

Abbildung 4 - 7

SCORECARDING BEI SAINSBURY´S UND KRAFT (UK)

3 gemeinsame Scorecarding-Projekte

Daten-transparenz | Optimierung Logistik-prozesse | Leistungs-management

2000 | 2001 | 2002/2003

- Abverkaufs-daten
- Lagerbestände
- Schwankungs-breiten
- Timing und Umfang von Promotions

- Messung und Austausch der Regal-verfügbarkeit
- Gemeinsame Optimierung des Nachfüll-prozesses
- Gemeinsame Zielsetzung für Nachfüllprozess

- Kontinuierliche Überprüfung des Service-levels
- Benchmarking der Leistung
- Faktenbasierte Review-Meetings

Erzielte Verbesserungen

- Steigerung der Regal-verfügbarkeit um 1,1 Prozentpunkte
- Steigerung des Umsatzes um 3,8%
- Reduktion der manu-ellen Abschriften um 12,5%
- Verbesserung der Lieferantenleistung (z.B. Casefill, Pünkt-lichkeit)
- Künftig gemeinsame Festlegung von Zielen

Quelle: Sainsbury´s/Kraft, ECR Europe Konferenz 2004

Finanzielle Sanktionen – warum eigentlich nicht? Bei wenigen Themen gehen die Meinungen der Supply-Chain-Manager so weit auseinander wie beim Einsatz von Vertragsstrafen. Während die einen ihr Vertrau-ensverhältnis zum Lieferanten nicht durch den Einsatz von Sanktionen gefährden wollen und nur in Ausnahmefällen Vertragsstrafen geltend machen, gehen andere Händler deutlich über die in Standardverträgen üblichen Strafen hinaus und fordern von ihren Lieferanten die Zustim-mung zu einem detaillierten Sanktionskatalog. Die Champions beweisen, dass leistungsabhängige Sanktionen und enge Zusammenarbeit kein Widerspruch sein müssen: Immerhin 40% von ihnen nutzen finanzielle Sanktionen als Mittel zur Leistungssteigerung, während dies bei den Verfolgern nur 5% für sinnvoll halten. Ein kategorisches Ausschließen finanzieller Sanktionen ist somit offensichtlich die falsche Taktik; viel-mehr sollten sie gezielt eingesetzt werden, vor allem transparent sein und dem tatsächlichen Mehraufwand entsprechen, der durch die schwache Leistung des Herstellers entsteht.

Dies geschah beispielsweise bei einem der Champions, der durch gezielte Sanktionen die Supply-Chain-Leistung seiner Top-Lieferanten deutlich steigern konnte. Er hatte zunächst untersucht, wie hoch die Folgekosten in der eigenen Supply-Chain sind, wenn der Lieferant die bestehenden Vereinbarungen nicht 100%ig erfüllt. Auf diese Weise vermochte er einige Probleme, z.B. fehlende oder verspätete Lieferavis, falsche Kennzeichnung und verspätete Lieferung, zu identifizieren, die sich deutlich auf die Prozesskosten, die Bestandshöhe und die Regalverfügbarkeit auswirkten. Anhand dieser Analyse konnte er die Folgekosten detailliert berechnen und – nach einem offenen Gespräch und Verhandlungen mit dem Hersteller – in jedem Fall Sanktionen genau in Höhe des finanziellen Nachteils durchsetzen, der durch die mangelhaft abgelieferte Leistung des Herstellers entstanden war.

EDI – Chancen konsequent nutzen

Kein Warenfluss ohne Datenfluss. Ein rascher, elektronischer Datenfluss führt zu Leistungssteigerungen in der gesamten Supply-Chain. Davon sind inzwischen fast alle Hersteller und Händler überzeugt. Von den befragten Unternehmen setzen 93% auf EDI – einige nutzen EDI intensiver und bei mehreren Nachrichtenarten, andere nur teilweise. Auch kleine Hersteller und Discounter wie Lidl, die sich in der Vergangenheit oft skeptisch über die Einsparpotenziale geäußert hatten, haben inzwischen mit der Implementierung von EDI begonnen. Bei den erfolgreichen Händlern ist die elektronische Übermittlung von Bestellungen sowie Rechnungen bereits Standard und weitere Nachrichtenarten, insbesondere der elektronische Lieferschein, befinden sich auf dem besten Weg, bald Standard zu werden.

EDI in Kürze

Was ist EDI? Electronic Data Interchange (EDI) ist der Austausch von Daten mit Computersystemen zwischen Kunden, Lieferanten und Dienstleistern in einem standardisierten Format. Bei der Datenübertragung werden elektronische Medien wie das Internet eingesetzt. EDI ermöglicht eine so genannte medienbruchlose Weiterverarbeitung, d.h., die Daten verbleiben in einem geschlossenen System; das Ausdrucken und Wiedereingeben von Daten beispielsweise entfällt.

EDI-Daten sind für alle am Austausch beteiligten Unternehmen lesbar, da sie – unabhängig von der Software, die die einzelnen Unternehmen einsetzen – auf einheitlichen Nachrichtenstandards basieren. Das internationale EANCOM-Regelwerk ist der größte und wichtigste Nachrichtenstandard und bildet das Grundgerüst für den globalen EDI-Nachrichtenstandard EDIFACT. Derzeit existieren rund 50 Nachrichtentypen. Die größte Bedeutung für den Handel haben die Nachrichten ORDERS (Bestellung), INVOIC (Rechnung) und DESADV (Lieferavis). Diese Nachrichten werden ausgetauscht, um die Prozesse der Bestellung, der Liefermeldung und der Rechnungstellung zu unterstützen und zu optimieren.

Wie funktioniert EDI? Die elektronischen Daten werden entweder über klassisches EDI, über ein Clearing-Center oder über das Internet ausgetauscht. Beim Austausch über klassisches EDI wird das beim jeweiligen Unternehmen verwendete Datenformat automatisch zum EANCOM-Standard konvertiert und über einen Datenkommunikationsprovider zum Partnerunternehmen gesendet. Dort muss es wiederum in dessen Format konvertiert werden, damit die Daten weiterverarbeitet werden können. Beim Austausch von Daten über ein Clearing-Center werden die gesamten EDI-Aktivitäten an einen Dienstleister übergeben. Dieser konvertiert die gesendeten unternehmensspezifischen Datenformate in das gewünschte Standardformat des Empfängers. Das Internet wird bei der dritten Variante des Datenaustauschs genutzt: Beim so genannten Web-EDI werden für den Datenaustausch herkömmliche Internetstandards verwendet, beim neueren EDIINT der eigens geschaffene Standard AS2 (Applicability Statement 2), der die EDI-Daten in einer Art Briefumschlag im Internet versendet und eine sichere Datenübertragung gewährleistet. Ob beim Datenaustausch über das Internet ein Formatwechsel vorgenommen werden muss, hängt von der IT des Händlers ab.

Die richtige Übertragungsart. Welche Übertragungsart ein Unternehmen im Einzelfall vorziehen sollte, ist abhängig von den Formaten, die sein IT-System unterstützt, der Komplexität und der Häufigkeit des Datenflusses, den EDI-Fähigkeiten des Partnerunternehmens sowie der Anzahl und der Dauer der EDI-Beziehungen. Bisher herrschte die Übertragung mit klassischem EDI vor und wurde durch den Datenaustausch über Clearing-Dienstleister und bei kleineren Partnern insbesondere durch Web-EDI ergänzt. Unternehmen mit großen Datenmengen werden künftig verstärkt die Internetübertragung mit EDIINT und dem neuen Standard AS2 einsetzen und dadurch voraussichtlich erhebliche Einsparungen erzielen. US-amerikanische Unternehmen, insbesondere Wal-Mart, setzen diese Übertragungsart schon seit geraumer Zeit erfolgreich ein. Händler wie Auchan in Frankreich, Asda in Großbritannien sowie die Metro und Obi haben sich – ebenso wie große Hersteller, z.B. Kraft Foods, Nestlé, Unilever, Gillette und Procter & Gamble – auf Grund der geringeren Kosten für eine Umstellung wenigstens einiger EDI-Protokolle auf EDIINT entschieden. Der Datenaustausch über das Internet ist sowohl für Unternehmen mit hohem Datenvolumen attraktiv als auch für Unternehmen, die bisher keine eigenen Netzwerke mit ihren Partnern aufgebaut haben.

EDI verspricht Effizienzsteigerungen. Die Vorteile des Einsatzes von EDI sind offensichtlich: Elektronisch übertragene Daten benötigen einen Bruchteil der Zeit des traditionellen Versands per Post oder Fax. Außerdem können die Daten nach der Übertragung elektronisch und automatisiert weiterverarbeitet werden. Das reduziert die Durchlaufzeiten und senkt die Bearbeitungskosten. EDI steigert nicht nur die Effizienz, es ist mittlerweile auch zu einem entscheidenden Wettbewerbsfaktor geworden: Hersteller und Händler, die keine elektronische Datenkommunikation mit ihren Partnern ermöglichen, werden häufig gemieden. Darüber hinaus haben Unternehmen, die EDI einsetzen, die Chance, nachgelagerte Prozesse durch raschere und elektronische Datenverfügbarkeit zu optimieren. Der elektronische Datenaustausch ist häufig der Ausgangspunkt für umfassendere Kooperationsprojekte wie eine gemeinsame Bestandsführung oder eine abgestimmte Planung.

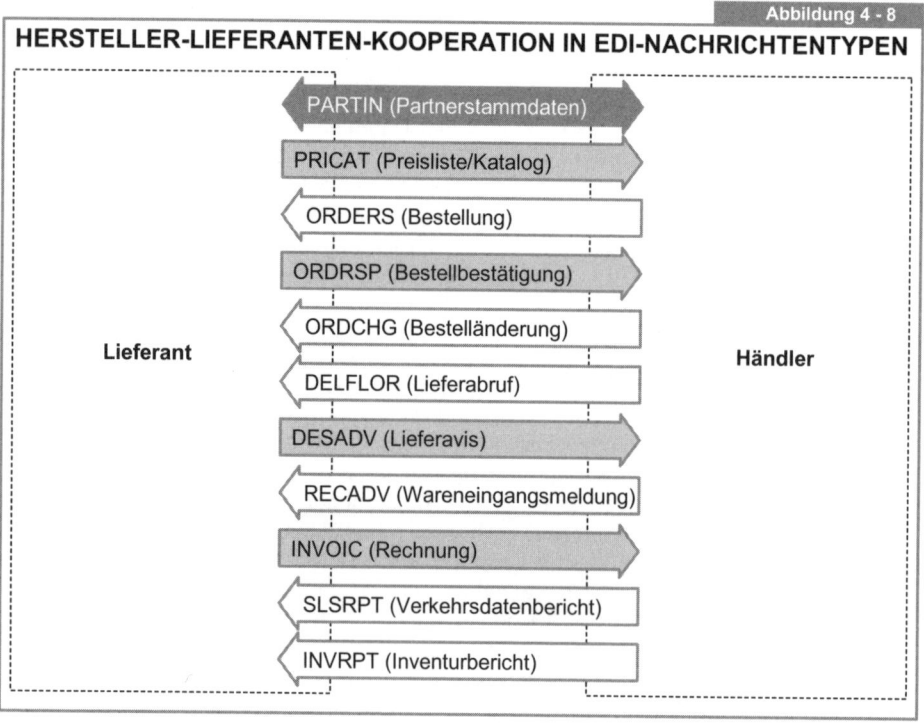

Abbildung 4 - 8

HERSTELLER-LIEFERANTEN-KOOPERATION IN EDI-NACHRICHTENTYPEN

Lieferant / Händler

PARTIN (Partnerstammdaten)
PRICAT (Preisliste/Katalog)
ORDERS (Bestellung)
ORDRSP (Bestellbestätigung)
ORDCHG (Bestelländerung)
DELFLOR (Lieferabruf)
DESADV (Lieferavis)
RECADV (Wareneingangsmeldung)
INVOIC (Rechnung)
SLSRPT (Verkehrsdatenbericht)
INVRPT (Inventurbericht)

Von der elektronischen Bestellung bis zu detaillierten POS-Daten. EDI unterstützt nicht nur den Bestellvorgang, sondern auch vor- und nachgelagerte Prozesse. Die wichtigsten EDI-Nachrichtentypen sind in

Abbildung 4-8 dargestellt. Die Übertragung der Stammdaten stellt das Fundament für die Zusammenarbeit dar. Wichtiger für die tägliche Koordination der Lieferkette ist aber die elektronische Übermittlung der Bestellung (ORDERS) und der Rechnung (INVOIC). Andere Nachrichtentypen, deren Bedeutung weiter zunimmt, sind der Lieferschein oder das Lieferavis (DESADV) und die elektronische Eingangsbestätigung (RECADV). Einige Händler tauschen auch bereits Bestandsdaten (INVRPT) und POS-Abverkaufsdaten (SLSRPT) mit dem Hersteller aus.

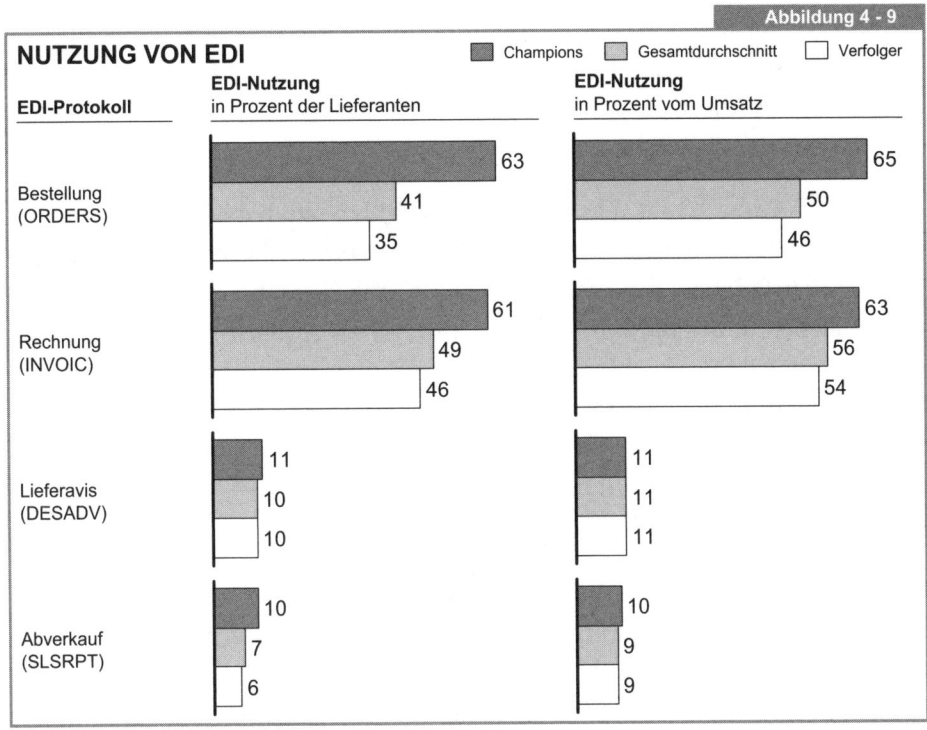

Champions nutzen EDI intensiver. Wir haben den Umsetzungsstatus von 4 wichtigen EDI-Nachrichtentypen in unserer Studie erhoben und getrennt nach Champions und Verfolgern ausgewertet. Wie Abbildung 4-9 zeigt, wird bereits ein Großteil der Bestellungen und Rechnungen elektronisch ausgetauscht, wobei die Champions hier erneut konsequenter in der Umsetzung sind und deutlich höhere EDI-Anteile aufweisen. Der Austausch eines elektronischen Lieferavis und der POS-

Verkaufsdaten beschränkt sich bei allen Händlern bisher auf ausgewählte Hersteller und Sortimente.

Nutzung von EDI nimmt weiter zu. Bei den Bestellungen und Rechnungen haben viele Händler und die größeren Hersteller bereits vollständig auf EDI umgestellt. Insbesondere bei kleineren Lieferanten besteht jedoch noch deutliches Wachstums- und Effizienzsteigerungspotenzial. Nicht selten stellen Händler in einer Aufwandsanalyse fest, dass gerade die Kommunikation mit diesen nicht immer im Fokus stehenden Herstellern bearbeitungsintensiv ist. Durch die Nutzung von Verfahren wie Web-EDI und Dienstleisterangeboten wie dem EDI-Tradeportal, die geringere Ansprüche an die Kompetenz und IT-Systeme der Partner stellen, lassen sich Kosten in erheblichem Maße einsparen.

Künftig werden Unternehmen voraussichtlich auch bisher noch wenig verbreitete Nachrichtentypen verstärkt nutzen, insbesondere Lieferavis und Verkaufsdaten. Ein elektronischer Vorab-Versand des Lieferscheins erleichtert es dem Händler, die Warenflüsse zu steuern und zu sychronisieren; außerdem beschleunigt er die Überprüfung der Lieferung im Wareneingang. Der Austausch von Verkaufsdaten aus den Filialen ermöglicht eine besser abgestimmte Planung mit dem Hersteller, was zu niedrigeren Beständen auf beiden Seiten und einer besseren Regalverfügbarkeit führt.

EDI allein reicht aber nicht. Die EDI-Kommunikation entfaltet erst dann ihre volle Wirkung, wenn die elektronische Anbindung stabil ist, fehlerfrei funktioniert und mit den nachgelagerten Prozessen und anderen IT-Systemen nahtlos verknüpft ist. Interviewpartner bei großen wie bei kleineren Handelsunternehmen haben uns bestätigt, dass die Daten häufig intensiv nachbearbeitet und ergänzt werden müssen und die Fehlerkontrolle häufig noch manuell durchgeführt wird. Ein Händler erhält beispielsweise die Rechnungen elektronisch vom Hersteller, muss diese aber anschließend ausdrucken und neu eingeben, weil die entsprechende Schnittstelle fehlt. Bei einem anderen Händler sind zwar für einen großen Teil der Ware elektronische Lieferavis verfügbar, die Mitarbeiter verwenden diese aber aus Unkenntnis nicht für die Planung der Filialbelieferung. Im Wareneingang kontrollieren sie wegen mangelnder Schulung die ausgedruckten Lieferscheine noch mit Klemmbrett und Bleistift, anstatt mit Hilfe der Technik die eingescannten Barcodes oder Artikelnummern der Lieferung und den Lieferumfang laut elektronischem Lieferavis abzugleichen.

VMI und CPFR – Die ewigen Pilotprojekte

2 Themen fehlten in der Vergangenheit auf keiner Agenda von ECR- oder Supply-Chain-Tagungen: Vendor Managed Inventory (VMI) und Collaborative Planning, Forecasting and Replenishment (CPFR). Ziel beider Ansätze ist es, durch gemeinsame Prozesse von Hersteller und Händler die Effizienz des Nachschubs zu steigern. Beim VMI, das seit über einem Jahrzehnt in der Diskussion ist, übernimmt der Hersteller die Bestandssteuerung beim Händler, indem er die Bestellmengen und Lieferrhythmen eigenständig plant. CPFR ist ein etwas jüngeres Konzept, bei dem Hersteller und Händler Absatz und Nachschub gemeinsam planen.

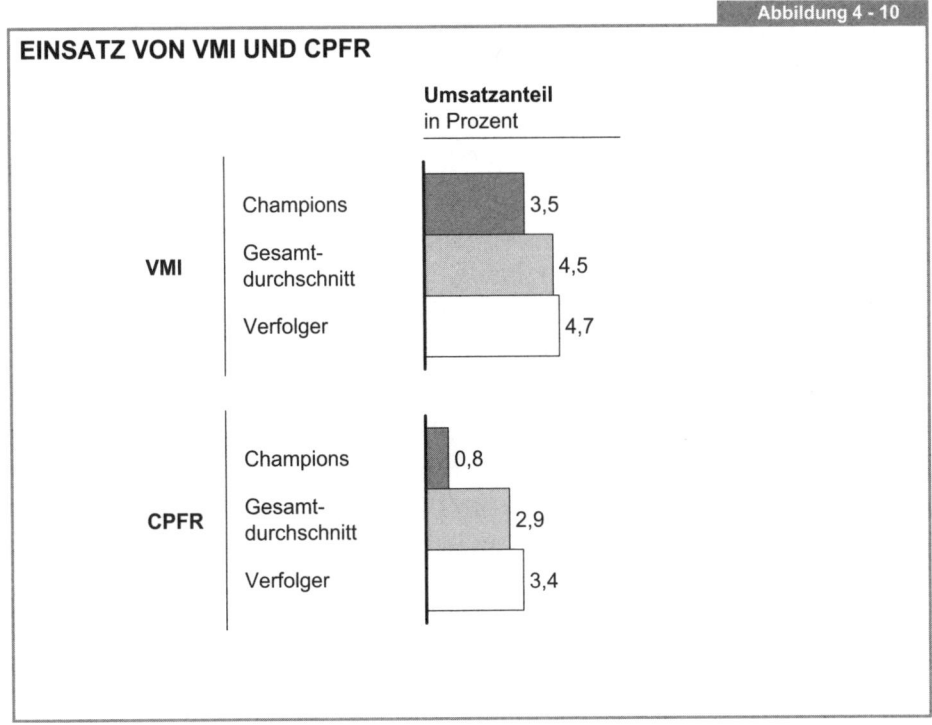

Abbildung 4 - 10

EINSATZ VON VMI UND CPFR

Noch längst kein Durchbruch. Beide Konzepte wurden in den vergangenen Jahren in der Fachpresse und auf Konferenzen als „heiße" Themen im Zusammenhang mit der Leistungssteigerung in der Supply-Chain gehandelt. Auf Hersteller- wie auf Händlerseite starteten viele Unternehmen Pilotversuche zu VMI und/oder CPFR. Die Ergebnisse waren jedoch oft ernüchternd; dauerhaft umgesetzt wurden die Ansätze daher nur von sehr wenigen.

Abbildung 4-10 macht deutlich, dass der Handel selbst einige Jahre nach Beginn der Diskussionen nur selten über das Pilotstadium hinausgekommen ist. Die von uns befragten Unternehmen setzen VMI im Durchschnitt nur für 4,5% des Umsatzes ein, CPFR sogar nur für 2,9%.

Die Champions sehen VMI und CPFR skeptisch. Die Auswertung der Umsetzung beider Konzepte getrennt nach Champions und Verfolgern zeigt, dass die Champions VMI wie CPFR noch mit großer Skepsis begegnen: Sie setzen VMI nur bei 3,5% des Umsatzes (Verfolger bei 4,7%) und CPFR nur bei 0,8% des Umsatzes (Verfolger bei 3,4%) ein.

Die Champions räumten in unseren Befragungen zwar grundsätzlich ein, dass eine gemeinsame Bedarfsplanung und Supply-Chain-Steuerung mit den Herstellern die Rendite steigern kann. Bei der Entscheidung, wie diese Kooperation aussehen soll, stellen sie aber den eigenen Vorteil in den Vordergrund und prüfen zunächst, welche Art der Zusammenarbeit wirklich notwendig ist, bevor sie in gemeinsame Strukturen wie VMI oder CPFR investieren. Denn beide Konzepte fordern den Händlern einiges ab: Sie müssen viel Zeit investieren – und oft auch viel Geld in neue IT-Anbindungen. Häufig ist es überdies notwendig, die Supply-Chain-Prozesse neu zu gestalten. Zudem können strategische Gründe gegen den Einsatz von VMI sprechen: Die Bestandssteuerung durch den Lieferanten lässt sich nur schwer mit der Strategie der Händler vereinbaren, die Kontrolle über die Supply-Chain durch Abhollogistik auszubauen.

VMI in Kürze

Beim Vendor Managed Inventory (VMI) ist der Lieferant für die Ermittlung von Bestell- und Liefermengen und somit die Steuerung der Bestände verantwortlich. Hierzu stellt der Händler dem Lieferanten die relevanten Daten wie Zentrallagerbestände oder Abverkaufsdaten in der Regel via EDI zur Verfügung. Häufig übermittelt der Lieferant die ermittelten Mengen als Bestellvorschlag im Vorfeld der Auslieferung elektronisch an den Händler, um diesem die Möglichkeit zu geben, Artikel und Mengen zu prüfen. VMI kann eingesetzt werden auf Zentrallagerebene (d.h., der Hersteller steuert den Bestand im Zentrallager) und auf Filialebene (d.h., der Hersteller steuert den Bestand in der Filiale und beliefert diese direkt). Abbildung 4-11 illustriert VMI auf Zentrallagerebene am Beispiel von L'Oréal und dm-drogerie markt.

Abbildung 4 - 11

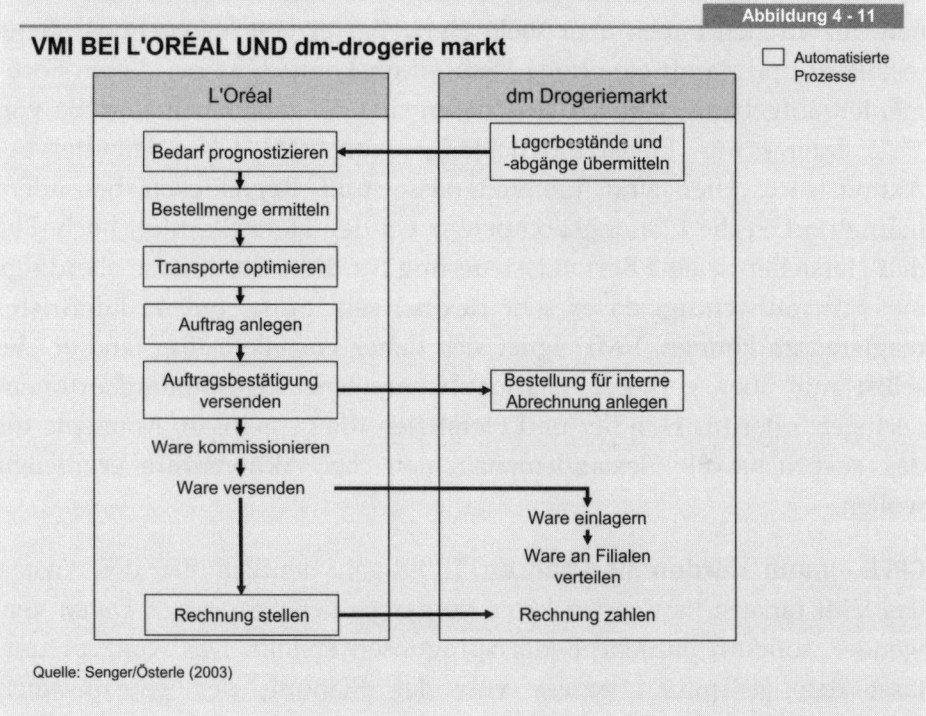

VMI BEI L'ORÉAL UND dm-drogerie markt

☐ Automatisierte Prozesse

Quelle: Senger/Österle (2003)

VMI – Mythos und Wirklichkeit. Die theoretischen Vorteile von VMI sind offensichtlich: Die Bestände sinken und die Regalverfügbarkeit steigt, weil Mindestbestände reduziert werden können und beim Handel der Dispositionsaufwand entfällt. Außerdem reduzieren sich die Frachtkosten und die Industrie gewinnt mehr Spielraum bei der Produktionsplanung, da sie die Dispositionsentscheidungen mit ihrer internen Planung abstimmen kann. Das ist, wie gesagt, die Theorie. Im praktischen Einsatz in den Pilotversuchen hat sich VMI nicht überall bewährt: Die geplanten Leistungssteigerungen insbesondere bei der Regalverfügbarkeit wurden nicht erreicht und die Händler bemängelten die geringe Flexibilität. Da viele Händler die Disposition als zentrale Kompetenz zur Steuerung einer leistungsfähigen Supply-Chain sehen, übergeben sie diese verständlicherweise oft nur ungern an die Hersteller.

VMI nur für ausgewählte Sortimente. Bisher wird VMI überwiegend für Standardsortimente wie Tütensuppen im Lebensmittelhandel oder Hygieneartikel im Drogeriehandel eingesetzt, bei denen die Hersteller den Bestand auf Grund des gleichmäßigen Abverkaufs gut steuern können. Inzwischen haben aber viele Hersteller eigene Nachschubsysteme installiert und damit eine hohe Dispositionskompetenz bei diesen Sortimenten aufgebaut; dadurch reduzieren sich die möglichen Vorteile von VMI. Interessante Einsatzmöglichkeiten von VMI sehen Händler bei Aktionsware: Hier sind Lieferengpässe und Regallücken besonders häufig und ist die Planungskompetenz bei den Herstellern oft hoch. Für den Hersteller ist eine Bestandssteuerung für diese Sortimente allerdings meist zu aufwendig, da er sehr flexibel sein muss, um so kurzfristig reagieren zu können. VMI eignet sich daher vor allem für Händler, die selbst nur über geringe Nachschubkompetenz im Standardsortiment verfügen, oder für Händler und Hersteller, die gemeinsam Konzepte für das anspruchsvolle Bestandsmanagement bei Aktionsware erarbeiten wollen.

CPFR – mehr Hürden als Chancen. CPFR geht deutlich über den Ansatz des VMI hinaus: Es werden keine vergangenheitsbezogenen Daten verwendet, sondern aktuelle Bedarfsprognosen erstellt. Das Konzept umfasst den gesamten Prozess von der Planung des gemeinsamen Vorgehens über die Prognose bis hin zur Ausgestaltung des Warenflusses durch Wahl der Belieferungsform und -frequenz. Ausgehend von diesem umfassenderen Ansatz stellen die Verfechter von CPFR Leistungssteigerungen in Aussicht, die über die des VMI hinausgehen. Begründet werden diese mit niedrigeren Prozesskosten auf allen Stufen der Lieferkette und höherer Regalverfügbarkeit. Die bisherigen Ergebnisse aus Pilotprojekten geben jedoch denen Recht, die die für CPFR notwendigen Prozessänderungen als zu aufwendig einstufen, eine zu starke

Fokussierung auf die Beziehung zu einem einzelnen ausgewählten Händler kritisieren und das Investment in die hoch spezialisierten IT-Systeme scheuen.

CPFR in Kürze

Hersteller und Händler erarbeiten im Collaborative Planning, Forecasting and Replenishment (CPFR) eine gemeinsame Absatzplanung; in diese werden die auf beiden Seiten verfügbaren Daten einbezogen. Basierend auf der gemeinsamen Prognose werden die Produktion, die Lieferung, der Bestand und die Vermarktung aufeinander abgestimmt. Ziel ist es, bisher bei Hersteller und Händler getrennt vorliegende Erfahrungen und Kompetenzen zusammenzuführen.

Das CPFR-Konzept stammt aus den USA. Hier wurde von einem gemeinsamen Branchenverband der Hersteller und Händler ein 9-stufiger CPFR-Planungsprozess entwickelt, der auch Bestandteil des ECR-Konzepts ist (Abbildung 4-12):

Abbildung 4 - 12

DER 9-STUFIGE CPFR-PROZESS

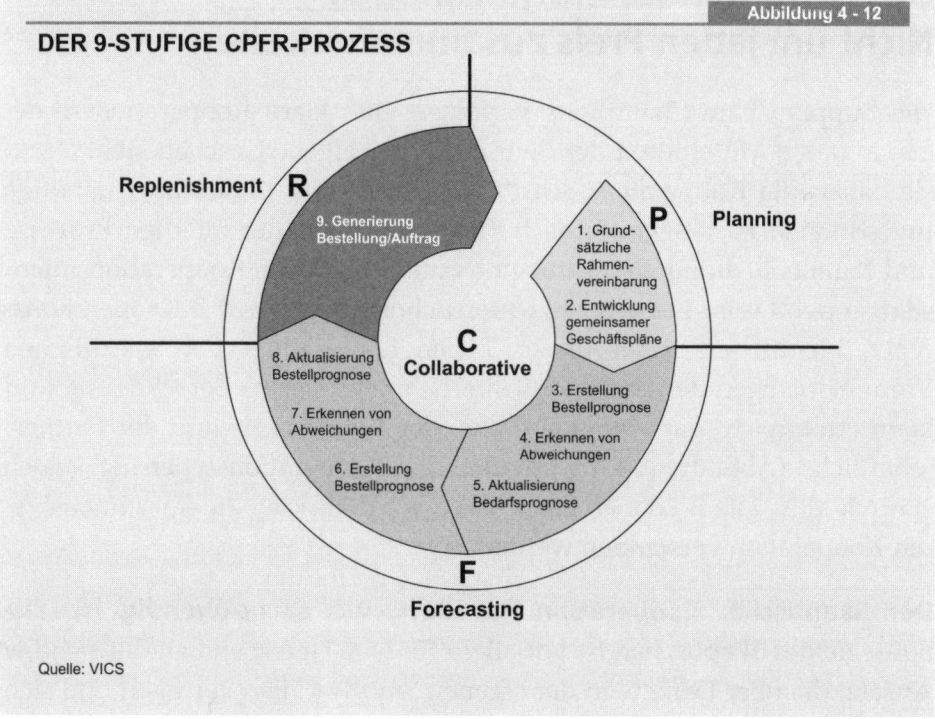

Quelle: VICS

Gemeinsame Planung ja, aber weniger formalisiert. Unsere Untersuchung zeigt, dass die erfolgreichen Händler die Inhalte des CPFR nicht grundsätzlich ablehnen, wohl aber den standardisierten und integrierten

Ansatz skeptisch beurteilen. Häufig arbeiten sie auf allen Ebenen der gemeinsamen Planung, von der Prognose bis zum Nachschub, mit Herstellern zusammen. Diese Zusammenarbeit kann jedoch auf den einzelnen Prozessstufen unterschiedlich intensiv sein und läuft nicht zwangsläufig so ab, wie es die standardisierten 9 Stufen des CPFR-Ansatzes vorsehen. Im Gegenteil: Besonders bei kritischen Aktionen, bei denen die Ware neu ist und der Händler kaum auf Erfahrungswerte für die Prognose zurückgreifen kann, tauschen sich die erfolgreichen Händler in der Planung intensiv mit den Herstellern aus – dies jedoch meist informell oder über den Austausch von Excel-Listen und eher selten über CPFR.

Das richtige Kooperationsmodell – Nicht um jeden Preis zusammenarbeiten

Die Supply-Chain-Champions verfolgen eine klare Kooperationsstrategie, in deren Mittelpunkt der Beitrag für das eigene Geschäft steht – und sie bauen die Kooperation Schritt für Schritt aus, ohne dabei unnötige Investitionen zu tätigen. Je nach Strategie, Status der internen Prozesse und Rahmenbedingungen kann eine unterschiedliche Kooperationsintensität sinnvoll sein. Bei unserer Untersuchung haben wir 3 Kooperationstypen identifiziert; jeder dieser Typen hat – unter den spezifischen Voraussetzungen des einzelnen Unternehmens – seine Berechtigung und kann erfolgreich sein: der Skeptische, der Wählerische und der Partnerschaftliche (Abbildung 4-13). Keiner der Kooperationstypen ist jedoch statisch, d.h., alle 3 können als Schritte auf dem Weg zu einer intensiveren Kooperation verstanden werden.

Der Skeptische: Kooperation nur dort, wo es notwendig ist. Die Strategie des Skeptischen ist vor allem für jene Unternehmen der richtige Ansatz, die über Defizite in der eigenen Supply-Chain verfügen und sich zunächst auf die internen Prozessverbesserungen konzentrieren wollen. Die Kooperation mit den Herstellern wird entweder ganz gemieden oder beschränkt sich auf einige wenige Standardanwendungen, z.B. bereits

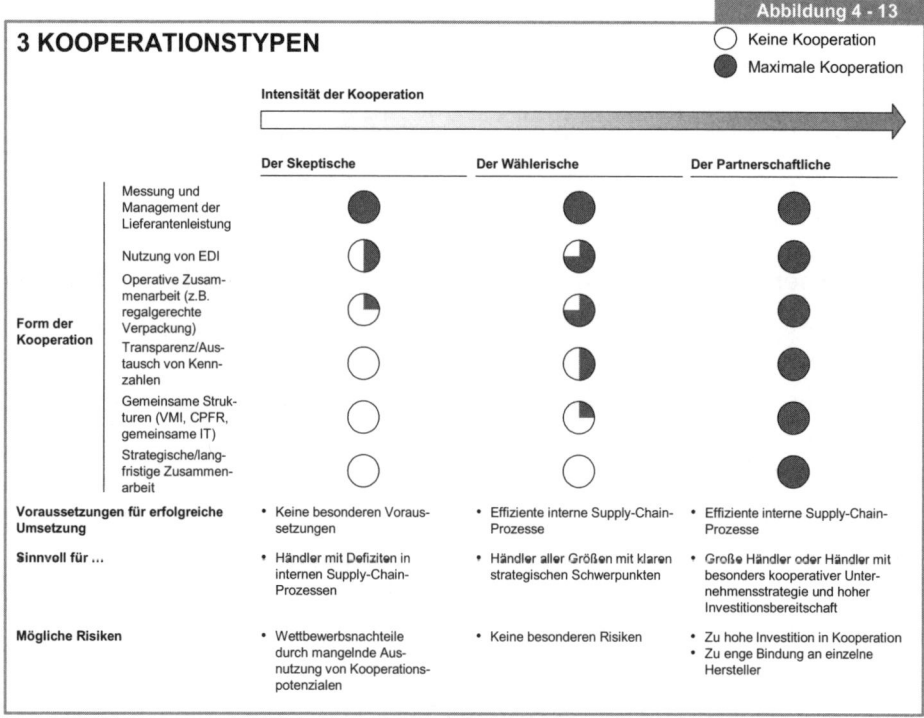

3 KOOPERATIONSTYPEN

Abbildung 4 - 13

○ Keine Kooperation
● Maximale Kooperation

Intensität der Kooperation

weit verbreitete EDI-Nachrichten und operative Abstimmungen in der Logistik. Typische Skeptiker sind auch die Discounter: Sie setzen überwiegend auf austauschbare Herstellerbeziehungen und ihre Supply-Chain ist wenig komplex; sie differenzieren sich hauptsächlich über den Preis und können daher meist auf eine enge Zusammenarbeit verzichten. Wie unsere Untersuchung gezeigt hat, setzen die erfolgreichen Händler auf fokussierte, intensive Kooperationen. Skeptische Händler müssen daher vorsichtig sein, dass ihnen keine Wettbewerbsnachteile durch ungenutzte Effizienzpotenziale entstehen. Eine kategorische Ablehnung der Kooperation scheint wenig sinnvoll und auch die Skeptiker sollten die „Easy Wins" der Kooperation, z.B. die Automatisierung der Bestellungen und Rechnungen via EDI, mitnehmen.

Der Wählerische: Effizienzsteigerung ohne zu enge Bindung. Die Strategie des Wählerischen ist für die meisten Unternehmen sinnvoll und wird auch von vielen Champions verfolgt. Der Wählerische bestimmt einige ausgewählte Kooperationsfelder und sucht sich die Partner, mit

125

denen er durch eine intensive Kooperation Effizienzgewinne erzielen kann. Im Mittelpunkt stehen meist die intensive operative Zusammenarbeit bei Fragen wie etwa nach der Art der Belieferung oder der Verpackung und eine hohe Transparenz, um die Informationskosten gering zu halten. Bei langfristigen und strategischen Kooperationsprojekten hält sich der Wählerische zurück, da hier die Rendite oft zu unsicher ist.

Der Partnerschaftliche: Langfristige Bindung erwünscht. Der Partnerschaftliche ist an engen Bindungen in allen Bereichen der Supply-Chain interessiert. Er ist sehr engagiert im Know-how-Austausch und übernimmt bereitwillig Pilotfunktionen. Er sieht in der Kooperation einen langfristigen Erfolgsfaktor und ist bereit, reichlich Managementzeit und finanzielle Ressourcen in den Aufbau der Partnerschaften zu investieren. Der Vorteil der Kooperation ergibt sich für den Partnerschaftlichen nicht unbedingt nur aus der Summe der direkten Potenziale aus den einzelnen Projekten; vielmehr geht es diesen Händlern um eine dauerhafte Zusammenarbeit. Dahinter verbirgt sich immer auch ein wichtiger Aspekt des Marketings und der Beziehungspflege: Die Unternehmen hoffen, sich durch die enge Zusammenarbeit mit den Herstellern eine langfristige Sonderstellung sichern zu können, so dass sie beispielsweise bevorzugt beliefert oder für die Teilnahme an besonders attraktiven Promotions ausgewählt werden. Die Gefahr für den Partnerschaftlichen ist ein zu hohes Investment in Projekte, deren Nutzenerwartungen allzu optimistisch sind und deren langfristig erhoffte Potenziale ausbleiben. Darüber hinaus können zu enge Bindungen und Abhängigkeiten entstehen, die bei einer Strategie starker eigener Kontrolle über die Supply-Chain nachteilig sein können.

Schritt für Schritt zum Erfolg. Händler sollten das Kooperationsmodell auswählen, das am besten zu ihrer Unternehmensstrategie passt. Statt von Anfang an eine intensive, langfristige Kooperation zu verfolgen, ist es dabei stets ratsam, die Kooperation nach und nach auszubauen (Abbildung 4-14). Dafür gilt es, zunächst die notwendigen Voraussetzungen zu schaffen: Die internen Prozesse sind reibungslos und effizient zu gestalten, die Lieferantenleistung muss transparent und aktiv gemanagt werden. Schließlich sind Kooperationsprojekte, die beispielsweise die Steigerung der Regalverfügbarkeit zum Ziel haben, nur dann sinnvoll, wenn diese Servicekennzahl und die Wirkung entsprechender Kooperationsmaßnahmen auch detailliert gemessen werden. Zudem stellen der Abbau interner Widerstände gegen die Zusammenarbeit mit dem Hersteller, die bei einigen Händlern massiv sind, und das Schaffen einer IT-Infrastruktur, die den Datenaustausch mit dem Hersteller ermöglicht, wichtige Voraussetzungen dar. Sind all diese Dinge erledigt, kann ein Händler die Strategie des Wählerischen verfolgen, um intensiv, aber fokussiert mit den Herstellern zusammenzuarbeiten. Erst als letzter Schritt sollte überlegt werden, ob der Aufbau einiger weniger enger und langfristiger Partnerschaften lohnt. Sind beispielsweise die Potenziale des elektronischen Datenaustauschs oder der Transparenz durch den Austausch von Kennzahlen noch nicht umgesetzt, ist es wenig sinnvoll, in langfristige Beziehungen zu investieren.

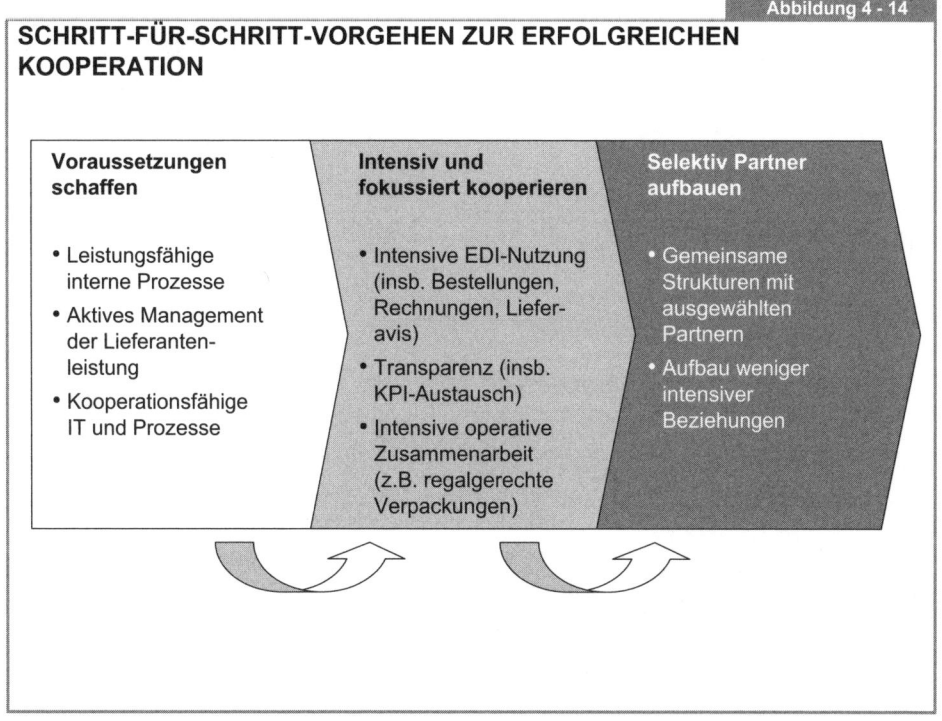

Abbildung 4 - 14

SCHRITT-FÜR-SCHRITT-VORGEHEN ZUR ERFOLGREICHEN KOOPERATION

Voraussetzungen schaffen

- Leistungsfähige interne Prozesse
- Aktives Management der Lieferantenleistung
- Kooperationsfähige IT und Prozesse

Intensiv und fokussiert kooperieren

- Intensive EDI-Nutzung (insb. Bestellungen, Rechnungen, Lieferavis)
- Transparenz (insb. KPI-Austausch)
- Intensive operative Zusammenarbeit (z.B. regalgerechte Verpackungen)

Selektiv Partner aufbauen

- Gemeinsame Strukturen mit ausgewählten Partnern
- Aufbau weniger intensiver Beziehungen

Denn ein zu früher Fokus auf zu wenig konkrete Kooperationsthemen kann, das hat unsere Untersuchung gezeigt, die Supply-Chain-Leistung schwächen. In jedem Fall muss das Management Investitionen, laufende Kosten und realistische Nutzenerwartungen kontinuierlich gegenüber-stellen. Falls die Bilanz fragwürdig scheint oder sogar negativ ausfällt, sollte auf das gemeinsame Projekt verzichtet und eine Überdosierung der Kooperation vermieden werden.

5. Supply-Chain-Steuerung: Push, Pull und Promotions

„Nicht zu viel und nicht zu wenig, nicht zu früh und nicht zu spät ...“ Die richtige Planung und Steuerung des Nachschubs entscheidet maßgeblich darüber, ob der Kunde zufrieden ist oder nicht – und darüber, ob die Bestands- und Logistikkosten wettbewerbsfähig sind. Von einer systematischen Steuerung sind allerdings viele Händler noch weit entfernt. Zu selten werden alle relevanten und verfügbaren Informationen genutzt, um die optimale Bestellmenge festzulegen und den Nachschub bedarfsgerecht zu steuern. Die IT-Systeme von Herstellern, Händlern und u.U. auch Logistikdienstleistern sind oft nicht aufeinander abgestimmt und erst recht nicht miteinander verbunden – und erschweren daher eine ganzheitliche Optimierung des Warenflusses vom Hersteller bis in das Regal.

Einige erfolgreiche Händler haben erkannt, dass aus einem systematischen Vorgehen bei der Steuerung des Warenflusses nicht nur effizientere Supply-Chain-Prozesse resultieren, sondern vor allem auch Umsatzsteigerungen zu erzielen sind. Sie steuern den Warenfluss nachfrageorientiert und nutzen intensiv die vorhandenen Daten, insbesondere die historischen Abverkäufe, bei der Planung der Supply-Chain.

Push oder Pull – welche Methode darf's denn sein? Für die Steuerung des Warenflusses in die Filialen gibt es 3 verschiedene Ansätze: manueller Pull, automatischer Pull und Push (Abbildung 5-1). Alle 3 haben ihre Berechtigung, sind aber für die unterschiedlichen Einsatzgebiete und je nach IT-Ausstattung des Händlers unterschiedlich gut geeignet.

Ausgangspunkt für die Entscheidung, welche die richtige Nachschubmethode sein könnte, ist meist die generelle Überlegung, ob ein Push- oder ein Pull-Ansatz eingesetzt werden sollte.

- *Pull* heißt die Bedarfsermittlung und Bestellung, die von der Filiale ausgeht. Beim *manuellen Pull* wird die Disposition, d.h. die Nachbestellung der Artikel, von den Mitarbeitern der Filiale oder dem Filialleiter übernommen. Bei der Festlegung der Bestellmenge spielen subjektive Einschätzungen der Filialmitarbeiter, z.B. zur Entwicklung der Nachfrage, eine große Rolle. Beim *automatischen Pull* disponiert ein IT-System und bestellt die Menge, die sich aus der Differenz zwischen dem aktuellen Bestand und einem festgelegten Zielbestand ergibt. Ist der Zielbestand konstant, wird somit genau die Menge nachbestellt, die zuvor verkauft worden ist. Übersteuerungen, die daraus resultieren, dass Filialmitarbeiter die Nachfrageschwankungen höher einschätzen, als sie anschließend tatsächlich sind, können bei dieser Methode nicht entstehen. Ein Kompromiss zwischen manuellem und automatischem Pull ist der automatische Pull mit dynamischem Zielbestand. Hier berücksichtigt das IT-System die Prognosen der Mitarbeiter zur künftigen Nachfrage.

- Beim *Push* wird die verfügbare Ware von einer zentralen Abteilung des Handelsunternehmens rechnerisch auf die Filialen verteilt und ausgeliefert. Die Nachschubbestellung wird hier nicht von der Filiale ausgelöst, sondern die Waren werden auf Basis von Kriterien wie Größe, Umsatz oder Demographie in die Filialen „gedrückt".

Zwischen Standardsortiment und Promotions differenzieren. Die erfolgreichen Händler unterscheiden bei der Supply-Chain-Steuerung klar zwischen Artikeln des Standardsortiments und Promotion-Artikeln. Kaffee zum Standardpreis hat beispielsweise eine relativ konstante und gut prognostizierbare Nachfrage. Bei solchen Standardartikeln setzen die Champions auf automatischen Pull. Das spart Personalkosten in den Filialen; zudem ist die Prognosequalität auf Basis historischer Verkäufe der subjektiven Einschätzung der Filialmitarbeiter deutlich überlegen. Für die Planung und Steuerung einer Promotion, z.B. mit einem DVD-Player aus Asien, bietet sich hingegen eine vorausschauende, langfristige Bedarfsprognose und eine Kombination aus Push und Pull bei der Warensteuerung an. Auf Basis vergleichbarer Promotions und Informationen zu Demographie und Kaufverhalten wird den Filialen eine Anfangsausstattung zugeteilt. Anschließend orientiert sich der Nachschub am tatsächlichen Abverkauf in der Filiale.

Abbildung 5 - 1

METHODEN FÜR DEN NACHSCHUB AN DIE FILIALEN

	Beschreibung	(+) Vorteile	(−) Nachteile	Empfohlen …
Manueller Pull	• Ware wird manuell durch Mitarbeiter der Filiale disponiert	• Mitarbeiter der Filialen können oft gut einschätzen, wie gut sich welche Artikel bei ihnen verkaufen	• Hoher Personalaufwand in den Filialen • Keine Optimierung der gesamten Supply-Chain, sondern der Bestände in den einzelnen Filialen	• Bei Standardprodukten mit langer Lebensdauer • Wenn keine IT zur automatischen Disposition vorhanden ist • Bei hoher Bedeutung lokaler Gegebenheiten
Automatischer Pull	• Das IT-System bestimmt den Bedarf, löst die Disposition aus und legt den Liefertermin fest	• Reduziert Personalaufwand in den Filialen • Automatische Prognose auf Basis historischer Abverkäufe möglich	• Möglicherweise keine ausreichende Berücksichtigung von Sondereinflüssen	• Bei Standardprodukten mit langer Lebensdauer • Wenn IT zur automatischen Disposition vorhanden ist
Push	• Die Ware wird zentral auf die Filialen aufgeteilt	• Nachschubentscheidungen werden auf Basis der Gesamtperspektive getroffen	• Hoher Personalaufwand in der Zentrale • Möglicherweise unzureichende Berücksichtigung des lokalen Bedarfs	• Bei Erstversorgung von Promotions • Bei Produkten mit kurzer Lebensdauer

Supply-Chain-Steuerung umfasst für den Handel somit 2 Disziplinen, die von den erfolgreichen Händlern gleichermaßen beherrscht werden: bedarfsgerechte, kurzfristige und ggf. automatisierte Planung des Nachschubs für das Standardsortiment und langfristiges, systematisches Promotion-Management bei der Aktionsware. Auf beide Themen gehen wir in den folgenden Abschnitten detailliert ein und zeigen anhand einiger Beispiele, wie eine effektive Supply-Chain-Steuerung den Unternehmenserfolg steigern kann.

Nachschub beim Standardsortiment – Bei korrekten Bestandsdaten kein Problem

Wir waren überrascht, in unseren Interviews zu erfahren, wie viele Händler in den Filialen nach wie vor auf manuelle Bestellung der Ware setzen. Schließlich nimmt dies viel wertvolle Zeit in Anspruch, die dann für Kundenkontakte fehlt. Zudem orientiert sich die Bestellmenge bei manueller Disposition nicht an einer objektiven Prognose der zukünftigen Nachfrage. Hinzu kommt, dass die Gegebenheiten der Supply-Chain wie Nachschubzeiten oder Bestandskosten zu wenig berücksichtigt werden. Nur allzu oft disponieren die Filialmitarbeiter einfach nach dem Motto „so viel bestellen wir davon immer" oder der Filialleiter überträgt seine persönliche Einschätzung auf den Bestellzettel. Die Folge: höhere Bestände als notwendig und Regallücken auf Grund falsch eingeschätzter Nachfrage.

Weniger Kosten und mehr Service durch automatische Nachversorgung. Die erfolgreichen Händler liefern den Beweis, dass eine automatisierte und systematische Disposition die Supply-Chain-Leistung erheblich verbessern kann. Bei einer manuellen Bestellung in der Filiale schätzt der Mitarbeiter den zukünftigen Bedarf, vergleicht diesen mit den noch vorhandenen Artikeln und bestellt die Differenzmenge. Ein System für die automatische Nachversorgung funktioniert nach demselben Prinzip, gleichzeitig kann es jedoch umfangreiche Informationen wie historische Abverkäufe, saisonale Einflüsse oder geplante Preisänderungen bei der Berechnung der optimalen Bestellmenge berücksichtigen. Händler, die diesen Ansatz verfolgen, konnten in der Vergangenheit die Regallücken um bis zu 50% reduzieren und gleichzeitig die Bestände in den Filialen deutlich reduzieren. Der Personalaufwand in der Filiale und auch in der Zentrale sank auf Grund des stabileren und einfacheren Prozesses deutlich.

Champions setzen beim Standardsortiment auf automatische Nachversorgung. Die automatische Disposition ist bei den erfolgreichen Händlern mittlerweile schon zum Standard geworden. Wie Abbildung 5-2 zeigt, wird bei den Champions der Nachschub von 81% des

Umsatzes automatisch gesteuert, bei den Verfolgern ist das durchschnittlich nur bei 55% des Umsatzes der Fall.

Bei unseren Gesprächen mit den Verfolgern hat sich herausgestellt, dass die Skepsis gegenüber der automatischen Nachversorgung oft sehr groß ist und daher der Impuls fehlt, diese rasch umzusetzen. Allerdings scheinen derartige Bedenken nicht nur unberechtigt zu sein; sie drohen sogar, zu Wettbewerbsnachteilen zu führen: Denn 86% der Unternehmen, die automatische Nachversorgung nutzen, gaben in unserer Untersuchung an, mit der IT für die automatische Nachversorgung rundum zufrieden zu sein und deutliche Effizienzgewinne erreicht zu haben.

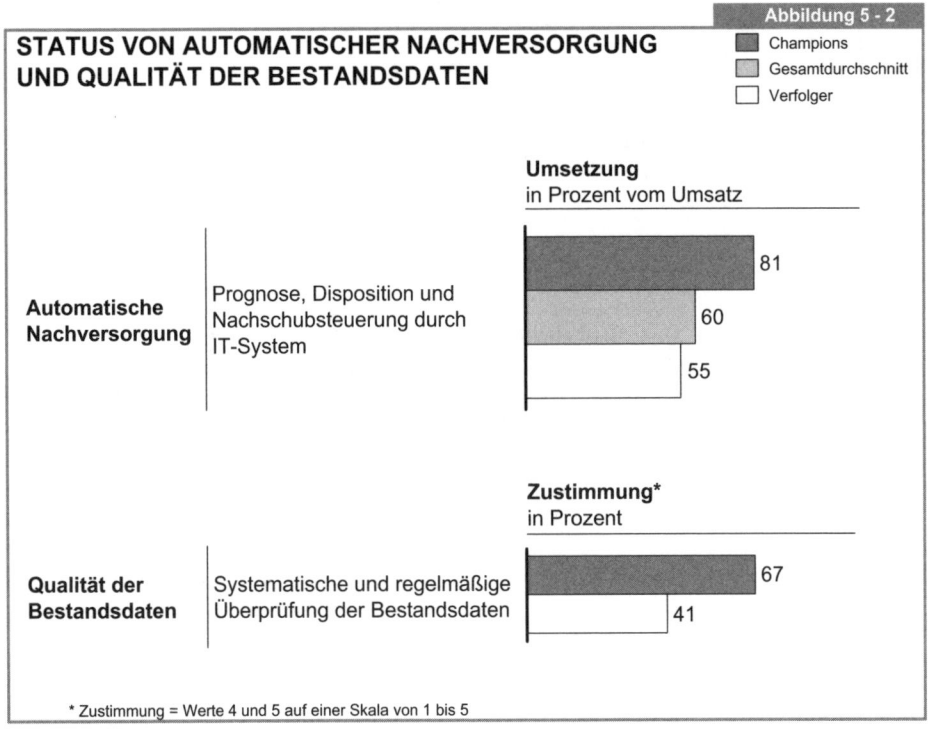

Automatische Nachversorgung – Wie sie funktioniert und was das IT-System leisten sollte

Das System für die automatische Nachversorgung arbeitet in der Regel in 2 Schritten (siehe Abbildung 5-3): Zunächst wird auf Basis historischer Abverkäufe und einer Reihe weiterer Parameter eine Bedarfsprognose erstellt. Auf Basis dieser Voraussage und des vorhandenen Bestands wird dann die Bestellmenge festgelegt.

Abbildung 5 - 3

FUNKTIONSWEISE DER AUTOMATISCHEN NACHVERSORGUNG

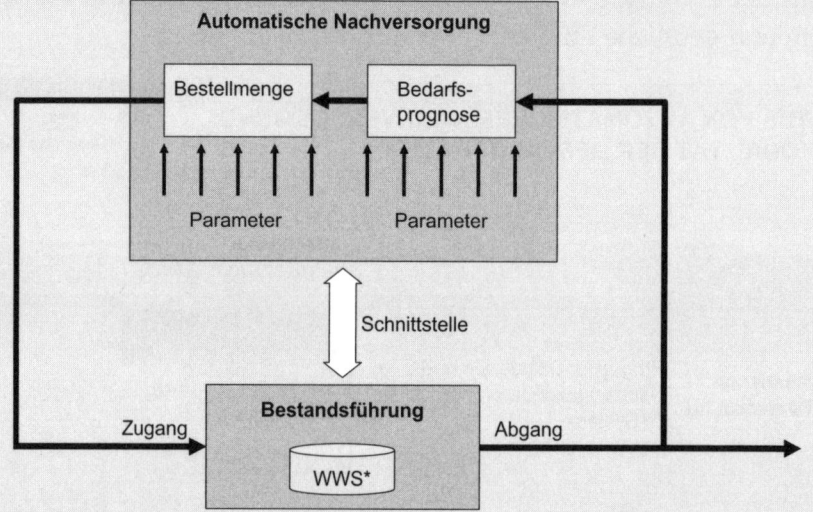

* WWS = Warenwirtschaftssystem

- Die *Prognose* sollte individuell für jede Filiale erstellt werden. Außerdem sollten je nach Sortiment unterschiedliche Algorithmen gewählt werden, um die voraussichtliche Nachfrage zu errechnen. Die Grundlage der Nachfrageprognose sind jedoch immer historische Daten, aus denen Abverkaufsmuster ermittelt werden. Gute Systeme können ihre eigene Prognosequalität automatisch verbessern, indem sie selbstlernend die richtigen Rechenvorgänge wählen bzw. die verwendeten Rechenvorgänge anpassen. Hierbei ist es wichtig, Ausreißer in den historischen Daten, saisonbedingte Besonderheiten und Feiertage sowie geplante Preisänderungen und Promotions zu berücksichtigen; außerdem sollten Vergleichsartikel und Vergleichsfilialen zur Überprüfung der Prognose herangezogen werden.

- Ausgehend von der Prognose und unter Berücksichtigung der Qualität der Prognosedaten wird die *Bestellmenge* bestimmt. Hierzu ist zunächst der optimale Soll-Bestand für den Artikel zu berechnen. Gute Systeme arbeiten dabei nicht nur mit Bestandszielen, die dem prognostizierten Bedarf und dessen Schwankung Rechnung tragen, sondern sind außerdem so ausgelegt, dass sie die Gesamtkosten von Überbeständen und Regallücken mit berücksichtigen. Die Bestellmenge ergibt sich aus dem so ermittelten Soll-Bestand sowie dem Ist-Bestand des bestandsführenden EDV-Systems (d.h. zumeist des Warenwirtschaftssystems). Zusätzlich müssen die Prozesskosten der Logistik, Restriktionen wie Verfalldaten, Kapazität der Ladeeinheiten oder Lieferrhythmen sowie die Liefer- und Einräumzeit bei der Festlegung der Bestellmenge berücksichtigt werden. Abbildung 5-4 stellt vereinfacht die Parameter dar, die bei der Festlegung der Bestellmenge berücksichtigt werden müssen.

Abbildung 5 - 4
BEISPIEL

PARAMETER DES AUTOMATISCHEN NACHSCHUBS

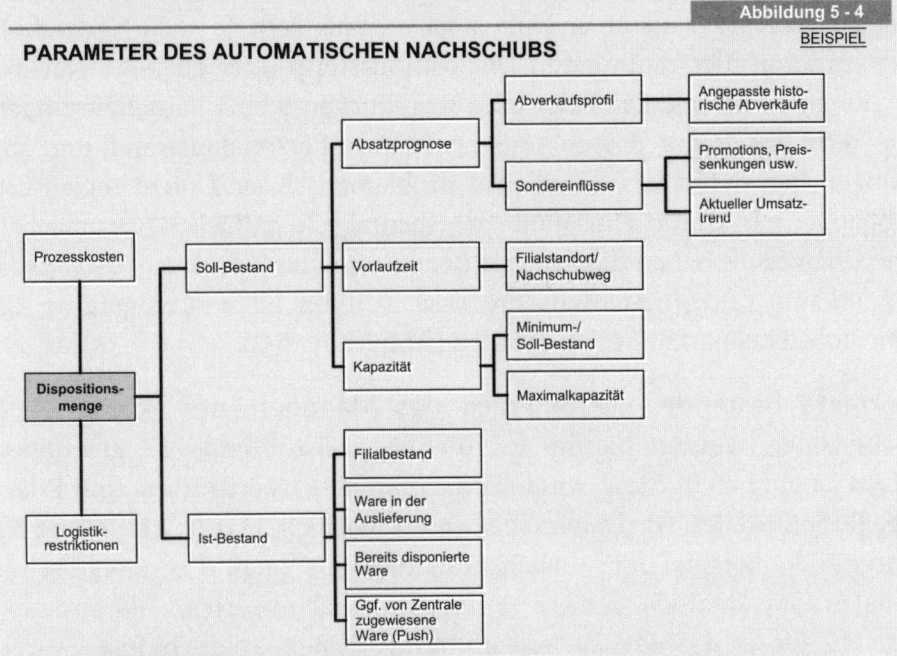

Die Bestellmenge wird anschließend entweder direkt an das Zentrallager bzw., bei Direktbelieferung, an den Hersteller übermittelt oder aber der Filiale als Bestellvorschlag vorgelegt. Entscheidend ist, dass das System für die Anwender in der Zentrale und in der Filiale einfach zu bedienen ist und der Aufwand für die Systempflege auf ein Minimum beschränkt wird. Die Filialen sollten in Sonderfällen (z.B. bei Lieferschwierigkeiten des Herstellers) und bei Fehlern (z.B. Bestellungen auf Grund falscher Ist-Bestände im System) benachrichtigt werden – dies aber nur in wirklich wichtigen Fällen, um eine Flut an Nachrichten mit hohem Bearbeitungsaufwand zu vermeiden.

Automatischer Nachschub funktioniert nur mit korrekten Bestandsdaten. Aufgabe eines automatischen Nachschubsystems ist es, die durch den Verkauf entstandene Lücke zwischen einem Ist-Regalbestand und einem festgelegten Soll-Bestand zu schließen. Die Feststellung, dass korrekte Bestandsdaten die Grundvoraussetzung für eine korrekte automatische Disposition sind, mag trivial klingen, ein Blick in die Praxis zeigt aber, dass es nur wenigen Händlern gelingt, zuverlässige Bestandsdaten zu erheben. Wird beispielsweise ein Warenzugang nicht korrekt und rechtzeitig erfasst, ist der im System registrierte Bestand geringer als der tatsächliche Bestand; er kann sogar negativ sein. Je nach Nachschubsystem kann dies dann einen Dispositionsstopp oder zu hohe Nachbestellungen auslösen. Die Folge sind Regallücken oder Überbelieferungen, die nicht ins Regal passen und zu hohem Personalaufwand und unnötigen Beständen führen. Ebenso problematisch sind nicht registrierte Abgänge, z.B. durch Diebstahl, die ebenfalls Regallücken verursachen. Die Champions haben die zentrale Bedeutung von korrekten Bestandsdaten erkannt und größtenteils Prozesse in ihren Filialen eingeführt, die eine hohe Datenqualität sicherstellen (Abbildung 5-2).

Korrekte Bestände – eine Frage des Managements. Schlechte Bestandsdaten werden häufig auf die bestandsführende IT geschoben. Meist ist aber nicht diese, sondern die manuelle Überprüfung und Pflege der Bestandsdaten für Datenfehler verantwortlich. Das in Abbildung 5-5 dargestellte Beispiel eines Lebensmittelhändlers zeigt, dass einige seiner Filialen eine deutlich bessere Bestandsqualität erreichten als andere – obwohl alle an dasselbe bestandsführende System angeschlossen waren. Bei der Inventur waren in den besten 5 Filialen durchschnittlich nur 4,7% der Bestände fehlerhaft, bei den schlechtesten 5 Filialen hingegen durchschnittlich 29,4%. Eine genauere Betrachtung ergab, dass es dem Management in den besten Filialen gelungen war, den Mitarbeitern die Bedeutung korrekter Bestände und die Folgen fehlerhafter Bestände für die automatische Nachversorgung zu vermitteln. Im Gegensatz zu den schwächsten Filialen wurden die Bestände dort außerdem regelmäßig überprüft.

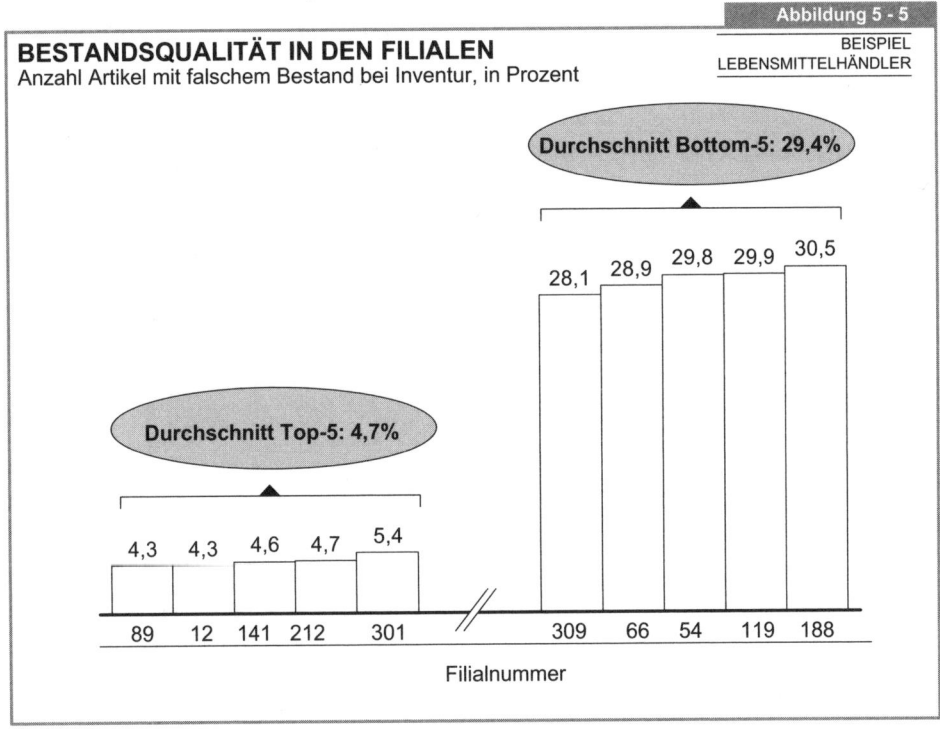

BESTANDSQUALITÄT IN DEN FILIALEN
Anzahl Artikel mit falschem Bestand bei Inventur, in Prozent

Abbildung 5 - 5

BEISPIEL
LEBENSMITTELHÄNDLER

Durchschnitt Bottom-5: 29,4%

28,1 28,9 29,8 29,9 30,5

Durchschnitt Top-5: 4,7%

4,3 4,3 4,6 4,7 5,4

| 89 | 12 | 141 | 212 | 301 | | 309 | 66 | 54 | 119 | 188 |

Filialnummer

Beim Standardsortiment den Bedarf tagesgenau planen. Wie wir in den Diskussionen mit Händlern erfahren haben, erstellen viele von ihnen keine Absatzplanung. Und selbst wenn sie es tun, erreicht die Planung nur selten den notwendigen Detailgrad: Denn sie planen den Bedarf auf Wochenebene, obwohl bei den meisten Sortimenten auf Tagesebene geplant werden müsste. Längere Planungseinheiten werden den tatsächlichen Schwankungen an den einzelnen Tagen nicht ausreichend gerecht, denn die Effekte unmittelbar vor Feiertagen, durch verkaufsstarke Samstage und infolge sortimentsspezifischer unterwöchiger Absatzverläufe können bei einer wöchentlichen Planung nicht berücksichtigt werden. Konkret heißt das für das Nachschubsystem, dass der Bestellpunkt insbesondere bei Sortimenten mit hohen Absatzschwankungen nicht die ganze Woche lang konstant gehalten werden sollte, sondern dynamisch an die prognostizierte Nachfrage der folgenden Tage angepasst werden muss. Wie stark die täglichen Umsätze an den einzelnen Wochentagen schwanken können, zeigt Abbildung 5-6 am Beispiel einer Drogerie. Vor der Umstellung auf tägliche Planung kam es hier an Samstagen und an den ersten Tagen einer Preisreduktion häufig zu Regallücken, während der Woche dagegen zu deutlichen Überbeständen.

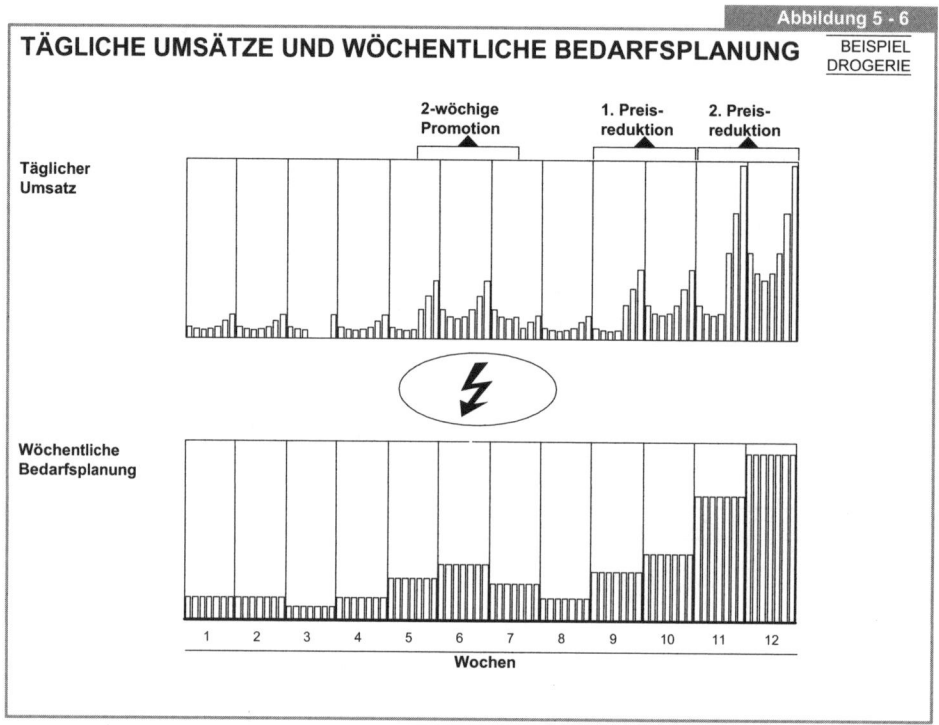

Abbildung 5 - 6

TÄGLICHE UMSÄTZE UND WÖCHENTLICHE BEDARFSPLANUNG BEISPIEL DROGERIE

Es geht noch besser – Planung auf Stundenebene bei 7-Eleven Japan.
Das Best-Practice-Beispiel des größten japanischen Convenience-Store-Betreibers zeigt, dass es noch genauer geht: 7-Eleven gelingt es, durch die intensive Nutzung detaillierter Kundendaten wie Alter und Geschlecht in Kombination mit den Kassendaten eine Prognose auf Ebene der Tageszeit zu erstellen. Dabei werden nicht nur die Soll-Bestände der einzelnen Produkte der Tageszeit angepasst, sondern die angebotenen Sortimente richten sich sogar nach der tageszeitspezifischen Nachfrage. Wenn die Kunden beispielsweise morgens auf dem Weg zur Arbeit Milch in kleinen Verpackungen nachfragen und abends, auf dem Weg nach Hause, größere, dann wird der Nachschub und sogar das Filial-Layout darauf abgestimmt, so dass morgens mehr kleine Verpackungen im Laden verfügbar sind als abends. Bei 7-Eleven Japan werden diese Artikel 3 Mal täglich angeliefert, weil Ware in der Filiale nur in minimalem Umfang gelagert wird. Das verursacht zwar hohe Logistikkosten, rechnet sich

aber angesichts der hohen Immobilienpreise und der entsprechend hohen Mieten für Ladenflächen in Japan.

Nachschub- und Category-Management aneinander koppeln. Seit einigen Jahren schon fordern Supply-Chain-Experten eine engere Zusammenarbeit zwischen den Systemen, die von Supply-Chain- und Category-Management genutzt werden. In unseren Interviews ist deutlich geworden, dass die Unzufriedenheit der Praktiker hier nach wie vor groß ist: Die Category-Management-Prozesse werden häufig getrennt vom Warenfluss gesteuert; insbesondere der Nachschub ist oft nicht in diese Prozesse eingebunden. Nur bei einigen wenigen Händlern sind die beiden Systeme ausreichend miteinander verknüpft. Bei Händlern, denen dies besonders gut gelungen ist, nutzen beispielsweise beide Systeme die gleiche Nachfrageprognose, so dass Einkauf und Logistik mit den gleichen Mengen und Terminen planen. Auch bei der Regaloptimierung arbeiten in den erfolgreichen Handelsunternehmen die Systeme für den automatischen Nachschub und das Category-Management-System immer häufiger zusammen, denn nur so können deren oft widersprüchliche Ziele in Einklang gebracht werden: Zielsetzung der Logistik in puncto Regaloptimierung ist es, den Aufwand so gering wie möglich zu halten. Das kann erreicht werden, indem alle Artikel genau so viel Regalplatz erhalten, dass eine konstante Regalverfügbarkeit mit einheitlichen Lieferrhythmen für alle Sortimente gewährleistet wird. Die Zielsetzung des Category-Managements ist es jedoch, den Regalplatz auf Basis von Demographiedaten und Verhalten der Kunden sowie Marge und Drehzahl zu optimieren. Die Integration der Systeme, die notwendig ist, um diese Ziele zugleich verfolgen zu können, ist für viele Händler nach wie vor eine große Herausforderung. Auch bei den Stammdaten findet nur bei wenigen Händlern ein ausreichender Austausch zwischen Supply-Chain- und Category-Management statt. Infolgedessen kommt es häufig vor, dass die genauen Produktabmessungen zwar im Category-Management-System hinterlegt sind, aber in den Systemen zur Steuerung des Warenflusses fehlen oder manuell erneut angelegt werden müssen.

Disponieren wie die Champions – 10 Tipps

1. Bedarf auf Tagesbasis prognostizieren

2. Historische Daten um durch Regallücken entgangenen Umsatz ergänzen

3. Historische Daten um Umsatzsteigerungen aus Promotions und Preisabschriften bereinigen

4. Saisonbedingte Besonderheiten bei historischen Daten und in künftigen Perioden berücksichtigen

5. Effekte durch dauerhaft und vorübergehend geänderte Stammdaten (z.B. Artikelnummer, Verpackungseinheit) in den historischen Daten beachten

6. Keine absoluten Prognosen treffen, sondern Wahrscheinlichkeitsverteilungen berücksichtigen

7. Sortimentsspezifische Sicherheitsbestände mit einrechnen

8. Kannibalisierung einplanen

9. Mindestbestellmengen beachten

10. Auf Basis von tatsächlichen Verpackungsgrößen planen

Promotion-Management – Planen, prognostizieren und prompt reagieren

Der deutsche Lebensmittelhandel erzielte 2004 bereits 20% seines Gesamtumsatzes mit Promotions; in einzelnen Sortimenten, z.B. bei Kaffee, Tee und Instantgetränken, waren es sogar über 40%. Bei diesen Sonderaktionen werden Artikel nur vorübergehend zu einem attraktiven Preis ins Sortiment aufgenommen oder für eine begrenzte Zeit zu reduzierten Preisen angeboten; dabei wird der Abverkauf mit zusätzlichen Marketingaktivitäten unterstützt. Angesichts des zunehmenden Preisdrucks sind Promotions – die häufig an Sonderangebote der Hersteller für den Handel gekoppelt sind – von zentraler Bedeutung.

Promotions genau planen. Promotions stellen die Supply-Chain-Steuerung vor besonders große Herausforderungen: Die Promotion-Menge muss so genau wie möglich dem tatsächlichen Bedarf entsprechen, um Regallücken und Überbestände zu vermeiden; dabei weiß vor der Promotion niemand genau, wie gut die Aktion beim Kunden ankommen wird. Zugleich muss der optimale Preis ermittelt, die Promotion-Menge den Filialen zugeteilt und die Distribution zeitlich mit den Werbemaßnahmen koordiniert werden. Im Gegensatz zum Standardsortiment ist dies alles nur mit langfristiger Planung zu meistern.

Planung der Promotion-Menge in 3 Schritten: Abverkauf prognostizieren, Bedarf ermitteln, flexibel reagieren. Um die Promotion-Menge zu ermitteln, die möglichst exakt dem zukünftigen Bedarf entspricht, muss zunächst der Abverkauf prognostiziert werden (Abbildung 5-7). Im Idealfall basiert diese Prognose auf historischen Verkaufsdaten der Promotion-Artikel oder vergleichbarer Artikel sowie auf Informationen darüber, wie sich unterschiedliche Preisniveaus auf den Absatz auswirken. Die Prognose sollte außerdem die Marketingaktivitäten und das Wettbewerberverhalten berücksichtigen. Auf Basis dieser Verkaufsprognose wird der Warenbedarf ermittelt, von dem dann die Bestellmengen und Liefertermine auf den verschiedenen Stufen der Lieferkette abgelei-

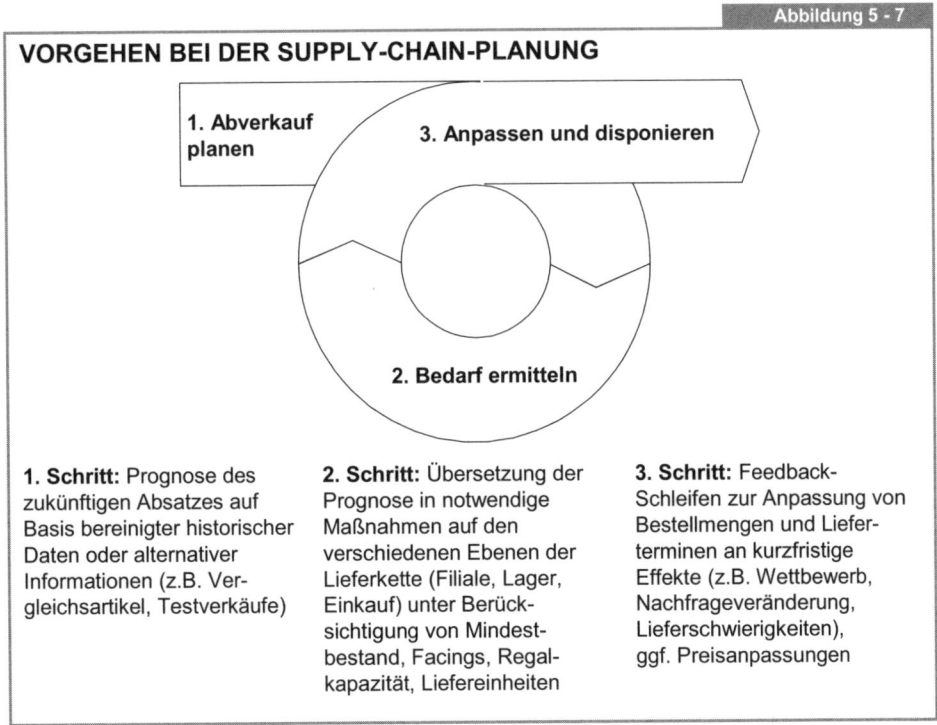

Abbildung 5 - 7

VORGEHEN BEI DER SUPPLY-CHAIN-PLANUNG

1. Abverkauf planen

3. Anpassen und disponieren

2. Bedarf ermitteln

1. Schritt: Prognose des zukünftigen Absatzes auf Basis bereinigter historischer Daten oder alternativer Informationen (z.B. Vergleichsartikel, Testverkäufe)

2. Schritt: Übersetzung der Prognose in notwendige Maßnahmen auf den verschiedenen Ebenen der Lieferkette (Filiale, Lager, Einkauf) unter Berücksichtigung von Mindestbestand, Facings, Regalkapazität, Liefereinheiten

3. Schritt: Feedback-Schleifen zur Anpassung von Bestellmengen und Lieferterminen an kurzfristige Effekte (z.B. Wettbewerb, Nachfrageveränderung, Lieferschwierigkeiten), ggf. Preisanpassungen

tet werden. Zusätzlich ist eine Reihe von Feedback-Schleifen notwendig, in denen die Prognose angepasst wird. Das ist z.B. dann erforderlich, wenn Produkte nicht in ausreichender Menge verfügbar sind, das Logistiknetz seine Kapazitätsgrenzen erreicht hat oder Sondereffekte wie Wettbewerber-Promotions auftreten.

Langfristige Festlegung der Promotion-Menge: Vergleichsartikel und Testverkäufe helfen. Bei der Planung von Promotions gehen die erfolgreichen Händler systematisch vor und arbeiten mit erheblicher Vorlaufzeit. Abbildung 5-8 illustriert das am Beispiel der Non-Food-Promotion eines Champions. Generell ist zwischen Promotions mit Sortimentsartikeln, für die historische Abverkäufe als Basis für die Prognose vorliegen, und Promotions mit Nicht-Sortimentsartikeln zu unterscheiden. Insbesondere bei Non-Food-Promotions handelt es sich bei der angebotenen Ware meist um Artikel, die bisher nicht im Sortiment des Händlers waren, so dass detaillierte Erfahrungswerte zum Abverkauf, mittels derer eine Prognose für den zukünftigen Bedarf erstellt werden könnte, fehlen.

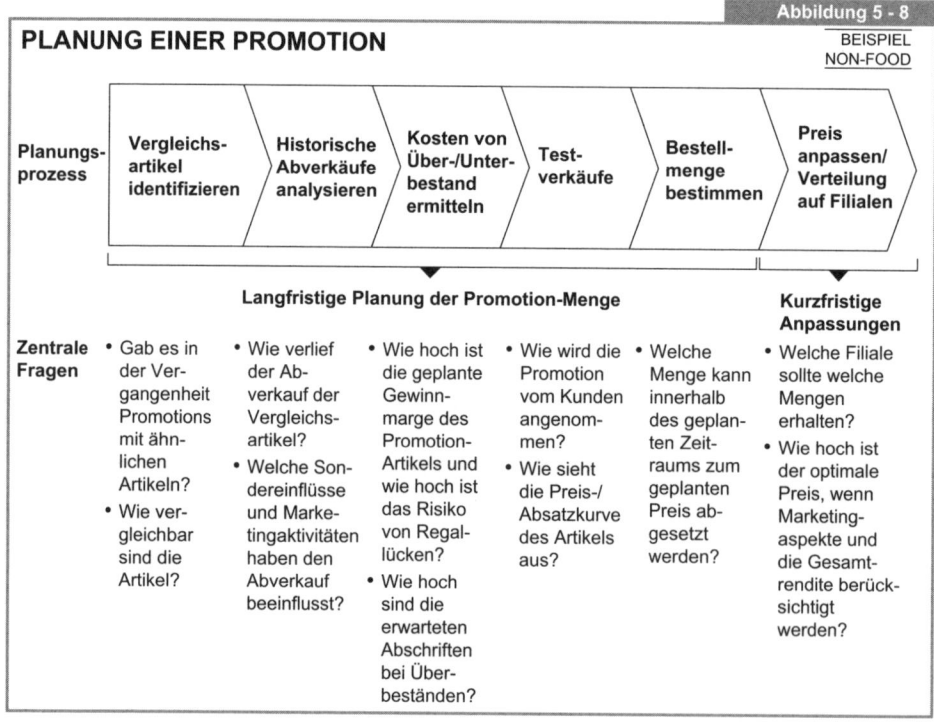

In solchen Fällen müssen daher die Abverkäufe von vergleichbaren Artikeln herangezogen und um Sondereinflüsse wie Wettbewerbsangebote oder Klimaeinflüsse bereinigt werden. Außerdem ist zu prüfen, inwiefern die unterstützenden Marketingaktivitäten vergleichbar waren. Auf diese Weise lässt sich eine Absatzprognose für den geplanten Promotion-Zeitraum erstellen. Der Händler aus dem Beispiel ermittelt die Kosten von Über- und Unterbeständen auf Basis der erwarteten Gewinnmarge des Artikels: Er bewertet die Auswirkungen von Restbeständen am Promotion-Ende (notwendige Preisabschriften) und von Regallücken vor Ablauf der Promotion (entgangener Umsatz) in Euro und Cent. Da der endgültige Verkaufspreis zu diesem Zeitpunkt meist noch nicht feststeht, arbeitet er hier mit Szenarien. Um den geplanten Abverkauf zu überprüfen und ggf. auch, um verschiedene Preisniveaus zu testen, führt er möglichst früh Testverkäufe in einzelnen Filialen durch. Insbesondere bei Non-Food-Artikeln sollten diese Testverkäufe frühzeitig stattfinden, möglichst noch bevor die Bestellmenge endgültig festgelegt wird.

Kurzfristige Verteilung auf die Filialen und Preisanpassungen. Während die Bestellmenge langfristig geplant wird, kann die Verteilung der Ware auf die einzelnen Filialen und die Optimierung des Preises kurzfristig stattfinden. Falls keine Testverkäufe zur Ermittlung der Promotion-Menge durchgeführt wurden, sollte dies spätestens in dieser Phase geschehen. Durch Testverkäufe auf unterschiedlichen Preisniveaus kann der optimale Preis noch feinangepasst werden. Die Abverkaufsdaten aus diesen Testfilialen können mit Informationen über Filiallage und Größe, über Demographie und Käuferverhalten kombiniert werden, um eine möglichst exakte Prognose über die Nachfrage in den einzelnen Filialen und im gesamten Filialnetz zu erstellen. Auf dieser Basis ist eine optimale Zuordnung der Ware zu den einzelnen Filialen möglich.

Erfolg mit automatisierter und kooperativer Planung bei Aktionsartikeln

Axel Hopp, Head of Corporate Information Management bei der Metro AG, über die Automatisierung der Prognose bei Aktionsartikeln in den Cash & Carry-Märkten des Unternehmens

Zur Verbesserung wichtiger Aktionen hat die Metro 3 Jahre lang mit 7 großen Lieferanten den Austausch von Prognosen getestet und die dabei verwendete Software weiterentwickelt. Die Ergebnisse waren sehr positiv.

Ziel des Pilotversuchs war, die Verfügbarkeit von Aktionsartikeln in unseren fast 60 C&C-Märkten zu steigern, wobei die Restbestände am Ende der Aktion möglichst gering ausfallen sollten. Dazu haben wir eine abgespeckte Version des ursprünglich 9-stufigen CPFR-Ansatzes mit einer IT-gestützten automatischen Prognose der Nachfrage der Aktionsartikel kombiniert. Beteiligt waren die Lieferanten Colgate Palmolive, Henkel, Johnson & Johnson, Kimberly Clark, Lever Fabergé, Procter & Gamble und SCA mit 4 Warenkategorien und insgesamt circa 4.000 Artikeln. Diese 7 Produzenten bildeten die Versuchsgruppe, Lieferanten ohne Austausch von Prognosedaten, aber mit den gleichen Warenkategorien die Kontrollgruppe. Im Gegensatz zu den üblichen Ansätzen, bei denen die Aktionsbevorratung global für eine ganze Vertriebslinie geplant wird, legte die Metro besonderen Wert auf die Verbesserung der Warenverfügbarkeit in den einzelnen Filialen. Das bedeutete nicht nur, die Mengen präzise auf nationaler Ebene zu planen, sondern auch, die Waren richtig auf die einzelnen C&C-Märkte zu verteilen.

Die in mehreren Vergleichsphasen – 1 Phase ohne und 2 Phasen mit Einsatz der kooperativen und automatischen Planung – über mehrere Jahre hinweg errechneten Ergebnisse können sich sehen lassen:

- Der Aktionsabsatz stieg nach der vollständigen Implementierung im Pilotprojekt um rund 25%, während er in der Kontrollgruppe auf gleichbleibend niedrigerem Niveau stagnierte.

- Auch beim Kriterium Artikelverfügbarkeit hatten die C&C-Märkte, die am Pilot teilnahmen, die Nase vorn: Bei ihnen legte die bereits sehr hohe Verfügbarkeit noch um 1 Prozentpunkt zu. In der Vergleichsgruppe dagegen verschlechterte sie sich um 3 Prozentpunkte.

- Positiv ebenso die Ergebnisse bei den Restbeständen der einbezogenen Artikel nach Beendigung einer Aktion: Sie reduzierten sich klar um rund 15%. Bei den Aktionsartikeln, die nicht in den Pilotversuch einbezogen waren, stiegen sie hingegen deutlich an.

Eine wesentliche IT-seitige Voraussetzung für den Pilotversuch war die Prognose des Absatzes für den Zeitraum von 13 Wochen – was in etwa dem Vorlauf entspricht, den ein Hersteller benötigt, um seine Produktion so einzustellen, dass er Lieferfähigkeit garantieren kann. Unterstützt wurden wir bei der Entwicklung der IT von dem

Schweizer Softwareunternehmen SAF AG und dessen Chief Scientist Prof. Gerhard Arminger, Wirtschaftsstatistiker an der Universität Wuppertal. Für diese im Gegensatz zu kurzfristigen Prognosen schwieriger zu erstellenden mittelfristigen Prognosen verwendet SAF Kausalmodelle, mit denen die wesentlichen Absatztreiber spezifisch für jeden einzelnen C&C-Markt berücksichtigt werden können. Die umfangreichen Berechnungen umfassen mehrere Schritte:

- Zuerst ermittelt die SAF-Software für jeden der rund 4.000 ausgewählten Aktionsartikel und jeden einzelnen C&C-Markt automatisch die mittelfristigen Abverkaufsprognosen.

- Diese Prognosen werden dann auf nationaler Ebene aggregiert und auf die B-to-B-Datenplattform GNX gestellt, die auch den Lieferanten zugänglich ist.

- In einem weiteren Schritt überarbeiten die Warengruppenmanager der Metro und des Lieferanten die Prognosezahlen anhand von Erfahrungswerten oder besonderen Vereinbarungen noch einmal manuell.

- Die überarbeiteten aggregierten Zahlen werden dann im letzten Schritt auf die einzelnen C&C-Märkte aufgeteilt, und zwar entsprechend deren Anteil am ursprünglich prognostizierten Absatz.

Ein wichtiges Ergebnis des Pilotversuchs für uns war, dass die Testgruppe nicht nur bei allen relevanten Kennzahlen – Umsatzerhöhung, Warenverfügbarkeit und Reichweite – besser abgeschnitten hat als die Kontrollgruppe, sondern sich auch der wichtige Schereneffekt abzeichnet: Die Unterschiede zwischen der Test- und der Kontrollgruppe bei den Messgrößen vergrößern sich immer weiter.

Auch wenn der Aufwand der hier skizzierten automatischen Prognose hoch erscheint – er lohnt sich, wie die Ergebnisse zeigen. Der Pilotversuch hat dem Metro-Konzern erstmals konkrete Daten und eine Grundlage geliefert, um zu entscheiden, ob sich Investitionen in eine automatisierte Planung von Promotions in Kooperation mit den Herstellern lohnen oder nicht. Die Metro will das Pilotprojekt 2005 fortsetzen. Die generelle Marschrichtung dabei ist die weitestgehende Automatisierung der Prognosen innerhalb der abgespeckten CPFR-Prozesse. Eine zusätzliche, manuelle Überarbeitung durch Warengruppenmanager und Lieferanten soll wenigen, besonders wichtigen Aktionen vorbehalten bleiben.

Promotion-Mengen zentral oder dezentral planen? Das Geheimnis guten Promotion-Managements liegt in der richtigen Einbindung des Know-hows in den Filialen; das ist in unseren Interviews deutlich geworden. Grundsätzlich sind 2 Alternativen bei der Planung von Promotion-Mengen denkbar – die dezentrale Festlegung von Aktionsvolumina durch die Filialen und die zentrale Bestimmung der Volumina:

- *Dezentrale Planung von Promotions.* Wenn die Filialen die Aktionsvolumina selbständig festlegen dürfen, können sie individuell auf örtliche Besonderheiten eingehen. Außerdem stärkt dieses eigenverantwortliche Handeln das Verantwortungsgefühl der Mitarbeiter in Bezug auf den Erfolg der Promotion. Der Nachteil dieser Unabhängigkeit besteht darin, dass die Planungsqualität stark schwankt, weil die fachliche Planungskompetenz der verantwortlichen Mitarbeiter in den Filialen individuell sehr unterschiedlich ist und den Filialmitarbeitern das Gesamtbild fehlt: Analysen zu historischen Abverkäufen etwa liegen ihnen, auch bezogen auf andere Filialen, nicht vor. Ein dezentraler Planungs- und Bestellprozess ist zudem meist langwierig; eine schnelle Reaktion auf eine geänderte Nachfrage wird dadurch erschwert. Wenig geeignet ist ein dezentrales Vorgehen insbesondere bei Non-Food-Promotions. Diese haben oft eine Vorlaufzeit von über einem halben Jahr. Die Filialen müssen deshalb beim dezentralen Vorgehen weit im Voraus – in einigen Beispielfällen bereits bis zu 10 Monate vor Verkaufsstart – ihre Bestellungen festlegen. Die Einschätzung der richtigen Bestellmenge in den Filialen fällt unter diesen Umständen sehr schwer.

- *Zentrale Planung von Promotions.* Wenn die Zentrale Promotion-Volumina für alle Märkte verbindlich festlegt, hat dies den Vorteil, dass sie schnell und flexibel Entscheidungen treffen kann, ohne sich in endlosen Abstimmungsschleifen mit den Filialen zu verlieren. Bei der zentralen Planung besteht allerdings die Gefahr, dass örtliche Informationen verloren gehen und die Mitarbeiter in den Filialen demotiviert werden – was sich auf die Akzeptanz der Promotions und die Umsätze negativ auswirken kann. Entscheidend für den Erfolg der zentralen Planung ist zudem auch die anschließende Verteilung der Promotion-Ware auf die Filialen. Wird die Ware wenig, d.h. lediglich nach Quadratmetern oder Umsatzklassen, differenziert zugeteilt, ist der Händler mit einer guten dezentralen Planung besser bedient. Werden aber Faktoren wie Kaufkraft, Lage und Kaufverhalten ausreichend in die Zuteilung einbezogen, kann die zentrale Planung gute Ergebnisse liefern.

Abbildung 5-9 fasst die Vor- und Nachteile der beiden Alternativen noch einmal zusammen.

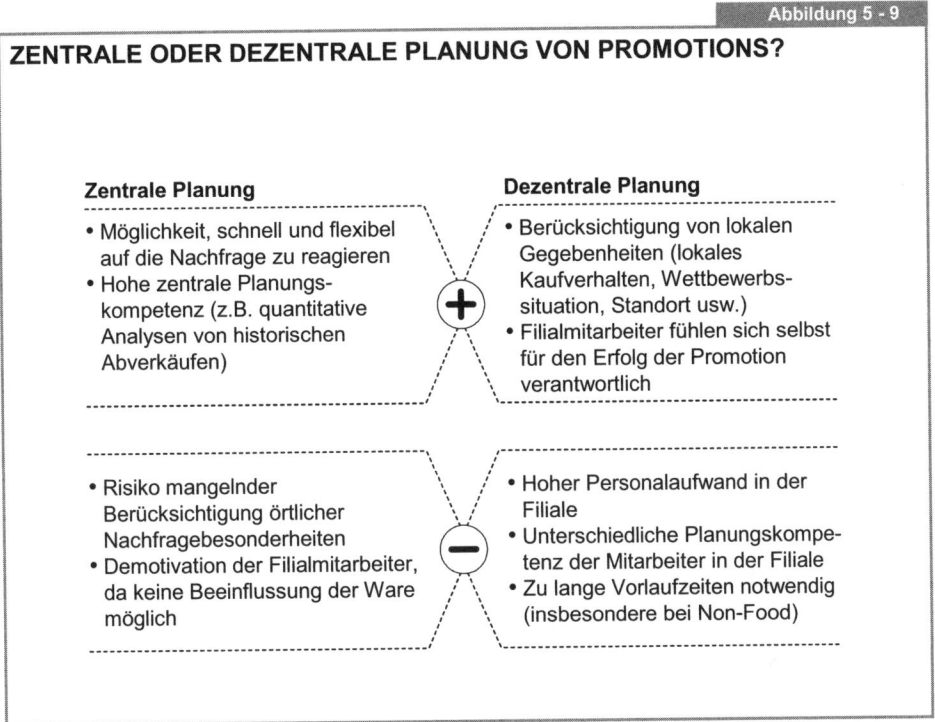

Abbildung 5 - 9

ZENTRALE ODER DEZENTRALE PLANUNG VON PROMOTIONS?

Zentrale Planung

• Möglichkeit, schnell und flexibel auf die Nachfrage zu reagieren
• Hohe zentrale Planungs-kompetenz (z.B. quantitative Analysen von historischen Abverkäufen)

Dezentrale Planung

• Berücksichtigung von lokalen Gegebenheiten (lokales Kaufverhalten, Wettbewerbs-situation, Standort usw.)
• Filialmitarbeiter fühlen sich selbst für den Erfolg der Promotion verantwortlich

• Risiko mangelnder Berücksichtigung örtlicher Nachfragebesonderheiten
• Demotivation der Filialmitarbeiter, da keine Beeinflussung der Ware möglich

• Hoher Personalaufwand in der Filiale
• Unterschiedliche Planungskompe-tenz der Mitarbeiter in der Filiale
• Zu lange Vorlaufzeiten notwendig (insbesondere bei Non-Food)

Der goldene Mittelweg. Da aus beiden Alternativen jeweils überzeugende Vorteile resultieren, versuchen die Champions, die Vorgehensweisen miteinander zu verbinden: Sie klassifizieren Promotions in 2 Kategorien – in zentral gut planbar und in zentral nicht gut planbar – und geben den Filialen je nach Kategorie eine fixe Aktionsmenge, eine verbindliche Mindestmenge oder eine Mengenempfehlung vor. So können die Prozesse durch zentrale Planung dort verkürzt werden, wo dies sinnvoll erscheint, und kann lokales Know-how genutzt werden, wo dies notwendig ist. Die Einbindung der Filialmitarbeiter in die Promotion-Planung ist besonders lohnend bei Produkten mit stärkerer regionaler Differenzierung, z.B. bei Getränken wie Bier oder Mineralwasser. Bei lokaler Planung hat die Zentrale die Aufgabe, die Planungsqualität der Filialen zu kontrollieren und die Marktleiter zu belohnen, wenn sie Bestellungen abgegeben haben, die mit der späteren Nachfrage übereinstimmen.

Push-Pull-Taktik bei der Filialbelieferung. Nicht nur bei der Planung, auch bei der Filialbelieferung und der Nachschubsteuerung ist eine Kombination aus zentralen und dezentralen Ansätzen sinnvoll. Die Champions kombinieren deshalb zentralen Push, bei dem die Ware von der Zentrale auf die Filialen verteilt wird, mit dezentralem Pull, der einen bedarfsgerechten Nachschub ermöglicht. Wie bei Tchibo (siehe Textbox) werden die Waren anfangs meist auf Basis der Planungsdaten zugeteilt (Push). Während der Promotion wird dann abhängig vom Abverkauf der Filiale und teilweise auf Basis einer rollierenden Kurzfristplanung die Nachschubmenge bestimmt (Pull). Einige Händler haben dieses System zu einem Push-Pull-Push ausgeweitet, d.h., sie steuern die Nachschub-mengen gegen Ende der Promotion wieder zentral, um einen gleich-mäßigen und vollständigen Abverkauf zu erreichen und die Nachfrage, beispielsweise durch künstliche Verknappung, zu beeinflussen.

Tchibo zeigt, wie es geht – Distribution in 2 Stufen

Promotion-Management ist bei Tchibo Alltag, da das Sortiment hier fast jede Woche wechselt. Die Distribution ist deshalb in 2 Stufen aufgeteilt: In einer 1-wöchigen Push-Phase wird die Grundversorgung der Filialen sichergestellt, anschließend werden sie bedarfsgerecht mit Nachschub beliefert (Pull-Phase). Bei der Zuteilung der Waren in der Push-Phase wendet Tchibo ein selbstlernendes Verfahren an, das filial- und artikelspezifische Einflussfaktoren einbezieht. Der Nachschub in der Pull-Phase richtet sich nach dem Abverkauf der Grundversorgung. Auf Basis der über die Scanner-Kassen erfassten Daten wird zunächst eine rollierende Prognose erstellt und die Ware dann im 36-Stunden-Zyklus nachfrageorientiert ausgeliefert. Tchibo berichtet, dass durch diesen Mix aus Push und Pull Retouren vermieden werden und sich gleichzeitig die Regalverfügbarkeit erhöht.

Das Lager ist voll – kapazitätsorientiert planen. Ganz gleich, ob es sich um das Standardsortiment oder eine Promotion handelt: Um die Supply-Chain erfolgreich zu steuern, müssen systematisch alle verfügbaren Informationen und entsprechend leistungsfähige IT-Lösungen genutzt werden; nur so lässt sich die Nachfrage prognostizieren und nur so ist die richtige Ware zur richtigen Zeit am richtigen Ort.

Eine Schwachstelle heutiger Planungssysteme, auf die unsere Interview-partner immer wieder zu sprechen kamen, ist die mangelnde Berück-sichtigung von Kapazitätsgrenzen (Capacity Constraints). Capacity Constraint Planning war in den vergangenen Jahren eines der wichtigs-ten Themen im Supply-Chain-Management von Herstellern, doch auch für Händler und deren IT-Lösungen wird das Thema zunehmend wichti-ger. Denn immer wieder kommt es vor, dass das Volumen der bestellten Ware die Lagerkapazitäten des Händlers überschreitet und infolgedessen kurzfristig Lagerkapazitäten zu hohen Kosten angemietet werden müs-sen. Zudem sind die Lieferungen, die die Filialen erhalten, häufig über-dimensioniert, so dass weder der Platz im Regal noch das Filiallager ausreicht. Das führt zu Überbeständen und zu hohem Personalaufwand in der Filiallogistik, da die gelieferte Ware nicht wie vorgesehen direkt und schnell in die Regale geräumt werden kann. Benötigt werden daher IT-Lösungen, die bei der Optimierung der Warenströme nicht von un-endlichen Kapazitäten ausgehen und als „Black Box" operieren. Einige führende Händler arbeiten bereits an solchen Lösungen. Diese sollen die tatsächlichen Kapazitäten des Händlers stärker berücksichtigen oder zumindest eine ausreichende Transparenz über verfügbare und benötigte Kapazität schaffen und so ein Eingreifen der Mitarbeiter im Category- und Supply-Chain-Management ermöglichen. Mit leistungsfähigen IT-Lösungen wie diesen könnten Händler ihre Supply-Chain-Steuerung weiter professionalisieren.

6. Organisation und Performance-Management: Verantwortung für Spitzenleistungen fest verankern

In den vorangegangenen Kapiteln haben wir gezeigt, wie erfolgreiche Unternehmen den Waren- und Informationsfluss vom Hersteller bis ins Regal der Filiale gestalten. Solche effizienten Prozesse installiert zu haben, ist ein wichtiger Schritt. Mindestens ebenso wichtig ist es jedoch, die Verantwortung für die einzelnen Prozesse der Lieferkette fest im Unternehmen zu verankern, um sicherzustellen, dass die richtigen Konzepte tagtäglich auch richtig – und effizient – umgesetzt werden. Unsere Champions haben hier ebenfalls überzeugende Lösungen gefunden: Sie sehen das Supply-Chain-Management als Kernkompetenz ihres Unternehmens an, legen den Verantwortungsbereich klar fest und sorgen für eine hohe Kompetenz auf allen Ebenen der Supply-Chain-Organisation. Dabei räumen sie auch dem Performance-Management breiten Raum ein – der Leistungsmessung der einzelnen Supply-Chain-Prozesse einschließlich der dort eingebundenen Mitarbeiter. Das Ziel der Champions ist hier, basierend auf den Messergebnissen jeweils umgehend auf Leistungsdefizite zu reagieren, um so die Lieferkette stetig zu verbessern. Ein zentraler und häufig vernachlässigter Aspekt des Performance-Managements ist die Regalverfügbarkeit, auf die wir deshalb in diesem Kapitel detailliert eingehen.

Supply-Chain-Organisation – Wie aus Amateuren Profis werden

Supply-Chain-Management als gleichberechtigte Kernkompetenz. Nur allzu oft muss man auf den Organigrammen der Händler länger suchen, bis sich entdecken lässt, wo das Supply-Chain-Management angesiedelt ist: Entweder ist es dann dem Einkauf untergeordnet oder die Aufgaben sind auf verschiedene Bereiche wie Einkauf, Vertrieb und Category-Management verteilt. Als klassische Kernkompetenzen des Handels werden von vielen Unternehmen nach wie vor nur der Einkauf und der Vertrieb angesehen; das Supply-Chain-Management ist dabei häufig nur Mittel zum Zweck und steht nur selten im Blickpunkt des Top-Managements.

Selbst in den Unternehmen, bei denen es einen eigenen Logistikbereich – auf welcher Unternehmensebene auch immer – gibt, beschränkt dieser sich oft darauf, die vom Hersteller gelieferten Waren im Zentrallager zu verstauen und anschließend die Filialen zu beliefern. Tätigkeiten wie die Disposition, die Bestandssteuerung oder gar die Steuerung der Supply-Chain-Leistung, d.h. das Performance-Management, liegen nicht im Verantwortungsbereich der Logistikmitarbeiter. Das Gleiche gilt für den Weg der Ware, bevor sie die Rampe des Zentrallagers erreicht, und den Warenfluss hinter der Rampe der Filiale.

Einige Händler, darunter auch die Mehrheit der Champions, haben in den vergangenen Jahren begonnen, die Supply-Chain stärker in ihre Bemühungen, die Unternehmensrendite zu steigern, einzubeziehen. Sie haben die einzelnen Stufen der Lieferkette enger miteinander verzahnt und in einem einzigen Verantwortungsbereich gebündelt, um den Waren- und Informationsfluss vom Hersteller bis in das Regal der Filiale optimal zu steuern. Dieser Ansatz spiegelt sich auch in ihrer Aufbauorganisation wider: Das Supply-Chain-Management bzw. die Logistik ist bei diesen Unternehmen, wie in Abbildung 6-1 dargestellt, als gleichberechtigte Organisationseinheit auf einer Ebene mit dem Einkauf und dem Vertrieb angesiedelt.

Champions bauen eigenständige, integrierte Supply-Chain-Organisationen auf. Bei der Analyse der Aufbauorganisation unserer Interviewpartner hat sich herausgestellt: Auch hier sind die Champions konsequenter. Sie setzen auf eine klar abgegrenzte, prozessübergreifende Supply-Chain-Organisation, die eine ganzheitliche Optimierung der Lieferkette unterstützt. Bewertet man den Grad der organisatorischen Umsetzung auf einer Skala von 1 (Verantwortung für die Lieferkette nicht integriert, d.h. nicht in einer einzigen Funktion gebündelt) bis 5 (Verantwortung vollständig integriert), erreichen die Supply-Chain-

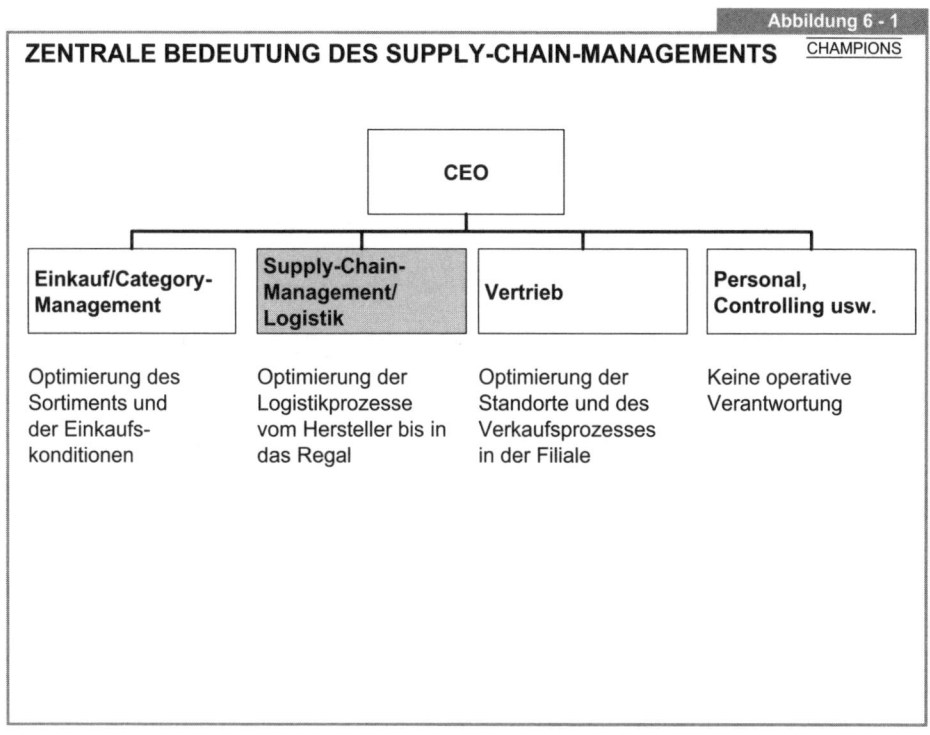

ZENTRALE BEDEUTUNG DES SUPPLY-CHAIN-MANAGEMENTS

Champions einen durchschnittlichen Wert von 3,8 und die Verfolger einen von 2,9.

Noch deutlicher wird die Diskrepanz zwischen Champions und Verfolgern, wenn man den Aufgabenbereich des Supply-Chain-Managements (SCM) bzw. der Logistik bei beiden Unternehmenssegmenten untersucht (Abbildung 6-2). Wir unterscheiden hierbei 3 Organisationsmodelle: Das Modell mit geringem Aufgabenumfang entspricht der klassischen Logistikorganisation. Die Verantwortung des Bereichs SCM/Logistik beschränkt sich hier auf die zentralen Lager- und Transportaktivitäten. Im Modell des erweiterten Umfangs wird die Logistikverantwortung um Aufgaben wie die Zentrallagerdisposition und die operativen Kontakte zum Lieferanten erweitert. Vereinzelt kommt es zu gemeinsamen Projekten mit dem Einkauf oder dem Vertrieb. Bei der integrierten Supply-Chain-Organisation („großer Umfang") gehören zusätzlich sowohl die Abläufe beim Wareneingang in der Filiale und das Befüllen der Regale als auch die Planung und das Controlling der Supply-Chain zum Verantwortungsbereich des SCM. Die Champions setzen offensichtlich auf Integration: Sie wählen – verglichen mit den Verfolgern – seltener das auf die Logistik beschränkte Modell, mit vergleichbarer Häufigkeit den erweiterten Umfang und deutlich häufiger den großen Umfang mit funktional integrierter Verantwortung. Für die Champions ist das Supply-Chain-Management somit eine strategische Kernkompetenz, die auf gleicher Augenhöhe mit Einkauf und Vertrieb agiert.

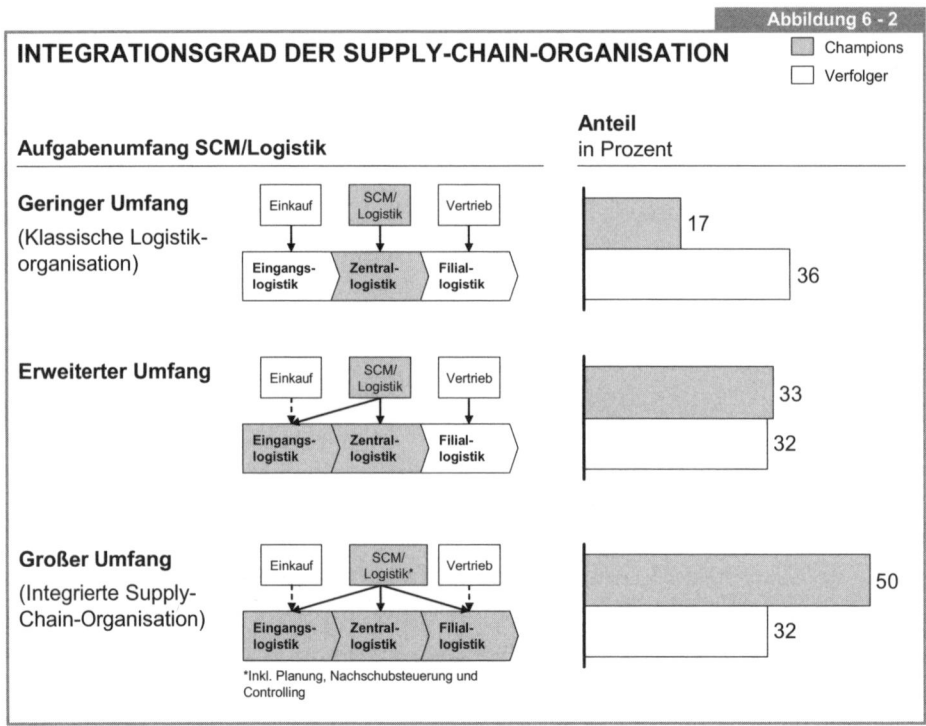

Abbildung 6 - 2

INTEGRATIONSGRAD DER SUPPLY-CHAIN-ORGANISATION

Champions / Verfolger

Verantwortung für die komplette Lieferkette in einer Hand. Abbildung 6-3 zeigt am Beispiel eines Champions, wie eine integrierte Supply-Chain-Organisation gegliedert sein kann. Der Händler hat mit der Filial- und der Zentrallogistik 2 Bereiche geschaffen, die die Steuerung des Warenflusses vom Hersteller bis ins Regal übernehmen. Die Filiallogistik ist für die Gestaltung und Umsetzung der Prozesse von der Warenannahme bis zum Nachfüllen der Regale verantwortlich und arbeitet dabei eng mit dem Vertrieb zusammen. Die Zentrallogistik betreibt in enger Abstimmung mit dem Einkauf die Läger sowie die Crossdocking-Punkte und ist für die Steuerung der ein- und ausgehenden Transporte verantwortlich. Das Logistiknetz wird ebenfalls hier definiert. Außerdem hält die Zentrallogistik den operativen Kontakt zu den zuständigen Abteilungen des Herstellers sowie zu den Dienstleistern und kontrolliert deren Leistung. Neben der Filial- und der Zentrallogistik umfasst die Supply-Chain-Organisation eigene Abteilungen für das Controlling und die IT der Lieferkette.

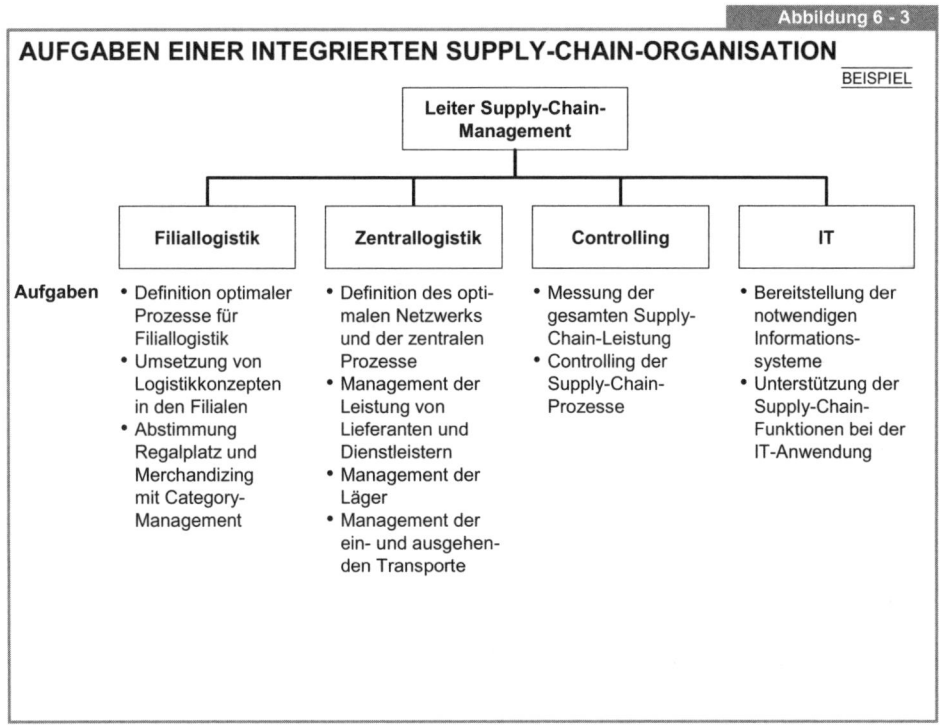

Abbildung 6 - 3

AUFGABEN EINER INTEGRIERTEN SUPPLY-CHAIN-ORGANISATION

BEISPIEL

Einbindung kompetenter IT- und Controlling-Experten notwendig. Die Supply-Chain-Prozesse stellen hohe Ansprüche an die Leistungsfähigkeit der verwendeten Systeme und die Kompetenz der IT-Mitarbeiter. Daher bietet es sich an, eine eigenständige IT-Funktion innerhalb der Supply-Chain-Organisation zu etablieren. Unabdingbar ist das jedoch nicht. In manchen Fällen genügt es auch, wenn in der zentralen IT-Abteilung Experten für die Supply-Chain-Systeme arbeiten. Das Gleiche gilt im Controlling: Die operativen Kennzahlen können auch zentral erfasst werden. Jedoch sollte immer ein separates leistungsfähiges Projektcontrolling das Performance-Management bei der Umsetzung von Optimierungsprojekten in der Supply-Chain übernehmen.

Die Fragen „Zentral oder dezentral?" und „National oder international?" individuell entscheiden. Vor allem international tätige Händler, die verschiedene Handelsformate betreiben – z.B. Discounter und Warenhäuser – müssen entscheiden, auf welcher hierarchischen Ebene sie die Supply-Chain-Verantwortung ansiedeln wollen: Sollte jedes Land und jedes Format über eine eigenständige Supply-Chain-Organisation verfügen oder ist eine Zentralisierung auf Konzernebene ratsam?

Ausschlaggebend sind hier die allgemeine strategische Ausrichtung und der Zentralisierungsgrad der übrigen Funktionen des Händlers. Wenn die einzelnen Länder und Formate generell sehr unabhängig von der Zentrale arbeiten und entscheiden dürfen, sollte auch das Supply-Chain-Management dezentral angesiedelt sein. Sind hingegen andere Funktionen, etwa das Category-Management, bereits zentralisiert, sollte dies auch für das Supply-Chain-Management gelten. Große Händler wie Wal-Mart oder Carrefour bevorzugen eine Organisationsform, bei der die Zentrale die Strategie vorgibt und die operative Ausgestaltung den einzelnen Ländern und teilweise sogar den einzelnen Formaten übertragen wird. Wenn ein Händler mehrere Formate in einem Land betreibt, ist es meist effizienter, die allen Handelsformaten gemeinsamen operativen Aufgaben wie Lager und Transport zu zentralisieren.

Die Struktur ist nur der Anfang. Unabhängig davon, welche Funktionen in die Supply-Chain-Organisation integriert sind und wie zentral oder dezentral diese ausgestaltet ist, steht fest: Das Aufmalen von Kästchen im Organigramm und das Festlegen der Verantwortungsbereiche reicht nicht aus. Um Spitzenleistungen in der Supply-Chain zu erzielen, müssen der funktionsübergreifende Austausch von Erfahrung und der gemeinsame Aufbau von Know-how ermöglicht und unterstützt werden. Abbildung 6-4 zeigt, wie ein exemplarischer Händler dies schafft, indem er funktionsübergreifende Projektteams bildet. Die Supply-Chain-Funktionen waren hier ursprünglich auf Grund einer Gliederung nach Sortimenten relativ wenig integriert, durch die Einrichtung einiger

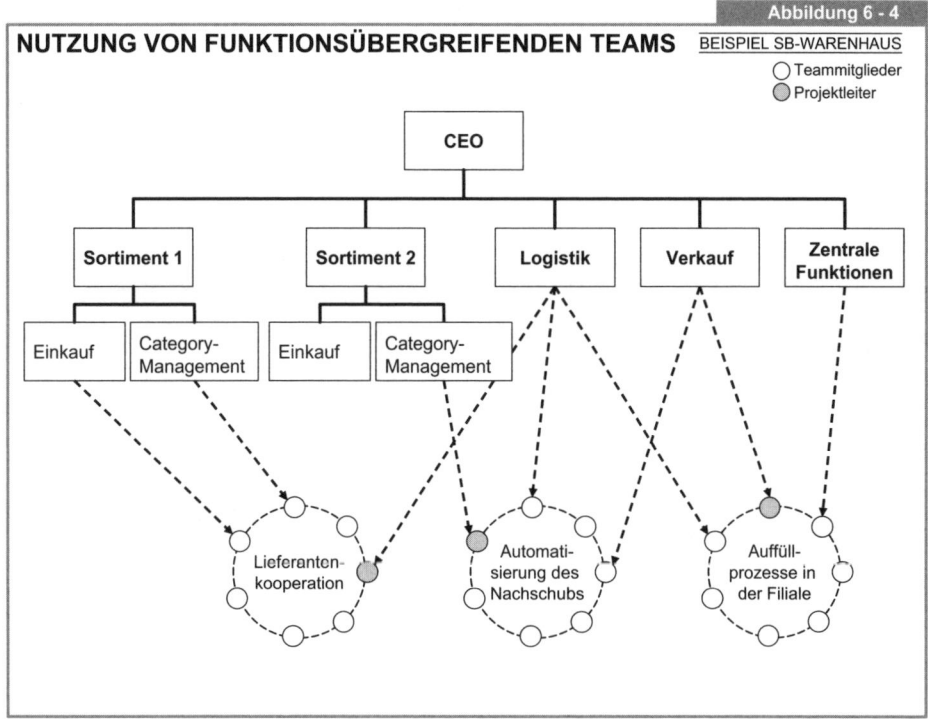

Abbildung 6 - 4

NUTZUNG VON FUNKTIONSÜBERGREIFENDEN TEAMS BEISPIEL SB-WARENHAUS

○ Teammitglieder
● Projektleiter

CEO

Sortiment 1 | Sortiment 2 | Logistik | Verkauf | Zentrale Funktionen

Einkauf | Category-Management

Einkauf | Category-Management

Lieferanten-kooperation

Automati-sierung des Nachschubs

Auffüll-prozesse in der Filiale

fokussierter Teams gelingt es diesem Händler jedoch, neue Supply-Chain-Konzepte wesentlich rascher umzusetzen.

Filialorganisation – Klare Verantwortung bis ins Regal

Logistische Tätigkeiten in der Filiale – also Annahme und Auspacken der Ware, Überprüfen der Regallücken und Auffüllen der Ware, Nachbestellungen und ggf. Pflege der Parameter im Nachschubsystem – machen bis zu 50% der Arbeitszeit der dort tätigen Mitarbeiter und somit auch der Personalkosten in der Filiale aus. Eine exzellente und integrierte Supply-Chain-Organisation regelt daher nicht nur den Verantwortungsbereich der zentralen Supply-Chain, sondern auch die Zuständigkeiten in den Filialen.

Fallweise Entscheidung: Eigenständige Verantwortung oder Integration in den Verkauf. Eine effiziente Filiallogistik ist entscheidend für die Supply-Chain-Leistung und dementsprechend für den Unternehmenserfolg insgesamt. Auf Filialebene kommt es dabei meist weniger auf leistungsfähige IT-Systeme oder komplexe Verbesserungsansätze an, sondern auf das Management der Filialprozesse vor Ort und auf die konsequente Umsetzung schlanker und stabiler Abläufe. In Abbildung 6-5 sind die beiden Extreme der von unseren Interviewpartnern umgesetzten Konzepte dargestellt: auf der einen Seite ein eigenständiges Logistikteam, das für alle Logistikprozesse in der Filiale zuständig ist, auf der anderen Seite eine geteilte Logistikverantwortung, bei der die Mitarbeiter des Verkaufs auch für die Filiallogistik verantwortlich sind.

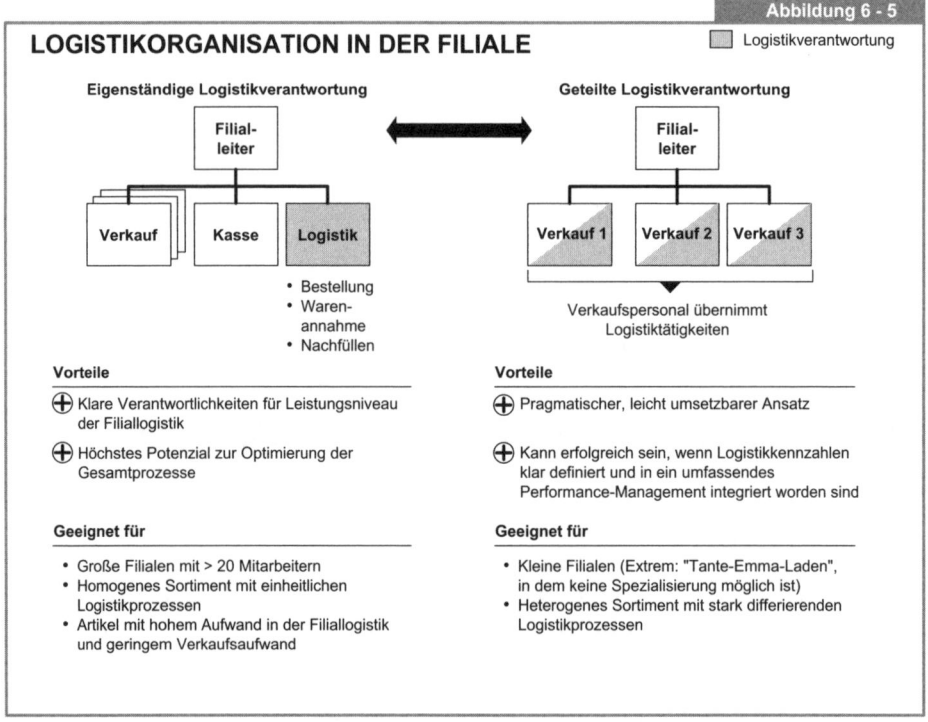

Abbildung 6 - 5

LOGISTIKORGANISATION IN DER FILIALE

Logistikverantwortung

Eigenständige Logistikverantwortung

Filial-leiter

Verkauf · Kasse · Logistik
- Bestellung
- Waren-annahme
- Nachfüllen

Vorteile

⊕ Klare Verantwortlichkeiten für Leistungsniveau der Filiallogistik

⊕ Höchstes Potenzial zur Optimierung der Gesamtprozesse

Geeignet für

- Große Filialen mit > 20 Mitarbeitern
- Homogenes Sortiment mit einheitlichen Logistikprozessen
- Artikel mit hohem Aufwand in der Filiallogistik und geringem Verkaufsaufwand

Geteilte Logistikverantwortung

Filial-leiter

Verkauf 1 · Verkauf 2 · Verkauf 3

Verkaufspersonal übernimmt Logistiktätigkeiten

Vorteile

⊕ Pragmatischer, leicht umsetzbarer Ansatz

⊕ Kann erfolgreich sein, wenn Logistikkennzahlen klar definiert und in ein umfassendes Performance-Management integriert worden sind

Geeignet für

- Kleine Filialen (Extrem: "Tante-Emma-Laden", in dem keine Spezialisierung möglich ist)
- Heterogenes Sortiment mit stark differierenden Logistikprozessen

Filialgröße und Sortiment sind ausschlaggebend. Ein eigenständiges Logistikteam in der Filiale kann die Anforderung, einen effizienten Warenfluss von der Warenannahme bis ins Regal mit minimalem Bestand und ohne Regallücken zu gewährleisten, meist besser erfüllen als das Verkaufspersonal. Ein weiterer Vorteil der klaren Aufgabenteilung: Auf diese Weise können die Mitarbeiter der Filiallogistik gezielt an ihrer Leistung in der Filiallogistik gemessen und entsprechend dann Leistungsanreize gesetzt werden. Die Wahl der Organisationsform ist allerdings vor allem von der Filialgröße abhängig: Für große Warenhäuser und Hypermarkets lohnt sich der Aufbau eigenständiger Logistikteams, evtl. sogar mit einem eigenen Logistikleiter, während in vielen Drogerien oder in kleineren Supermärkten eine solch ausgefeilte Organisation nicht umgesetzt werden kann. Hier müssen die Mitarbeiter des Verkaufs auch die Waren annehmen, nachfüllen und nachbestellen.

Die deutlichsten Leistungssteigerungen versprechen zumeist das Herauslösen der Disposition aus dem Verkauf und die Übertragung dieser Aufgaben an den Filialleiter oder einen anderen kompetenten Mitarbeiter. Eine solche Lösung ist selbst in kleineren Filialen umsetzbar. Die manuelle Disposition bzw. die Betreuung der automatischen Disposition durch einen Mitarbeiter hat den Vorteil, dass der Nachschub stabiler und nachfrageorientierter ist, als wenn viele verschiedene Mitarbeiter mit dieser Aufgabe betraut sind.

Klare Verantwortlichkeiten festlegen. Wenn die Verantwortlichkeiten für die einzelnen Aufgaben der Filiallogistik transparent geregelt sind und die Mitarbeiter an der Erfüllung ihrer Aufgaben gemessen werden können, sind verschiedene Organisationsformen mit einem jeweils spezifischen Grad logistischer Eigenständigkeit möglich und Erfolg versprechend. In dieser Hinsicht besteht bei den Händlern allerdings noch reichlich Verbesserungsbedarf: Nur die Hälfte der Champions hat die Verantwortlichkeiten für die Logistiktätigkeiten systematisch geregelt, bei den Verfolgern sind dies sogar nur 41%.

Abbildung 6-6 zeigt 2 Beispiele erfolgreicher Händler aus dem Bereich Hypermarket/SB-Warenhaus. Im Grad der Eigenständigkeit der Filiallogistik unterscheiden sie sich, doch die Verantwortlichkeiten sind bei beiden klar geregelt. Im ersten Beispiel hat der Händler ein eigenständiges Team für die Filiallogistik aufgebaut. Im zweiten Beispiel übernehmen die Mitarbeiter des Verkaufs das Nachfüllen von Sonderartikeln und das untertägige Nachfüllen; das morgendliche Auffüllen eines Großteils der Artikel erledigen jedoch externe Dienstleister. Organisa-

torisch eigenständig sind hier die Warenannahme und die Dispositions-
verantwortung für das Standardsortiment sowie die Anpassung der
Parameter für den Nachschub. Für die Disposition einzelner, vom automatischen Nachschub ausgeschlossener Artikel sind wiederum die Mitarbeiter des Verkaufs zuständig.

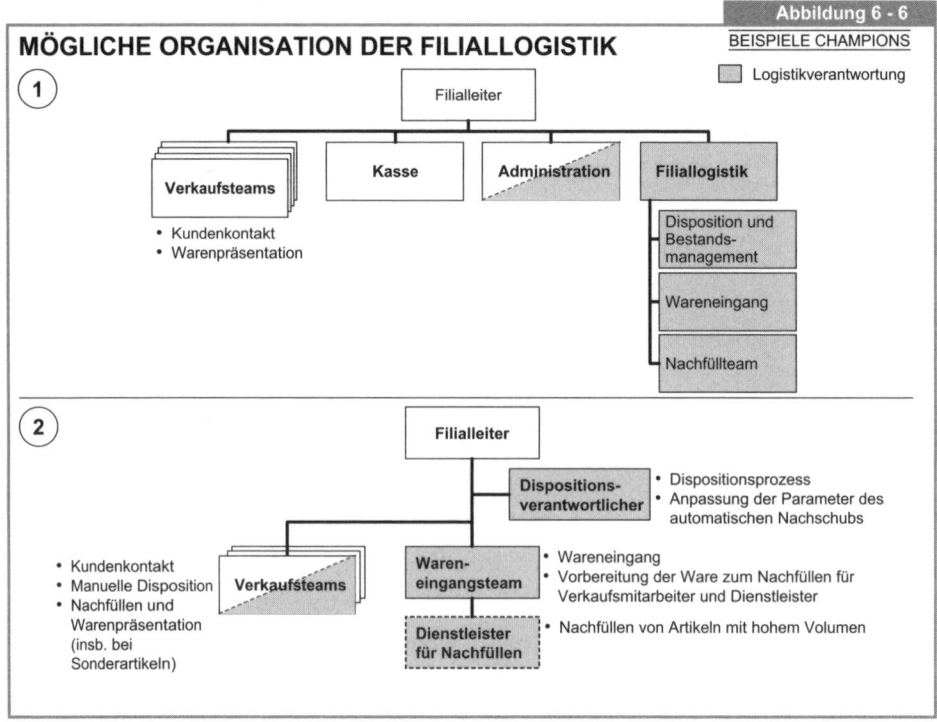

Supply-Chain-Kompetenz – Wissen aufbauen und ausbauen

Wenn Händler die Supply-Chain nutzen wollen, um ihre Gesamtrendite
zu steigern, müssen sie leistungsfähige Konzepte zur Kostensenkung und
Servicesteigerung entwickeln und diese dann auch konsequent umsetzen.
Ob beides gelingt, hängt maßgeblich von der Kompetenz der Mitarbeiter
in der Supply-Chain-Organisation ab: Denn diese müssen ihre Ideen zur
Kostensenkung beisteuern und sind für die Umsetzung in der Fläche
verantwortlich. Verfügen die Mitarbeiter nicht über ausreichend Erfah-

rung und Know-how, wird das Potenzial der Supply-Chain gar nicht erst erkannt, geschweige denn genutzt. Kompetenz ist allerdings nur schwer messbar und sie aufzubauen eine der schwierigsten Aufgaben der Unternehmensleitung überhaupt. Wir haben die Händler deshalb gefragt, was sie tun, um die Wissensressourcen ihrer Mitarbeiter anzuzapfen.

Know-how aufbauen und weitergeben. Unsere Interviews haben gezeigt, dass viele Händler die Bedeutung einer hohen Supply-Chain-Kompetenz bereits erkannt haben. Daher haben sie in den vergangenen Jahren gezielt in das Training ihrer Mitarbeiter investiert und qualifiziertes Personal eingestellt, das Erfahrung im Management der Lieferkette mitbringt. Einige Händler widmen der Supply-Chain-Kompetenz allerdings weit weniger Aufmerksamkeit als der Qualifikation von Mitarbeitern in anderen Bereichen wie Einkauf oder Marketing.

Auf Basis einer mit Beispielen hinterlegten qualitativen Skala von 1 bis 5 bewerten die Champions die Kompetenz ihrer Supply-Chain-Organisation mit 4,0 – und damit etwas höher als die Verfolger, die diese mit 3,8 einstufen. Deutlicher wird der Unterschied zwischen Champions und Verfolgern, wenn man sich anschaut, was die Unternehmen tun, um die Kompetenz ihrer Mitarbeiter in der Supply-Chain-Organisation auszubauen. Wie Abbildung 6-7 zeigt, haben 50% der Champions, aber nur 32% der Verfolger ein professionelles Wissensmanagement mit genau definierten Prozessen für den Aufbau und Austausch von Supply-Chain-Know-how etabliert. Für die zentrale Supply-Chain-Organisation handelt es sich dabei z.B. um ein Intranet, in dem Dokumente hinterlegt sind, auf die alle Mitarbeiter zugreifen können, oder um gezielte Trainings für die dezentralen Mitarbeiter im Lager und in den Filialen, die diesen helfen sollen, die Logistikprozesse besser zu verstehen. Letztlich erhöhen solche Trainings auch die Motivation der Mitarbeiter, die sich durch die Entfernung zur Zentrale oft etwas abgekoppelt vom Unternehmensgeschehen fühlen. Einer der Champions setzt Filialmitarbeiter sogar als so genannte dezentrale Experten ein, d.h. als Multiplikatoren, die wiederum ihre Kollegen und Kolleginnen schulen.

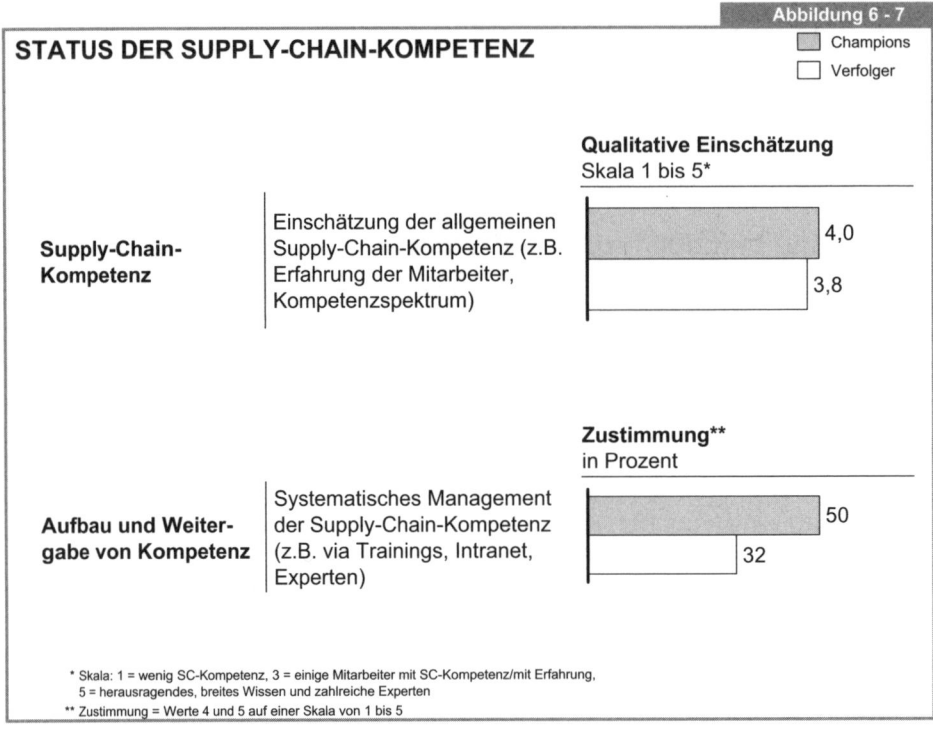

STATUS DER SUPPLY-CHAIN-KOMPETENZ

Abbildung 6 - 7

☐ Champions
☐ Verfolger

Qualitative Einschätzung
Skala 1 bis 5*

Supply-Chain-Kompetenz

Einschätzung der allgemeinen Supply-Chain-Kompetenz (z.B. Erfahrung der Mitarbeiter, Kompetenzspektrum)

4,0
3,8

Zustimmung**
in Prozent

Aufbau und Weitergabe von Kompetenz

Systematisches Management der Supply-Chain-Kompetenz (z.B. via Trainings, Intranet, Experten)

50
32

* Skala: 1 = wenig SC-Kompetenz, 3 = einige Mitarbeiter mit SC-Kompetenz/mit Erfahrung, 5 = herausragendes, breites Wissen und zahlreiche Experten
** Zustimmung = Werte 4 und 5 auf einer Skala von 1 bis 5

Wissen schaffen, verbreiten und anwenden

Das systematische Management des Wissens im Unternehmen wird noch wichtiger, wenn der Händler international und in verschiedenen Geschäftsbereichen tätig ist. Genau das ist auch bei dem hier dargestellten Händler der Fall: Das Unternehmen ist rasch und erfolgreich gewachsen, u.a. durch die Übernahme kleinerer Händler, und betreibt heute verschiedene Formate in mehreren Ländern. Der Händler hatte bereits ein leistungsfähiges Performance-Management installiert, musste aber erkennen, dass ein Großteil seines Potenzials in den verschiedenen organisatorischen Einheiten unausgeschöpft blieb. Dies traf insbesondere auf das Supply-Chain-Management zu. Während das eine Format noch mit der erfolgreichen Einführung eines automatischen Nachschubs kämpfte, konnten die Mitarbeiter eines anderen Formats hier bereits aus Fehlern lernen und reichlich Erfahrung auf dem Gebiet sammeln. Ein Lager hatte einen neuen Kommissionierprozess getestet, der sich für das dort aufbewahrte Sortiment als nicht geeignet erwiesen hatte, aber dennoch ein hohes Potenzial für andere Standorte bot. Was fehlte, war eine systematische Identifikation, Weitergabe und Anwendung des Wissens.

Wie Abbildung 6-8 zeigt, hat der Händler sich im Knowledge-Management 3 Ziele gesetzt: Wissen systematisch schaffen, verbreiten und anwenden. Anhand des dargestellten Konzepts wurde eine Diagnose der gesamten Organisation durchgeführt,

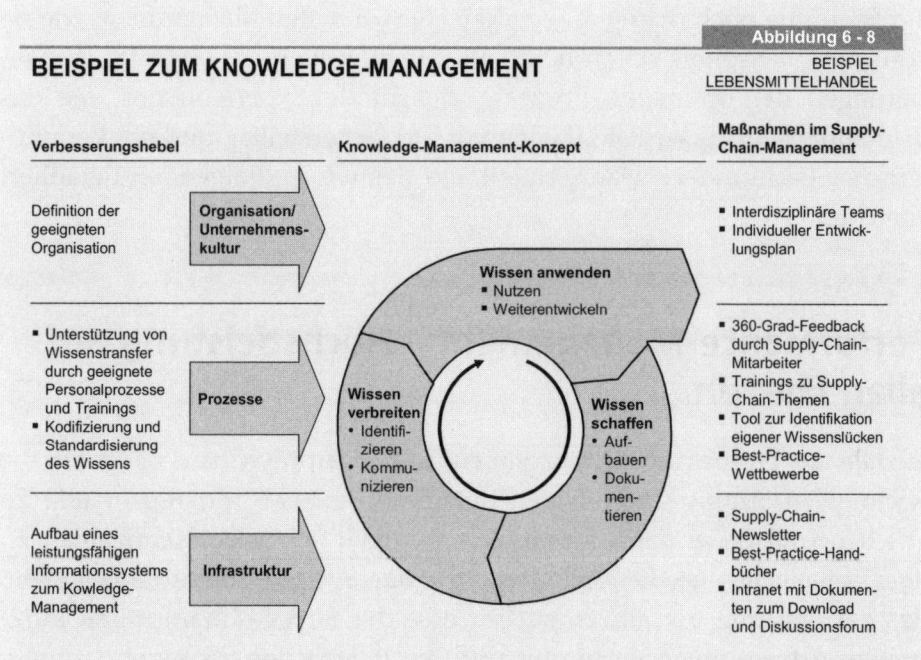

Abbildung 6 - 8

BEISPIEL ZUM KNOWLEDGE-MANAGEMENT

BEISPIEL
LEBENSMITTELHANDEL

Verbesserungshebel

Knowledge-Management-Konzept

Maßnahmen im Supply-Chain-Management

Definition der geeigneten Organisation

Organisation/ Unternehmens-kultur

- Interdisziplinäre Teams
- Individueller Entwick-lungsplan

- Unterstützung von Wissenstransfer durch geeignete Personalprozesse und Trainings
- Kodifizierung und Standardisierung des Wissens

Prozesse

Wissen anwenden
- Nutzen
- Weiterentwickeln

Wissen verbreiten
- Identifi-zieren
- Kommu-nizieren

Wissen schaffen
- Auf-bauen
- Doku-men-tieren

- 360-Grad-Feedback durch Supply-Chain-Mitarbeiter
- Trainings zu Supply-Chain-Themen
- Tool zur Identifikation eigener Wissenslücken
- Best-Practice-Wettbewerbe

Aufbau eines leistungsfähigen Informationssystems zum Kowledge-Management

Infrastruktur

- Supply-Chain-Newsletter
- Best-Practice-Hand-bücher
- Intranet mit Dokumen-ten zum Download und Diskussionsforum

um Schwachstellen im Knowledge-Management aufzudecken. Anschließend hat der Händler eine Organisation aufgebaut, die den Wissensaustausch unterstützt und Lernen honoriert. Auch die internen Prozesse hat er auf eine intensive Kodifizierung von Wissen und einen möglichst geringen Aufwand beim Wissensaustausch ausge-richtet. Schließlich wurde durch ein leistungsfähiges Informationssystem und durch Handbücher die notwendige „Hard- und Software" für das erfolgreiche Knowledge-Management geschaffen.

Kompetenzaufbau auch im Lager und in den Filialen. Selbst die besten Ideen dazu, wie die Supply-Chain optimiert werden könnte, sind nur dann erfolgreich, wenn alle Mitarbeiter, die in die Prozesse eingebunden sind, diese verstehen und über die Kompetenz verfügen, sie tagtäglich umzusetzen. Hier geht es jedoch nicht darum, einzelnen zentralen Supply-Chain-Mitarbeitern durch gezieltes Knowledge-Management umfassende Supply-Chain-Konzepte zu erläutern. Vielmehr müssen einer oft sehr großen Gruppe von dezentralen Mitarbeitern einige wenige relevante Fähigkeiten verständlich und nachhaltig vermittelt werden: Der Lagerarbeiter muss den neuen Kommissionierprozess und der Filialmit-arbeiter den neuen Nachfüllprozess verstehen – und auch am Tag nach der Schulung noch richtig anwenden. Hierbei helfen Maßnahmen, wie sie von den Champions schon heute angewendet werden: einfache Visualisierungen der optimalen Prozesse, dezentrale Expertenteams, die das Vorhandensein dieser Fähigkeiten vor Ort sicherstellen, und ein kontinuierliches Performance-Management, auf das wir im Folgenden detailliert eingehen.

Performance-Management – Höchstleistung auf allen Ebenen

Exzellentes Performance-Management in der Supply-Chain bedeutet, die wichtigsten Supply-Chain-Daten detailliert, korrekt und regelmäßig zu erheben und diese dann zu einigen wenigen zentralen Kennzahlen zu verdichten. Dies ist die Grundlage für das Supply-Chain-Management, das die Leistung der einzelnen Prozesse der Supply-Chain misst, kurzfristige Anpassungen vornimmt und die langfristige Strategie definiert. Wichtig ist daher, die richtigen Kennzahlen auszuwählen und die Kennzahlen anschließend tatsächlich auch zur Leistungsbewertung zu nutzen.

Kosten und Service konsequent messen. Bei unseren Interviews haben wir erfahren, dass die Händler sehr unterschiedliche Kennzahlensysteme verwenden und insbesondere bei der Messung der zentralen Leistungskennzahlen Logistikkosten, Gesamtbestand und Regalverfügbarkeit deutliche qualitative Unterschiede bestehen. Während alle Champions die genannten Leistungskennzahlen (und ggf. noch weitere) anhand aktueller Daten und sehr detailliert berechnen, müssen viele Verfolger hierfür erst spezielle Anfragen an das Controlling richten. Einige wenige Händler haben wir deshalb nicht in die Untersuchung einbezogen: Denn sie konnten überhaupt keine Angaben zu diesen zentralen Kennzahlen machen, da beispielsweise der Bestand nicht aggregiert oder die Regalverfügbarkeit nirgends gemessen wurde. Kennzahlen zu den Kosten der Supply-Chain und zum erreichten Service sind für das Management allerdings unabdingbar, um die Leistungsfähigkeit der eigenen Lieferkette bewerten und auf Abweichungen vom Ziel reagieren zu können.

Auf jeder Ebene die richtigen Kennzahlen auswählen. Kennzahlen zu den Supply-Chain-Kosten und zum Service auf der Ebene des Gesamtunternehmens sind wichtig, sie reichen aber für die Steuerung der Lieferkette nicht aus. Vielmehr müssen auf jeder Ebene – komplette Supply-Chain, Funktionen innerhalb der Lieferkette, einzelne Abteilungen – die Kennzahlen ausgewählt und definiert werden, die für eine gute Leistungsbeurteilung relevant sind (Abbildung 6-9). Auf der obersten Ebene sollten dies maximal 3 bis 5 Kennzahlen sein; anhand dieser Zahlen bewertet die Geschäftsführung die Supply-Chain-Leistung. Am geeignetsten sind hierfür die Gesamtkosten der Supply-Chain, der Gesamtbestand und die erreichte Regalverfügbarkeit.

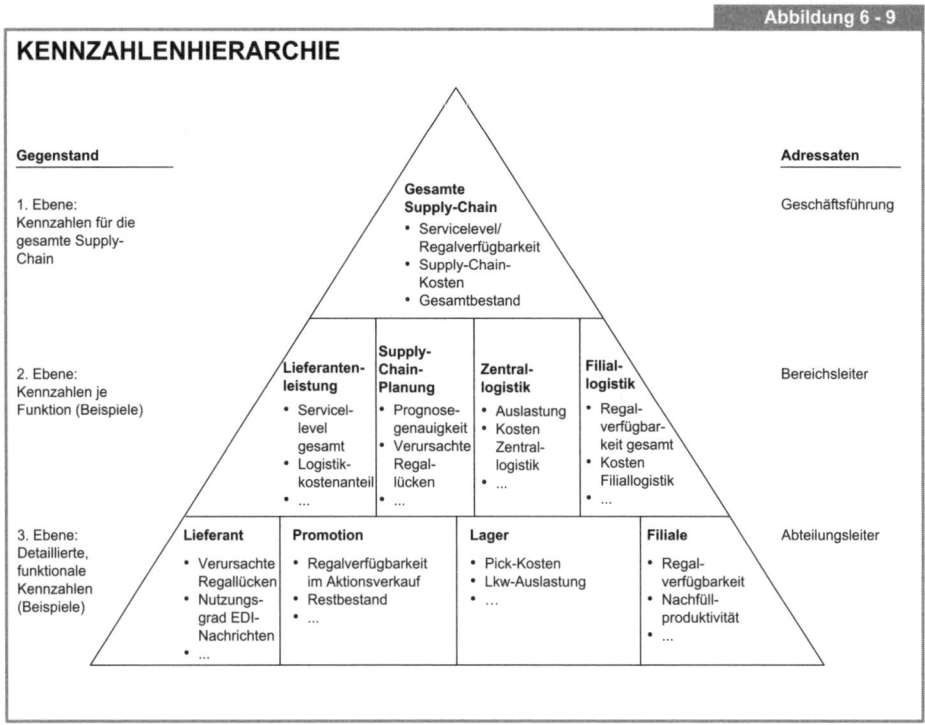

Abbildung 6 - 9

KENNZAHLENHIERARCHIE

Auf den darunter liegenden Ebenen dieser Kennzahlenhierarchie finden sich die detaillierten funktionalen Größen, die für das operative Management notwendig sind. So sind beispielsweise für einen Bereichsleiter der Filiallogistik die Kosten der logistischen Tätigkeiten in den Filialen und für einen Logistikleiter die Kosten der Lagerprozesse wie Einlagerung und Kommissionierung wichtig. Auf der untersten Kennzahlenebene werden jene Leistungen gemessen, die Bestandteil der täglichen operativen Prozesse sind. Diese Zerlegung der übergeordneten Kennzahlen erlaubt es dem Management, Problemfelder rasch auszumachen. So lässt sich beispielsweise klären, ob der Bestand in der gesamten Lieferkette, nur in einzelnen Filialen oder lediglich bei einzelnen Sortimenten gestiegen ist.

Jede Funktion anhand der richtigen Kennzahlen beurteilen. Die Kennzahlen auf den einzelnen Ebenen des Supply-Chain-Managements sind nicht nur dazu geeignet, die Prozessleistungen zu messen, sondern auch die Leistung der Mitarbeiter, die für die Prozesse verantwortlich sind. Gleichzeitig können die Kennzahlen dazu genutzt werden, Leistungsanreize für die Mitarbeiter zu setzen.

Unsere Untersuchung hat gezeigt, dass viele Händler nach wie vor darauf verzichten, die Leistung ihrer Mitarbeiter anhand funktionaler Kennzahlen zu bewerten. Gerade einmal 1 Drittel der untersuchten Unternehmen setzt gezielt finanzielle Anreize auf allen Unternehmensebenen ein. Mitarbeiter im Zentrallager werden dort an ihrer Kommissionierleistung gemessen und mit einer „Pick-Prämie" motiviert, noch zuverlässiger und schneller zu arbeiten; die Filialleiter werden zudem nicht nur anhand des Umsatzes, sondern auch anhand der Regalverfügbarkeit beurteilt und auch das Gehalt des Managements bemisst sich an Kennzahlen, z.B. an den Gesamtkosten.

Entscheidend ist dabei, dass die Mitarbeiter in den einzelnen Funktionen auf der Grundlage von Kennzahlen bewertet werden, die ihrem Verantwortungsbereich entsprechen und die sie auch tatsächlich selbst beeinflussen können. Abbildung 6-10 zeigt anhand des Beispiels eines Händlers, was passiert, wenn Funktionen nicht an allen relevanten Kennzahlen gemessen werden.

Abbildung 6 - 10

BEDEUTUNG DER RICHTIGEN KENNZAHLEN FÜR DIE LEISTUNGSMESSUNG

BEISPIEL

	Einkauf	Zentrallogistik	Filiallogistik
Leistung und Mitarbeiter nur gemessen an:	• Einkaufs-konditionen	• Logistikkosten	• - (bisher keine Leistungs-kennzahlen)
... und nicht zusätzlich an:	• Lieferanten-leistung • Bestände	• Servicelevel an Filiale • Flexibilität • Produktivität einzelner Prozesse	• Regal-verfügbarkeit • Filialbestand • Nachfüll-produktivität • Qualität Bestandsdaten
Daraus resultierende Probleme:	• Hohe Folgekosten • Regallücken	• Lange Lieferrhythmen • Niedrige Regal-verfügbarkeit	• Hohe Filialbestände • Regallücken

Häufig vernachlässigt – Controlling der Filiallogistik. Die Nachfrage nach neuen und detaillierteren Kennzahlen ist im Unternehmen oft groß. Das Risiko dabei: Es entstehen umfangreiche Berichte, die nicht gelesen werden und dann auch nicht zur Ergebnissteigerung beitragen. Bei der Optimierung des Controllings ist es daher wichtig, sich auf einige wenige, bisher vernachlässigte Bereiche, z.B. die Filiallogistik, zu konzentrieren und nur hier das Controlling „aufzurüsten".

Die Bestände in den Regalen und den Lagerräumen der Filialen sind oft höher als in den Zentrallagern und die Kosten der Filiallogistik fallen häufig genauso hoch oder sogar noch höher aus als die der zentralen Logistik. Und dennoch – ein systematisches Controlling findet nur in den wenigsten Fällen statt: In unserer Untersuchung gaben 60% der Händler an, keine Aussagen über die Kosten ihrer Filiallogistik treffen zu können. Dafür gibt es unterschiedliche Gründe: Einige haben die Bedeutung einer effizienten Filiallogistik noch nicht erkannt, andere haben Probleme, die Kosten zu erfassen, da die Tätigkeiten anteilig von Verkaufs- oder Kassierkräften verrichtet werden und es keine eigene Kostenstelle dafür gibt. Doch auch in diesen Fällen lassen sich geeignete Leistungskennzahlen finden, die ein Controlling der Kosten ermöglichen. Hilfreich bei der Identifizierung solcher Kennzahlen sind Messungen zur Produktivität der einzelnen Logistiktätigkeiten.

Bei den Champions findet darüber hinaus auch vor Ort in den Filialen ein aktives Performance-Management statt. Logistikkennzahlen wie Auffüll-produktivität oder Regalverfügbarkeit werden gemeinsam mit anderen wichtigen Kennzahlen der Filiale (z.B. Umsatzentwicklung und Qualität der Personalplanung) vor Ort für alle sichtbar dargestellt und regelmäßig mit den Mitarbeitern in kurzen Meetings diskutiert. Die Mitarbeiter werden so motiviert und das Management kann bei Filialbesuchen gezielt auf die Leistungsdefizite eingehen.

Ein zentraler Aspekt des Controllings der Filiallogistik ist das systematische und regelmäßige Überprüfen der Regalverfügbarkeit, auf deren Messung wir im folgenden Abschnitt gesondert eingehen, weil sie – wie unsere Untersuchung gezeigt hat – bei vielen Händlern zu wenig Beachtung findet.

Regalverfügbarkeit – Konstant messen und Lücken vermeiden

Eine der wichtigsten, aber leider auch häufig am stärksten vernachlässigten Kennzahlen im Supply-Chain-Controlling ist die Regalverfügbarkeit. Während einige Händler die Regalverfügbarkeit in den verschiedenen Sortimenten täglich messen, sie als Basis für Leistungsanreize bei den Mitarbeitern nutzen und bei Regallücken intensiv nach den Ursachen forschen, haben andere nur vage Vorstellungen davon, wie hoch die Regalverfügbarkeit in ihren Filialen ist. Einige Händler haben diese zentrale Kennzahl mit einer breit angelegten Messaktion sogar eigens für unsere Studie erstmalig erhoben.

Hohe Regalverfügbarkeit lohnt sich. Wenn der Kunde in einer Filiale ein Produkt sucht und dort nicht findet, weil es nicht verfügbar oder falsch eingeräumt ist, wird er nicht zufrieden gestellt. Wie sich diese Unzufriedenheit auf den Umsatz auswirkt, ist von Sortiment zu Sortiment und von Händler zu Händler verschieden. Abbildung 6-11 zeigt die Ergebnisse einer Studie, die auf der Untersuchung von 660 Filialen und der Befragung von 71.000 Konsumenten aller Handelsformate in verschiedenen Ländern basiert. Der direkte Umsatzverlust einer Filiale, der dadurch entsteht, dass der Kunde in einer anderen Filiale kauft oder auf den Kauf ganz verzichtet, beträgt 40% der nicht verfügbaren Artikel. 15% der potenziellen Käufer verschieben den Kauf auf einen späteren Zeitpunkt – was ebenfalls ein hohes Umsatzrisiko darstellt. Nur 45% der Kunden substituieren das nicht verfügbare Produkt durch ein Produkt einer anderen Marke oder ein anderes Produkt der gleichen Marke. Detailuntersuchungen zur Substitution zeigen, dass sich die Kunden dabei meist für ein günstigeres Produkt entscheiden, um das Risiko eines Fehlkaufs zu verringern.

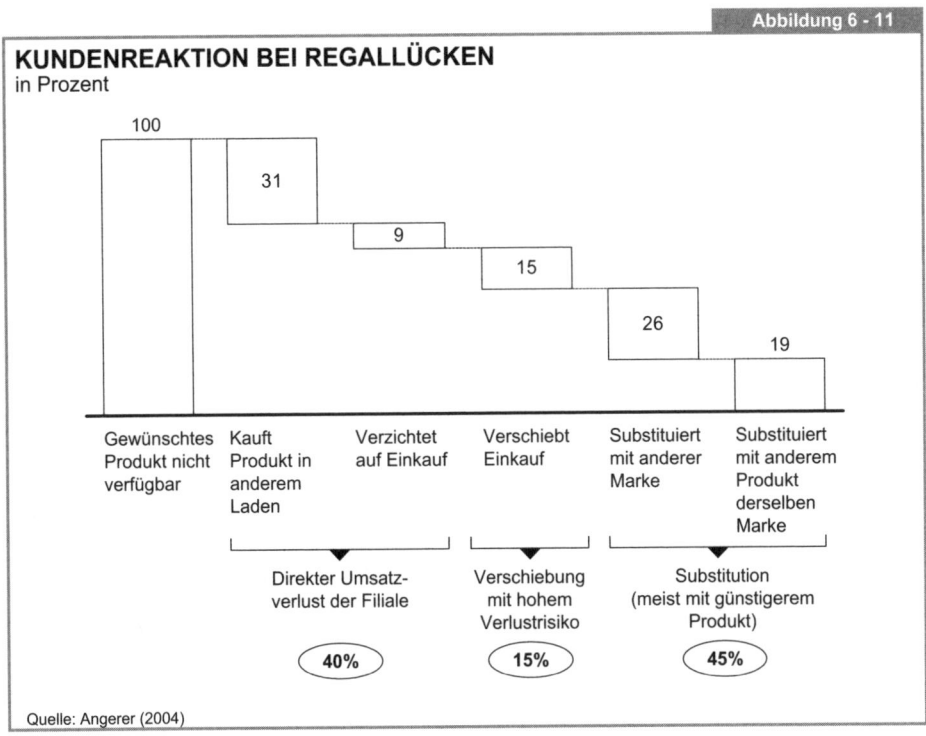

Quelle: Angerer (2004)

Regallücken rasch bemerken und zügig beheben. Es lohnt sich also, Regallücken möglichst rasch wahrzunehmen, zu beheben und vor allem langfristige Lücken zu vermeiden. Denn selbst wenn der Kunde beim ersten Besuch der Filiale bereit ist, statt des nicht verfügbaren Produkts ein anderes zu kaufen, so ist er doch unzufrieden und neigt bei wiederholtem Stoßen auf Regallücken zunehmend dazu, das gewünschte Produkt nicht mehr in der besuchten Filiale zu erwerben (Abbildung 6-12): Beim 1. Stoßen auf eine Regallücke entscheiden sich noch 70% der Kunden für einen Ersatzkauf, beim 3. Mal sind es dann aber nur noch 30%. Macht der Kunde diese Erfahrung gar bei mehreren Artikeln, wird er bald die Filiale meiden und woanders einkaufen.

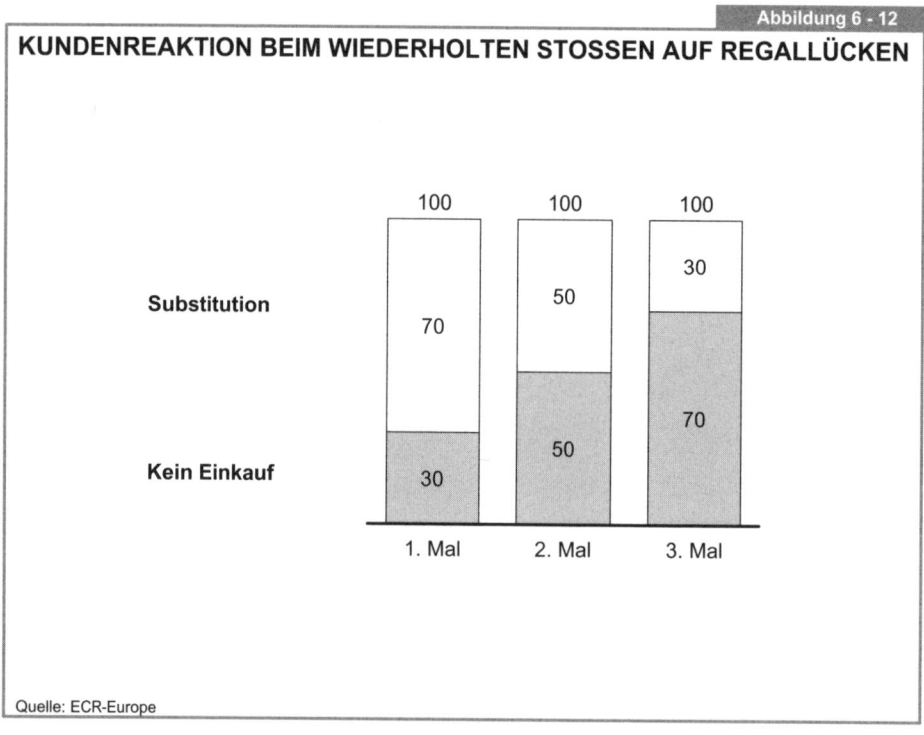

Abbildung 6 - 12

KUNDENREAKTION BEIM WIEDERHOLTEN STOSSEN AUF REGALLÜCKEN

Quelle: ECR-Europe

Champions managen die Regalverfügbarkeit aktiver. Diese Zusammenhänge zwischen Regallücken und zu Umsatzverlusten führenden Kundenreaktionen haben die Champions längst erkannt. Daher überrascht es wenig, dass sie mit 98,2% eine durchschnittliche Regalverfügbarkeit erreichen, die höher ist als die der Verfolger von 95,3%. Dies gelingt ihnen zum einen auf Grund leistungsfähiger Prozesse in der Lieferkette vom Hersteller bis ins Regal; eine entscheidende Rolle spielen aber auch ein gezieltes Performance-Management und eine konsequente Fehleranalyse. Abbildung 6-13 macht deutlich, dass das Messen der Regalverfügbarkeit durch ein IT-System bei den Verfolgern zwar genauso weit verbreitet ist wie bei den Champions, die erfolgreichen Händler aber deutlich stärker auf eine zusätzliche, manuelle Kontrolle der Regalverfügbarkeit setzen: 40% der Champions kontrollieren auch per Hand, bei den Verfolgern tun dies hingegen nur 15%.

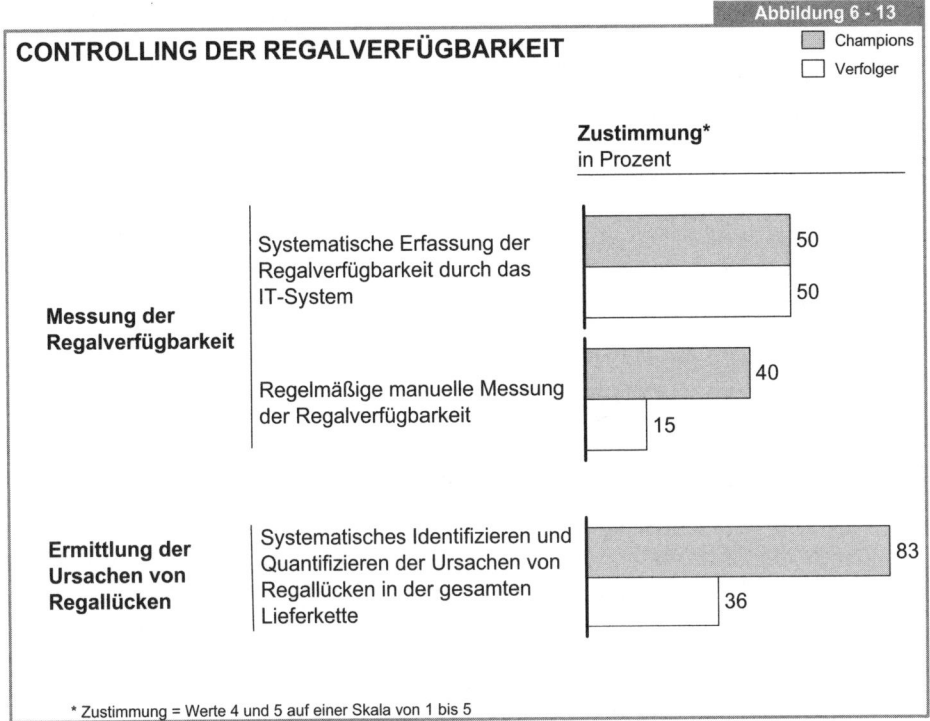

CONTROLLING DER REGALVERFÜGBARKEIT

Abbildung 6 - 13
Champions
Verfolger

Zustimmung* in Prozent

Messung der Regalverfügbarkeit

Systematische Erfassung der Regalverfügbarkeit durch das IT-System — 50 / 50

Regelmäßige manuelle Messung der Regalverfügbarkeit — 40 / 15

Ermittlung der Ursachen von Regallücken

Systematisches Identifizieren und Quantifizieren der Ursachen von Regallücken in der gesamten Lieferkette — 83 / 36

* Zustimmung = Werte 4 und 5 auf einer Skala von 1 bis 5

Zweitplatzierungen: Regallücken trotz positiven Systembestands. Bei Zweitplatzierungen werden Artikel zusätzlich zu ihrem Standardplatz im Regal noch an einem weiteren Ort in der Filiale, z.B. an der Kasse oder auf speziellen Promotion-Flächen, angeboten. Die Artikelnummer der Ware in der Zweitplatzierung ist mit der der Ware im Regal häufig identisch. Das System erfasst über die Scannerkasse beim Verkauf den Abgang dieses Artikels und passt den Bestand entsprechend an. Auf Grund einer identischen Artikelnummer bei beiden Platzierungen lässt sich aber häufig nicht erkennen, ob der Kunde den Artikel aus dem Standardregal oder aus der Zweitplatzierung gegriffen hat. Wird die Verfügbarkeit hier nicht manuell geprüft, sind oft leere Aktionsflächen und deutliche Umsatzverluste die Folge.

Messen und Überprüfen der Regalverfügbarkeit – So geht's

Für das Management der Regalverfügbarkeit bieten sich 3 Methoden an: die automatische Messung durch ein bestandsführendes IT-System, die manuelle Messung durch Stichproben am Regal und der Vergleich von normaler Drehgeschwindigkeit und aktuellem Abverkauf, wobei die dritte Methode meist nur zur Identifikation von möglichen Lücken und nicht zur Messung der Verfügbarkeit verwendet wird. Viele Champions setzen die 3 Methoden parallel ein.

Bestandsführendes IT-System. Wenn der Händler die Filialbestände elektronisch erfasst, können die Regallücken automatisch erkannt und gemessen werden, da dann der Systembestand mit 0 ausgewiesen wird. Eine verlässliche Ermittlung der Regalverfügbarkeit setzt allerdings eine sehr hohe Qualität und Aktualität der Bestandsdaten voraus. Diebstähle etwa kann das System nicht erfassen: Es zeigt dann einen positiven Systembestand an, obwohl tatsächlich eine Lücke im Regal ist. Problematisch ist auch, dass der Systembestand des IT-Systems in der Regel nicht den Regalbestand, sondern den Filialbestand widerspiegelt. Bei positivem Filialbestand befindet sich die Ware evtl. noch im Filiallager, während der Regalplatz leer ist.

Manuelle Stichprobe am Regal. Die (zusätzliche) manuelle Kontrolle kann je nach Filiale und Sortiment unterschiedlich gestaltet sein. Wichtig ist ein einfaches Vorgehen, das möglichst wenig Zeit der Filialmitarbeiter in Anspruch nimmt. Bei einigen Händlern werden bestimmte schnell drehende Sortimente und Promotion-Artikel mehrmals täglich überprüft, indem die am Regal angebrachten Barcodes der nicht verfügbaren Artikel mit mobilen Scannern erfasst werden. Händler mit dezentralen Dispositionsprozessen kombinieren die tägliche Bestellung in den Abteilungen mit der Überprüfung der Regalverfügbarkeit und – sofern vorhanden – der Bestandspflege im IT-System. Zusätzlich bietet es sich an, regelmäßig die Verfügbarkeit eines festgelegten Warenkorbs durch Mystery Shopper zu überprüfen, um eine repräsentative Aussage über die Regalverfügbarkeit in verschiedenen Filialen zu erhalten. Für die Messungen sollten verschiedene Zeitpunkte gewählt werden, damit verlässliche Aussagen über die durchschnittliche Regalverfügbarkeit getroffen werden können.

Vergleich aktueller Verkauf und normale Drehgeschwindigkeit. Einige Händler überprüfen die Verfügbarkeit anhand der Kassendaten, indem sie die durchschnittliche Drehgeschwindigkeit mit den aktuellen Verkäufen vergleichen. Ist beispielsweise ein bestimmtes Produkt länger als 3 Stunden nicht verkauft worden, obwohl es durchschnittlich alle 30 Minuten abverkauft wird, erhält der Filialleiter eine Nachricht und prüft dann umgehend die Verfügbarkeit.

Champions gehen der Sache auf den Grund. Die Champions messen die Regalverfügbarkeit allerdings nicht nur intensiver, sie sind auch stärker an einer Ursachenanalyse interessiert. 83% der Champions geben an, dass sie die Ursachen von Regallücken anhand einer Root-Cause-Analyse systematisch ermitteln, bei den Verfolgern tun dies nur 36%.

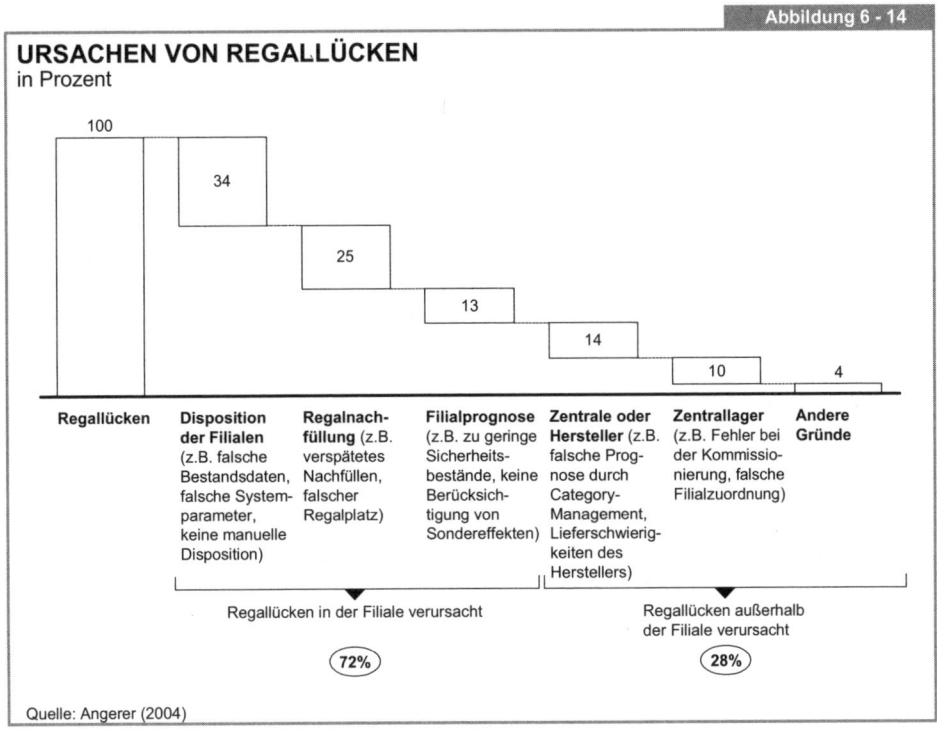

Abbildung 6 - 14

URSACHEN VON REGALLÜCKEN
in Prozent

Quelle: Angerer (2004)

Die Ursachen für die mangelnde Regalverfügbarkeit können dabei vom einfachen Vergessen des Filialpersonals, die Ware nachzufüllen, bis hin zu falschen Systemparametern im Nachschubsystem reichen. Welche Ursachen bei den Unternehmen für mangelnde Regalverfügbarkeit verantwortlich sind, ist individuell unterschiedlich, doch wenn viele solcher Root-Cause-Analysen zusammengeführt werden, lassen sich Themen herausfiltern, die für fast alle Händler relevant sind (Abbildung 6-14). Die Auswertung zeigt, dass nur in rund 1 Viertel der Fälle das zentrale Supply-Chain-Management oder der Hersteller für die Regallücke verantwortlich und in fast 3 Viertel aller Fälle die Ursache in der Filiale zu suchen ist. Dies unterstreicht einmal mehr, wie wichtig die Optimierung der Filiallogistik ist.

Root-Cause-Analyse – So geht's

Root-Cause-Analysen werden in der Industrie und Informatik häufig eingesetzt. Das Ziel dabei ist, Fehler der Vergangenheit zu verstehen, indem deren Ursachen transparent gemacht werden; so können sie in Zukunft vermieden werden.

Bei Regallücken ist es das Ziel der Root-Cause-Analyse zu verstehen, warum ein bestimmtes Produkt zum Zeitpunkt der Messung nicht am richtigen Ort im Regal verfügbar war. Diese Ursachenforschung muss so konkret wie möglich sein. Einer der Champions wählt beispielsweise in regelmäßigen Abständen ein Sortiment aus und misst die Verfügbarkeit dieses Sortiments in den dazugehörigen Regalen einiger weniger Filialen. Anschließend wird für jeden der nicht verfügbaren Artikel gemeinsam mit den Verantwortlichen aus dem Category-Management, aus dem zentralen Supply-Chain-Management und aus der Filiallogistik die Ursache für die Lücke analysiert. Für die einzelnen Regallücken werden Lösungsvorschläge nach Möglichkeit unmittelbar im Anschluss erarbeitet. Die Analysen aller Regallücken zusammengenommen helfen dem Management, die wichtigsten Ursachen der Lücken zu ermitteln und so den Schwerpunkt von Verbesserungsbemühungen festzulegen.

Abbildung 6 - 15

ROOT-CAUSE-ANALYSE MIT DEM "FISHBONE-DIAGRAMM"

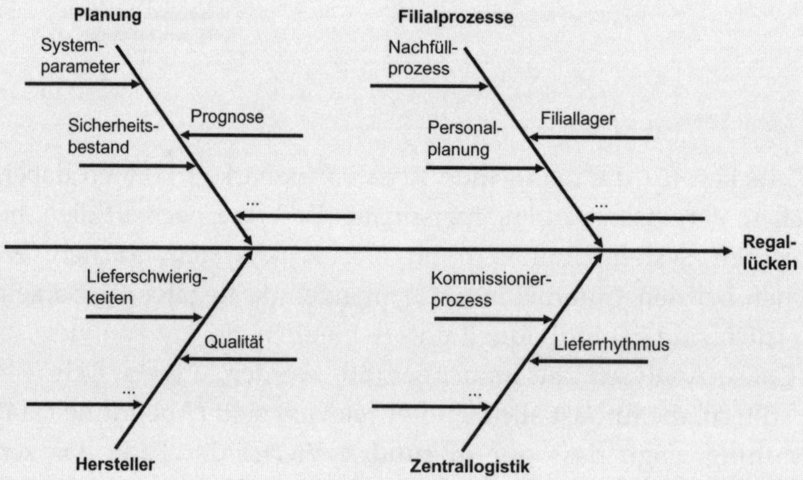

Ein Werkzeug, das die Root-Cause-Analyse erleichtert und visualisiert, ist das „Fishbone-Diagramm", das von Kaoru Ishikawa, einem Pionier des japanischen Qualitätsmanagements, entwickelt wurde (Abbildung 6-15). Dabei werden die möglichen Ursachen eines Problems in einer anschaulichen Form dargestellt, die dem Skelett eines Fisches ähnelt. In einem weiteren Schritt können die Ursachen dann detailliert und quantifiziert werden.

7. Vision 2010: So entwickeln sich die Champions weiter

Das Umfeld ändert sich. Konsumgüterindustrie und Einzelhandel befinden sich weltweit im Umbruch – und diese Veränderungen bleiben für das Management der Supply-Chains nicht ohne Folgen. 3 Entwicklungen werden die Lieferkette für Konsumgüter bis in den Handel hinein nachhaltig verändern: die zunehmende Konzentration der Unternehmen, der steigende Preisdruck und die Verbreitung neuer Technologien.

Konzentration: Die Starken werden noch stärker. Das Übernahmetempo sowohl in der Konsumgüterindustrie als auch im Handel lässt nicht nach. Der Marktanteil der 5 umsatzstärksten Händler im Lebensmittelbereich hat sich in allen größeren europäischen Ländern seit Anfang der 90er Jahre um durchschnittlich 15 bis 20 Prozentpunkte erhöht. In Frankreich beispielsweise vereinten die 5 Händler Carrefour, Intermarché, Leclerc, Auchan und Casino im Jahr 2003 schon 72% des gesamten Lebensmittelmarktes auf sich – Tendenz weiter steigend. Selbst in Ländern mit traditionell zersplitterter Struktur nimmt die Konzentration zu. Beispiel Italien: Hier verdoppelte sich der Marktanteil der 5 führenden Händler Coop Italia, Rinascente, Carrefour, Conad und Esselunga zwischen 1991 und 2003 auf zusammengenommen immerhin 38%. Einige wenige umsatzstarke Händler haben demzufolge immer mehr Marktmacht erlangt. Die Konzentration setzt sich in der Industrie fort, so dass einige wenige große Hersteller entstehen, die sich auf Augenhöhe mit den großen Händlern treffen. Machtpotenzial und Verhandlungsstärke der anderen Hersteller verschieben sich dagegen zunehmend zu Gunsten des Handels.

Tiefpreise: Wer nicht effizient arbeitet, gerät unter Druck. Discounter sind eines der wenigen Wachstumssegmente im Handel. In Deutschland, das als Wiege des „Hard Discount" gilt, erreichte das Discount-Format im Jahr 2004 bereits einen Marktanteil von über 40%. Auch in anderen Ländern sind Discounter auf dem Vormarsch.

Die Discounter haben den Konsumenten mit ihren Tiefpreisen Lust auf günstige Einkäufe gemacht; die derzeit wirtschaftlich angespannte Situation verstärkt diese Preisorientierung. Dadurch sind die Vollsortimenter unter Druck geraten, ihre Preiswürdigkeit zu beweisen – oder die Preisunterschiede im Vergleich zu den Discountern zu reduzieren. Um das tun zu können, müssen sie auf die Kostenbremse treten. Das Thema Prozesseffizienz wird für den Handel daher immer relevanter.

Technologie: neue Möglichkeiten für den Handel. In den vergangenen Jahren haben sich die Abläufe im Handel grundlegend verändert. Moderne Warenwirtschaftssysteme mit automatischer Disposition und mit Scannersystemen sind zum Standard geworden. Der Datenaustausch mit Lieferanten über elektronische Medien (EDI) hat stark an Bedeutung gewonnen und umfasst nunmehr standardmäßig Bestellungen sowie Rechnungen und bald auch Lieferscheine.

Auch im Hinblick auf die Optimierung der Filialprozesse und die Gestaltung des Einkaufs aus Sicht der Kunden hat die Technik bereits einiges zu bieten. Die Palette der neuen Anwendungen reicht von elektronischen Regaletiketten über persönliche Einkaufsassistenten bis hin zu Selbstbedienungskassen. Zusätzlich liefern das Internet, Frequenzmessungen und weitere Datenquellen Informationen in zuvor nicht gekannter Breite und Tiefe. Modellprojekte wie der Future Store der Metro demonstrieren den Nutzen neuer Technologien.

Während die vergangenen Jahre eher von einer technologischen Evolution im Einzelhandel geprägt waren, in der bestehende Systeme schrittweise verbessert, diese Verbesserungen implementiert und dann erweitert wurden, verspricht RFID (Radio Frequency Identification, d.h. Warenerkennung per Funk), eine veritable technologische Revolution zu werden. Der Zeitrahmen der Umsetzung und die Einsatzbreite der neuen Technologie sind noch schwer abzuschätzen; an Szenarien, welche Folgen RFID haben könnte, mangelt es jedoch nicht. Die Konsequenzen für den Handel reichen dabei bis zu einer futuristischen Neuordnung der Einkaufswelten mit einer Umgestaltung der kompletten Supply-Chain, bei der die Ware in allen Prozessen zunächst automatisch identifiziert, dann gemäß der Disposition kommissioniert und abschließend zum Versand vorbereitet wird – eine fast berührungslose Lieferkette. An deren Ende steht ein Kunde, der mit vollem Einkaufswagen und ohne an einer Kasse zahlen zu müssen den Supermarkt verlassen kann – denn die Ware wird am Ausgang identifiziert und der Einkaufsbetrag dann automatisch von seiner Kreditkarte abgebucht.

„When the going gets tough, the tough get going." Händler sollten die weiter oben beschriebenen veränderten Rahmenbedingungen nicht als Bedrohung empfinden, sondern in erster Linie die damit verbundenen Chancen erkennen. Wer im Jahr 2010 zu den Champions gehören will, muss allerdings spätestens jetzt aktiv werden. Das gilt für alle Bereiche des Handels – vom Category-Management über den Vertrieb bis hin zum Supply-Chain-Management. Dem Management der Lieferkette wird jedoch bei der Entscheidung über Erfolg oder Misserfolg in den kommenden Jahren eine ganz besondere Bedeutung zukommen.

Die wichtigsten Supply-Chain-Themen bis 2010

Die Themen, die unsere Interviewpartner aus dem Supply-Chain-Management aktuell für besonders wichtig halten, haben wir in Kapitel 1 vorgestellt und in den darauf folgenden Kapiteln genauer betrachtet: die Filiallogistik, Kooperationen zwischen Händlern und Herstellern, die Lager- und Lieferlogistik, die Supply-Chain-Steuerung sowie die Supply-Chain-Organisation und das Performance-Management.

Darüber hinaus wollten wir von den Experten wissen, welche Themen wohl im Jahr 2010 die Diskussionen rund um die Lieferkette bestimmen. Dazu sollten sie die von ihnen subjektiv empfundene Bedeutung der Themen auf einer Skala von 0 (= keine Bedeutung) bis 5 (= höchste Bedeutung) angeben; die Ergebnisse sind in den folgenden Abbildungen 7-1 und 7-2 dargestellt.

Nicht weiter verwunderlich ist, dass die 5 aktuellen Themen nach Einschätzung der Supply-Chain-Manager ihre Bedeutung in den kommenden 5 Jahren beibehalten werden. Viele Neuerungen wurden erst vor kurzem angegangen und exzellente Logistikleistungen lassen sich nun einmal nicht von heute auf morgen erreichen, sondern sind das Ergebnis einer konsequenten, langfristigen Umsetzung.

Die uns inzwischen gut bekannten 5 Themen bleiben aber nicht nur wichtig, sondern werden künftig sogar noch wichtiger werden – eine Tatsache, die die insgesamt wachsende Bedeutung des Supply-Chain-Managements bestätigt. Hinzu kommt ein weiteres Thema, dem heute noch kaum Bedeutung beigemessen wird: der Einsatz von RFID-Technologie in der Supply-Chain. Auf diese 6 Themen und die mit diesen in einem Zusammenhang stehenden Trends für die kommenden 5 Jahre gehen wir in diesem Abschnitt detailliert ein.

1. Filiallogistik: Standardprozesse flächendeckend einsetzen. Aus Sicht der Supply-Chain-Manager ist die Effizienz der Filialprozesse das Top-Thema 2005 und bleibt dies auch bis 2010. Die Interviewpartner waren sich dabei einig, dass sie derzeit mit Hochdruck an der Standardisierung und Verschlankung der Abläufe arbeiten müssen. Der Erfolg,

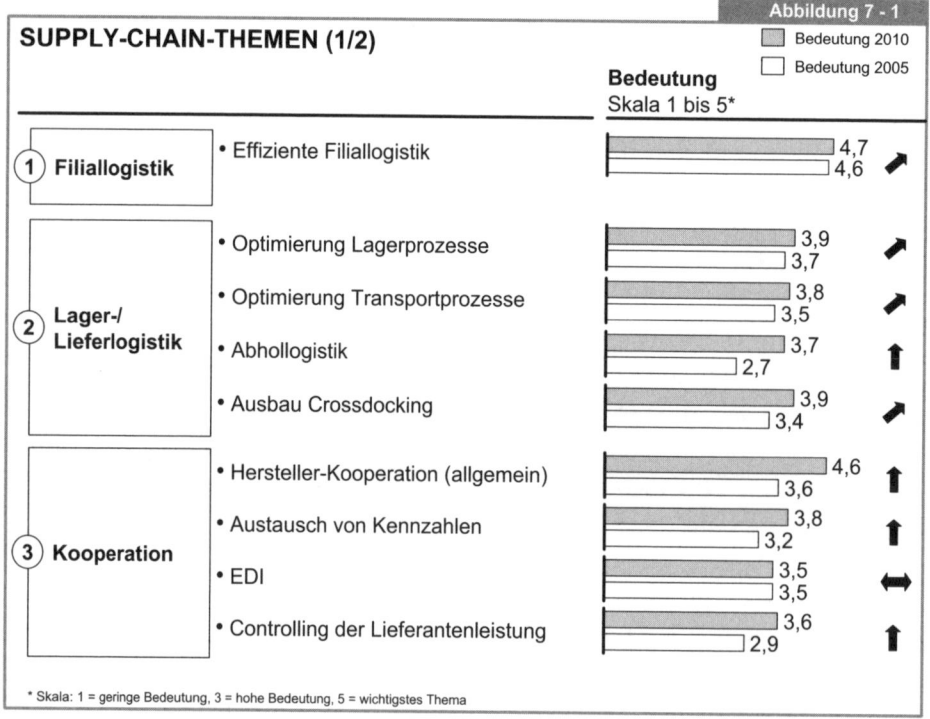

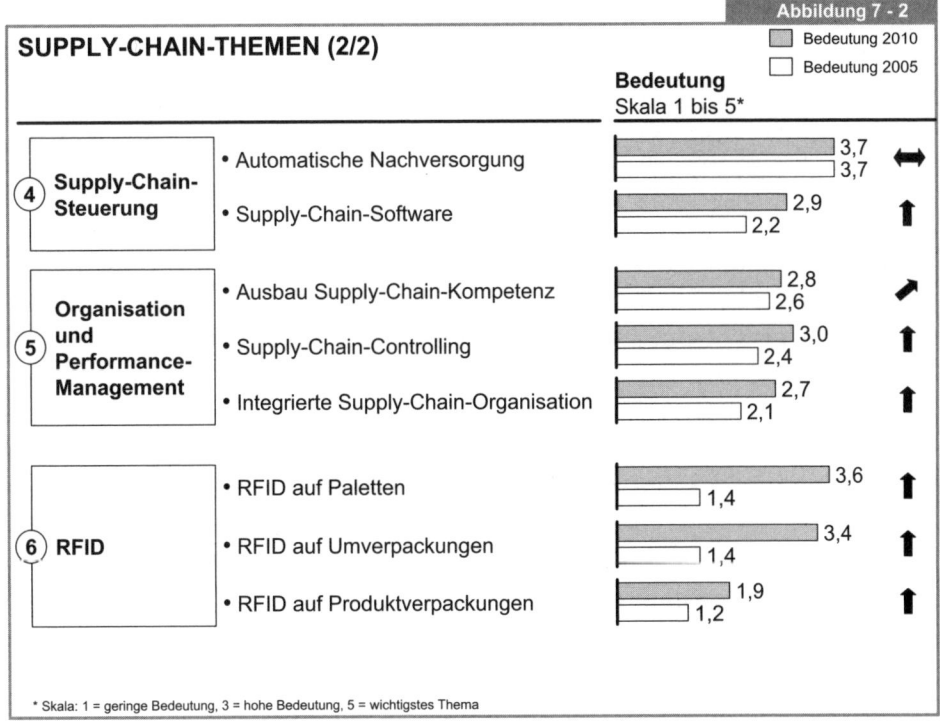

SUPPLY-CHAIN-THEMEN (2/2)

Abbildung 7 - 2
Bedeutung 2010
Bedeutung 2005

Bedeutung
Skala 1 bis 5*

④ **Supply-Chain-Steuerung**
- Automatische Nachversorgung — 3,7 / 3,7 ↔
- Supply-Chain-Software — 2,9 / 2,2 ↑

⑤ **Organisation und Performance-Management**
- Ausbau Supply-Chain-Kompetenz — 2,8 / 2,6 ↗
- Supply-Chain-Controlling — 3,0 / 2,4 ↑
- Integrierte Supply-Chain-Organisation — 2,7 / 2,1 ↑

⑥ **RFID**
- RFID auf Paletten — 3,6 / 1,4 ↑
- RFID auf Umverpackungen — 3,4 / 1,4 ↑
- RFID auf Produktverpackungen — 1,9 / 1,2 ↑

* Skala: 1 = geringe Bedeutung, 3 = hohe Bedeutung, 5 = wichtigstes Thema

gemessen in niedrigeren Kosten und besserem Service, wird sich jedoch nur dann einstellen, wenn die Händler die Verbesserungen in den kommenden Jahren konsequent im gesamten Filialnetz umsetzen.

2. Lager-/Lieferlogistik: Handel übernimmt die Kontrolle. Auch die Effizienz der Lager- und Transportprozesse bleibt für die Händler ein wichtiges Thema. Hier ist es vor allem die Verschiebung der Kontrolle über die Logistikprozesse, deren Bedeutung nach Meinung der befragten Supply-Chain-Experten in den kommenden 5 Jahren deutlich zunehmen wird. Sie erwarten beispielsweise, dass der Anteil der Abhollogistik, der von den Händlern übernommen wird, deutlich steigen wird. Parallel hierzu steigt – wenn auch nicht im selben Maße – die Bedeutung von Crossdocking, da sich die Händler von der weiteren Verbreitung dieser Belieferungsform zusätzliche Kosten- und Bestandssenkungen versprechen.

3. Kooperation: die Hard Facts zählen. Der grundlegende Wandel in der Zusammenarbeit zwischen Handel und Industrie hat bereits begonnen und wird sich in den kommenden Jahren fortsetzen. Der Kooperation mit Herstellern messen die Interviewpartner aus dem Einzelhandel mit Blick auf 2010 die zweithöchste Bedeutung bei, nach der Optimierung der Filialprozesse. Ihrer Meinung nach wird die Zusammenarbeit künftig noch wichtiger sein als heute (+1,0 Punkte). Die Grundlage für die künftige Kooperation: mehr Transparenz zwischen den Händlern und „auserwählten" Herstellern durch den Austausch wichtiger Kennzahlen (+0,6 Punkte) und eine weiterhin intensive Nutzung von EDI. Die Händler werden aber nicht um jeden Preis kooperieren – was zählt, ist die Lieferantenleistung. Dementsprechend glauben sie, dass das Controlling dieser Leistung bis 2010 weiter an Bedeutung gewinnen wird (+0,7 Punkte).

4. Supply-Chain-Steuerung: IT im Kommen. Die Automatisierung des Nachschubs ist als Thema ein Dauerbrenner für die Supply-Chain-Manager: Dessen Bedeutung heute und für 2010 bewerteten unsere Gesprächspartner konstant mit 3,7 Punkten. Viele Händler haben hier offensichtlich Nachholbedarf: Die einen werden ihre Disposition von manuellen auf IT-unterstützte Prozesse umstellen, andere werden versuchen, die Prognosequalität und die Integration des automatischen Nachschubs mit den übrigen Supply-Chain-Systemen zu verbessern. Im Jahr 2010 wird ihrer Meinung nach daher auch das Thema Supply-Chain-Software eine deutlich höhere Bedeutung haben (+0,7 Punkte).

5. Organisation und Performance-Management: Gerüst für Supply-Chain wichtig. Auch in den kommenden Jahren bleiben nach Meinung unserer Interviewpartner der Ausbau der Supply-Chain-Kompetenz, die organisatorische Verankerung der Supply-Chain-Verantwortung im Unternehmen und die Messung der Leistung auf den verschiedenen Stufen der Lieferkette dringliche Themen. Die beiden letztgenannten Themen werden nach ihrer Einschätzung sogar noch deutlich an Bedeutung gewinnen (+0,6 Punkte).

6. RFID: Zukunftsmusik. RFID-Technologie wird zwar bereits heute so intensiv wie kein anderes Thema in der Fachpresse behandelt, operative Bedeutung gewinnt sie für fast alle Händler aber erst in den kommenden 5 Jahren. Nach Meinung der Experten wird RFID für Paletten (+2,2 Punkte) und für Umverpackungen (+2,0 Punkte) zunächst wesentlich wichtiger sein als RFID für Produktverpackungen (+0,7 Punkte). RFID für die logistischen Prozesse „im Hintergrund" zu nutzen halten unsere Gesprächspartner für einfacher und unkritischer als sie für die Optimierung der Filialprozesse einzusetzen – zumindest bis zum Jahr 2010. In dieser Bewertung schwingt die Vermutung mit, dass die technologische Umsetzung der Technologie auf Produktebene und die notwendige Reduktion der Chip-Kosten noch viel Zeit in Anspruch nehmen werden.

Die Umsetzung entscheidet. Wie schon bei der Einschätzung, welche Supply-Chain-Themen aktuell am wichtigsten sind (vgl. Kapitel 1), liegen Champions und Verfolger auch beim Blick in die Zukunft eng beieinander. Das heißt: Die künftigen Trends sind allen bekannt und die theoretischen Voraussetzungen somit gleich – jetzt kommt es darauf an, wer die zu bearbeitenden Themen am besten umsetzt. Eine entscheidende Frage in diesem Zusammenhang lautet daher beispielsweise: Wem wird es gelingen, RFID so einzusetzen, dass die neue Technologie zu messbaren Leistungssteigerungen entlang der Supply-Chain führt?

Die exzellente Handels-Supply-Chain der Zukunft

Nachdem wir die wichtigsten Supply-Chain-Themen des Einzelhandels für die kommenden 5 Jahre herausgefiltert haben, werden wir nun zeigen, wie sich diese auf einzelne Prozesse entlang der in Abbildung 7-3 dargestellten Wertschöpfungskette im Handel auswirken.

Lieferantenmanagement: Partnerschaft und Regeln. Bislang sahen sich die Händler einer Vielzahl von mittelstarken Herstellern gegenüber, mit denen sie nicht selten jeweils unterschiedliche Vereinbarungen getroffen haben: Der eine Hersteller räumt ihnen 2% Logistikbonus für das Zentrallager ein. Der nächste hat sich bereit erklärt, einen Bonus für ECR-Ansätze (z.B. EDI oder Kennzeichnung mit dem Barcode EAN128) zu gewähren, verweigert aber hartnäckig die Einführung neuer EDI-Nachrichtentypen. Und ein dritter besteht darauf, weiterhin seinen Außendienst regelmäßig zur Regalpflege in die Filialen zu schicken und gewährt mengenabhängige Konditionen, z.B. für die Lieferung kompletter Lkw-Ladungen.

Abbildung 7 - 3

DIE EXZELLENTE SUPPLY-CHAIN DER ZUKUNFT

Lieferanten-management	Eingangs-logistik	Umschlag/Lager/Filial-belieferung	Waren-eingang in der Filiale	Nachfüll-prozesse/Regal-management	Disposition/Bestands-management
• Bei großen Herstellern: gemeinsame Optimierung der Logistik • Bei kleinen Herstellern: klare Regeln und Standards	• Intensive Kontrolle der Eingangs-logistik durch Abhollogistik des Händlers • Integrierte IT-Lösung zur Steuerung der Eingangs-logistik	• Hoher Anteil Crossdocking unter Kontrolle des Handels • Hohe Wert-schöpfung an den Umschlag-punkten • Wachsender Anteil Merge-in-Transit • Detaillierte und optimale Planung der Liefer-kapazitäten	• Effiziente und fehlerfreie Waren-annahme durch RFID • Vollauto-matisches Empfangen/Versenden von Lieferavis und Empfangs-bestätigung	• Für Filial-prozesse optimales Regallayout • Hohe Effizienz bei Nachfüll-prozessen und Nachfüllen außerhalb der Ladenöff-nungszeiten • Permanente Transparenz über Regal-verfügbarkeit	• Vollauto-matische Disposition mit hoher Prognose-qualität • Systema-tisches und auto-matisiertes Promotion-Management

„Schluss damit!", sagen nun führende Händler, die ein solch differenziertes und komplexes Vorgehen ablehnen. Die exzellente zukünftige Supply-Chain kennt nur noch kleine und große Lieferanten. Mit den großen Lieferanten führen die Händler detaillierte Logistikgespräche mit dem Ziel, gemeinsam eine effizientere Lieferkette zu entwickeln. Mit ihnen wird es die oft propagierte, aber bisher nie wirklich erreichte wechselseitige Transparenz geben – zum Vorteil beider Partner. Denn Industrie wie Handel verfügen zwar inzwischen über große logistische Kompetenz, doch während der Handel diese Kompetenz in den vergangenen Jahren aufgebaut hat und als (neue) Kernkompetenz betrachtet, ist den Herstellern die operative Logistik eher lästig: Viele von ihnen wollen sich insgeheim gar nicht mehr mit Auslieferung, Zwischenlagerung, Warenumschlag, Vorsortierung und vor allem den damit verbundenen Problemen befassen, die die stetig steigenden Anforderungen der Händler mit sich bringen. Aus dem Wunsch wird schon bald Wirklichkeit: Diese operativen Prozesse übernimmt künftig verstärkt der Handel, schafft durch Bündelung zusätzlichen Wert und profitiert so von niedrigeren Kosten. Die Industrie dagegen reduziert – kostenneutral – die operativen Tätigkeiten, spart auf diese Weise Zeit und kann sich dadurch besser auf die Wertschöpfung in der Produktarbeit und am Kunden konzentrieren.

Mit den kleinen Lieferanten wird der Handel nicht so kooperativ umgehen: Individuelle Verhandlungen und Absprachen werden zunehmend durch einheitliche Vertragsgrundlagen und Regeln ersetzt werden. Hier wird der Handel die Normen vorgeben, während bei den großen Lieferanten die Normierung gemeinsam vorangetrieben wird.

Was auf den ersten Blick wie ein Machtspiel zwischen Industrie und Handel aussieht, setzt eigentlich nur konsequent den Gedanken von Efficient Consumer Response fort: mehr Standards, höhere Transparenz, Effizienzgewinne. Möglich wird dies, weil die Händler und die führenden Hersteller ihre Größe nutzen können, um zunehmend den Umsetzungsdruck aufzubauen, der für ECR immer gefehlt hat. Durch die klarere Machtverteilung wird die Zusammenarbeit zwischen Industrie und Handel auf eine ganz neue Ebene gehoben.

Discounter haben diese Effizienzgewinne übrigens schon vor längerer Zeit unter Dach und Fach gebracht. Sie sind der beste Beweis dafür, dass ein Händler ein Gesamtoptimum erreichen kann, wenn er genügend Druck ausübt und dann die Möglichkeit erhält, weit in die Prozesse seiner Lieferanten hineinzusteuern: Sortiments-/Mischkartons, logistikfreundliche Produktverpackungen, regalgerechte Verpackungen, spezielle Palettenformate usw. erhöhen zwar zunächst die Kosten für den Lieferanten, lohnen sich aber aus der Gesamtperspektive betrachtet, da sich der Händler für dieses Entgegenkommen mit einem entsprechend höheren und stabileren Bestellvolumen revanchiert.

Eingangslogistik: mehr Kontrolle durch den Handel. Ein Trend wird die Logistik zwischen Industrie und Handel in den nächsten Jahren dominieren: der stetige Anstieg der vom Handel gemanagten Liefervolumina. Schätzungen gehen davon aus, dass der Anteil des Umsatzes, der durch Selbstabholung den Weg zur Filiale findet, von derzeit durchschnittlich 9% in den kommenden 5 Jahren auf 23% steigen wird. Vorreiter dieses Konzepts sind insbesondere die Metro und Tesco.

Für die Industrie entsteht dadurch ein Auslastungsproblem: Wenn ein bedeutender Teil des Volumens aus der bestehenden Distributionsinfrastruktur wegbricht, ein großer Teil der Kosten jedoch fix ist, wird die verbleibende Logistik für die Hersteller immer teurer. Die Konsequenz: Die Übernahme von Logistikaktivitäten durch den Handel wird noch attraktiver. Hersteller müssen Lagerstandorte schließen, verstärkt mit Dienstleistern zusammenarbeiten und evtl. sogar intensiver mit Wettbewerbern kooperieren. Beispiele für Kooperationen zwischen Herstellern gibt es bereits: So betreiben beispielsweise Berentzen und Melitta ein gemeinsames Distributionslager in Minden. Mehrere Unternehmen der Kosmetikindustrie (u.a. Beiersdorf, Henkel, Lever Fabergé) arbeiten schon seit langem an gemeinsamen Logistikkonzepten, haben aber angesichts der aktuellen Kostensituation noch keine weitreichenden Maßnahmen umgesetzt. Allein die Überlegungen der Hersteller lassen jedoch eines klar erkennen: Die Transportlogistik wird für die Industrie in Zukunft eine immer geringere Rolle spielen. Gestiegene Kosten für Frachten (Lkw-Maut, hohe Treibstoffpreise), die oft nicht vollständig weitergereicht werden können, tun das ihrige, um diese Entwicklung weiter zu fördern.

Wie in anderen Branchen und auf anderen Gebieten auch, ist die technologische Entwicklung ein Faktor, der bestehende Trends verstärkt oder beschleunigt und so neue Möglichkeiten eröffnet. Heute müssen Händler die Systeme für eine flächendeckende Abhollogistik weitgehend selbst „stricken". Die IT-Unterstützung der prämierten Metro Group Logistics beruht z.B. weitgehend auf Eigenentwicklungen. In Zukunft wird es für diesen wachsenden Markt standardisierte Softwarepakete geben, dank derer viele Händler in die Abhollogistik einsteigen können. Mit einer besseren Softwareunterstützung werden Händler zudem in die Lage versetzt, die Transportwege für jeden Einzelfall zu optimieren; die regelbasierte Steuerung würde somit abgelöst. Soll eine Sendung den direkten Weg vom Lieferanten zur Filiale nehmen? Ist es sinnvoller, Ware umzuschlagen? Soll ein Lkw das Volumen eines Lieferanten an mehrere Filialen bündeln oder Lieferungen verschiedener Lieferanten für eine Filiale zusammenfassen? Erst wenn diese Fragen separat für jede Lieferung beantwortet werden können, wird der Einzelhandel die Möglichkeiten voll ausschöpfen, die sich aus der Bündelung von Warenströmen ergeben.

Warenumschlag/Lager und Filialbelieferung: optimale Lösungen für die „letzte Meile". Auch im Bereich Warenumschlag, Lager und Filialbelieferung werden sich die Trends, die heute schon aktuell sind, in den nächsten Jahren weiterentwickeln. Die exzellenten Händler werden weiter am Ausbau des Crossdockings arbeiten und der Anteil der vom Handel kontrollierten Umschlagpunkte wird steigen, wodurch sich die Auslastung der vom Handel initiierten Transporte verbessern wird. Gleichzeitig werden Lieferungen bereits in den Umschlagpunkten sortiert, so dass auch die Wertschöpfung der Umschlagpunkte im 2-stufigen Crossdocking (vgl. Kapitel 3) und somit die Effizienz der Supply-Chain weiter zunimmt. Die Ware kann dann in der Filiale direkt in die Regale geräumt und muss dort weder vorsortiert noch zwischengelagert werden. Auch die Vollständigkeit der umgeschlagenen Lieferungen kann zentral kontrolliert werden und daher in den Filialen entfallen.

Händlergesteuerte Direktbelieferungen von großen Lieferanten könnten ebenfalls wieder an Bedeutung gewinnen: Warum sollten die Hersteller die Lieferungen nicht schon ab Werk filialindividuell zusammenstellen? Der Handel würde die Ware dann aus den Werken abholen, so dass ein weiteres Umladen und Sortieren der Ware beim Umschlag entfallen würde. Bedingt durch die zunehmende Bedeutung der Abhollogistik werden wir häufiger eine weitere Spielart des Umschlags sehen: Merge-in-Transit. Dabei werden Lieferungen aus mehreren Werken eines Herstellers nicht mehr in einem Zentrallager dieses Herstellers zusammengeführt, sondern an Umschlagpunkten der Händler filialfertig verpackt.

Die Lieferung von den Knotenpunkten zu den Filialen wird ebenfalls effizienter. In vielen Bereichen, insbesondere außerhalb der Food-Kategorien, bestimmen noch weitgehend die Hersteller den Lieferzeitpunkt, nach dem Motto „Komm ich heut' nicht, komm ich morgen". Einige Lebensmittelhändler haben bereits stark eingeschränkte Anlieferfenster eingeführt (z.B. Tesco das 30-Minuten-Fenster), doch in manchen

Fällen sind diese Anlieferfenster noch zu wenig eingeschränkt, so dass sie dem Händler keine Detailplanung erlauben. Erweiterte Softwaresysteme, die dazu dienen, Kapazitätsbeschränkungen zu optimieren, sorgen dafür, dass die Wareneingänge optimal ausgelastet sind: keine Lkw-Schlangen mit unnötigen Wartezeiten auf der einen Seite, keine Leerzeiten beim Filialpersonal auf der anderen Seite.

Wareneingang in der Filiale: Durchwinken der Ware statt unkoordiniertes Kistenstapeln. Durch den elektronischen Datenfluss ist eine vollkommene Transparenz möglich: Die Zusammensetzung der nächsten Lieferung ist vorab ebenso bekannt wie der Lieferzeitpunkt, weil die Daten für alle Warenlieferungen per elektronischem Lieferavis schon im Voraus in die Systeme des Handels eingespeist werden. Wenn Umverpackungen mit RFID-Chips ausgestattet sind, wird die Warenannahme erst recht zum Kinderspiel: Fahrer und Filialmitarbeiter müssen nach Andocken des Lkw dann nur noch die einzelnen Paletten von der Ladefläche fahren; um den heute noch üblichen Papierkram müssen sie sich hingegen nicht mehr kümmern, denn beim Eintritt in die Warenannahme funktioniert alles automatisch: Die Versandeinheiten werden erkannt, die per Lieferavis eingegangenen Daten zum Inhalt der Versandeinheiten in den Filialbestand eingebucht und die Empfangsbestätigung erstellt und versendet. Sofern die Ware nicht schon vorher zentral gekennzeichnet worden ist, wird in der Warenannahme ein Begleitzettel ausgedruckt; darauf wird angezeigt, wohin genau die Ware zum Nachfüllen der Regale gebracht werden soll.

Der Logistikverantwortliche in der Filiale hat bereits im Vorfeld die Lieferungen für den Tag durchgeschaut und weiß auf Grund der engen Anlieferfenster genau, wann er mit den einzelnen Sendungen rechnen kann. Dementsprechend hat er sein Personal eingeplant und Prioritäten für das Auffüllen der Regale festgelegt. Wenn die Lieferung dann eintrifft, kann die Ware direkt vom Lkw in den Verkaufsraum gezogen oder zunächst auf einem Pufferplatz abgestellt werden. Im Idealfall folgt die Ware dabei einem durchgehenden Fluss ohne Unterbrechungen vom Lieferanten bis ins Regal.

Nachfüllprozesse und Regalmanagement: Der Abverkauf gibt den Takt an. Der Handel wird die Gestaltung seiner Regale zusammen mit seinen wichtigsten Industriepartnern weiter optimieren. Dabei werden künftig neben verkaufsbedingten Gestaltungskriterien auch logistische Gesichtspunkte eine größere Rolle spielen. Das Regallayout der Zukunft sieht vor, dass die Zahl der Verpackungseinheiten, die von einem Artikel im Regal eingeräumt sind, den Abverkäufen der einzelnen Artikel Rechnung trägt – ein Artikel, der alle 20 Minuten 1 Mal verkauft wird, muss im Regal häufiger vorhanden sein als ein langsam drehender Artikel, von dem pro Tag nur 3 Wareneinheiten abverkauft werden.

Insbesondere für Schnelldreher wird der Handel im Jahr 2010 verstärkt Lösungen einsetzen, die den Nachfüllaufwand deutlich reduzieren. So arbeitet insbesondere Tesco schon seit längerem an Lösungen mit rollbaren Paletten, z.B. für Getränkesortimente. Händler werden manuelle Nachräumprozesse in Zukunft stärker unter die Lupe nehmen und gemeinsam mit ihren Lieferanten optimieren wollen. Hierzu wird der Handel auch verstärkt Umverpackungen einfordern, die den typischen Regal- und Bestellmengen der einzelnen Artikel entsprechen.

Um die Logistikkosten durch höhere Nachfülleffizienz und bessere Auslastung zu senken, werden sich unterschiedliche Nachfüllmodelle etablieren. Ein wichtiger Aspekt hierbei ist der Zeitpunkt der Regalbefüllung. Am höchsten ist die Nachfülleffizienz in den Stunden vor und nach Ladenöffnung, wenn die Ware nachgefüllt werden kann, ohne dass das Personal um „störende" Kunden herumnavigieren muss. Es kann aber auch sinnvoll sein, einen Teil der Nachfüllarbeit bewusst während der Öffnungszeiten zu erledigen, da Kunden so Ansprechpartner für Fragen direkt am Regal antreffen.

Die Ausstattung der Einzelartikel mit RFID-Chips ist der letzte Schritt zum „gläsernen Regal". Derzeit ist die Regalverfügbarkeit im Handel noch nicht genau messbar. Sie wird daher mit indirekten Methoden (Systembestand, Stichproben am Regal, Schätzung auf Grund ausbleibender Abverkäufe) geschätzt. Nachteil dabei: Die Methoden sind zumeist nicht nur ungenau, sondern auch sehr umständlich. Durch das kontinuierliche Erfassen der Funksignale der RFID-Etiketten auf jedem einzelnen Artikel ist der Regalbestand dagegen jederzeit aktuell und zuverlässig messbar. Ein Artikel ohne Bestand kann sofort identifiziert und die Nachversorgung unverzüglich angestoßen werden. Befindet er sich noch an anderer Stelle in der Filiale (z.B. in der Hochzone eines Regals oder im Lagerraum), kann er auch dort sofort aufgespürt und zum Regal gebracht werden. Auch die eigenmächtige Umgestaltung von Regalen durch Filialmitarbeiter wird sofort auffallen: Wenn ein Regal nicht die vorgesehenen Artikel, sondern zusätzlich Fremdartikel enthält, lässt sich dies in Zukunft zentral erkennen. So erhalten die Händler ein neues Instrument, um die Umsetzung ihrer Category-Konzepte in der Fläche zu überwachen.

Auch der Kunde profitiert unmittelbar von der neuen Technologie: Der zeitaufwendige Kassiervorgang entfällt, lange Schlangen an der Kasse gehören der Vergangenheit an, weil auch der Inhalt des Einkaufswagens automatisch erfasst wird. Vor diesem Hintergrund ist es bedauerlich, dass der flächendeckende Einsatz von RFID-Chips auf Einzelprodukten wahrscheinlich noch bis lange nach 2010 auf sich warten lassen wird, da die Chip-Kosten bis dahin noch zu hoch bleiben werden und die Technologie zu wenig ausgereift sein wird.

Dispositionsprozesse und Bestandsmanagement: „Runter mit den Beständen!" Das Management des Bestands in den unterschiedlichen Stufen der Supply-Chain ist bereits heute im Blickpunkt des Handels. In Zukunft werden die Händler einen immer größeren Anteil der Ware vollautomatisch disponieren. Die Warenwirtschaftssysteme werden mit deutlich verbesserten Dispositionsmodulen aufwarten, die den Bestellvorgang für Standardsortimente problemlos bewältigen. In Kombination mit der Optimierung der vorgelagerten Logistik zwischen Lieferant und Filiale, mittels derer die Vorlaufzeiten wesentlich verkürzt werden, können die Unternehmen die Bestände in ihren Filialen deutlich reduzieren und auf zentrale Bestände oft ganz verzichten. Mit anderen Worten: Das logistische Gesamtsystem wird stärker an Pull-Prinzipien ausgerichtet. Das Ideal im Dispositionsprozess lautet: 1 Stück verkauft = 1 Stück nachbestellt.

Darüber hinaus wird das Bestandsmanagement für Promotions wesentlich verbessert werden. Die heutigen Systeme sind oft nicht in der Lage, Besonderheiten einzelner Filialen treffend abzubilden, so dass subjektive Einschätzungen und das Filialmanagement einen allzu großen Einfluss auf Nachbestellungen haben. Deutlich verbesserte Systeme werden hier dazu beitragen, Bauchentscheidungen durch statistisch fundiertes Kalkül zu ersetzen.

Auch die Distribution, insbesondere für Non-Food-Promotions, wird sich grundsätzlich zu Gunsten einer stärkeren Pull-Struktur verändern. Während die benötigten Mengen etwa für die ersten 2 Tage der Aktion im Vorfeld ausgeliefert werden müssen, treffen weitere Mengen erst dann ein, wenn entsprechende Abverkäufe vorliegen. Auf diese Weise können Retouren deutlich reduziert werden.

RFID – Wunderwaffe oder viel Lärm um nichts?

RFID ist Thema Nummer 1. Die Erwartungen sind hoch: Ein kleiner Chip soll das Supply-Chain-Management revolutionieren und durch das Ablösen des EAN-Barcodes die Prozesse verschlanken, die Bestände reduzieren und die Regalverfügbarkeit steigern. Kein Wunder, dass das Thema RFID (Radio Frequency Identification) in aller Munde ist. Es beherrscht Konferenzen und, wie Abbildung 7-4 zeigt, auch die Diskussion in den Fachmedien.

Einige große Händler sind federführend bei der RFID-Entwicklung. Viele Einzelhändler haben in den vergangenen Monaten und Jahren RFID-Pilotprogramme gestartet, z.T. in Kooperation mit Herstellern. Die Weiterentwicklung der Technologie und das Etablieren von Standards treiben allerdings nur einige wenige große Händler voran. Vorreiter in Europa ist dabei die Metro, während in den USA Wal-Mart das Tempo vorgibt. Die Metro will RFID als weltweit erster Händler flächendeckend einführen. Im Metro-Pilotprojekt „Future Store Initiative" unterstützen die Chip-Signale seit längerem die Wareneingangskontrolle sowie das Lagermanagement. Bei Paletten hat die Metro bereits begonnen, RFID-Chips großflächig einzusetzen, und plant, die Verwendung von RFID rasch auf Umverpackungen und alle weiteren Lieferanten auszudehnen. Wal-Mart konzentriert seine RFID-Aktivitäten ebenfalls auf Paletten und Umverpackungen; der Einsatz auf Produktebene hingegen wurde nach negativen Testerfahrungen auf unbestimmte Zeit verschoben. Auch Wal-Mart hat bei Paletten die Phase der Laborversuche abgeschlossen und lässt in den USA zusammen mit einigen großen Herstellern die Umsetzung anlaufen.

RFID in Kürze

Was ist RFID? Seit vielen Jahren werden Konsumgüterprodukte durch so genannte EAN-Barcodes (auch als Strichcodes bekannt) elektronisch gekennzeichnet. Alles deutet darauf hin, dass der Barcode in den nächsten Jahren durch ein neues, leistungsfähigeres Kennzeichnungssystem ersetzt wird: RFID (Radio Frequency Identification).

Wie funktioniert RFID? Die RFID-Technologie nutzt Mikrochips, auf denen Informationen über das jeweilige Produkt gespeichert sind. Diese Chips können an den Produkten selbst, aber auch an Umverpackungen oder Paletten angebracht werden. Die darauf gespeicherten Informationen werden via Radiowellen von einem Lesegerät ausgelesen. Auf diese Weise lässt sich die Palette, die Verpackung oder das Produkt nicht nur ohne direkten Sichtkontakt identifizieren, sondern es können auch viele zusätzliche Informationen abgerufen werden. Unterschieden wird dabei zwischen passiven und aktiven RFID-Chips (aktive RFID-Chips haben eine eigene Energiequelle/Batterie und daher eine größere Reichweite) sowie zwischen Read-only- und Read-Write-Chips (Letztere lassen sich mit Informationen beschreiben).

Welche Vorteile hat RFID? Gegenüber EAN-Barcodes haben RFID-Chips bzw. deren Lesegeräte einige praktische Vorteile:

* RFID-Chips lassen sich auch aus größerer Entfernung lesen.

* RFID-Chips haben eine größere Speicherkapazität für Zusatzinformationen.

* RFID-Chips können – je nach Einsatzgebiet – mit Lese- und/oder Schreiboption genutzt werden.

* Die Lesegeräte sind in der Lage, mehrere Produkte gleichzeitig zu erfassen.

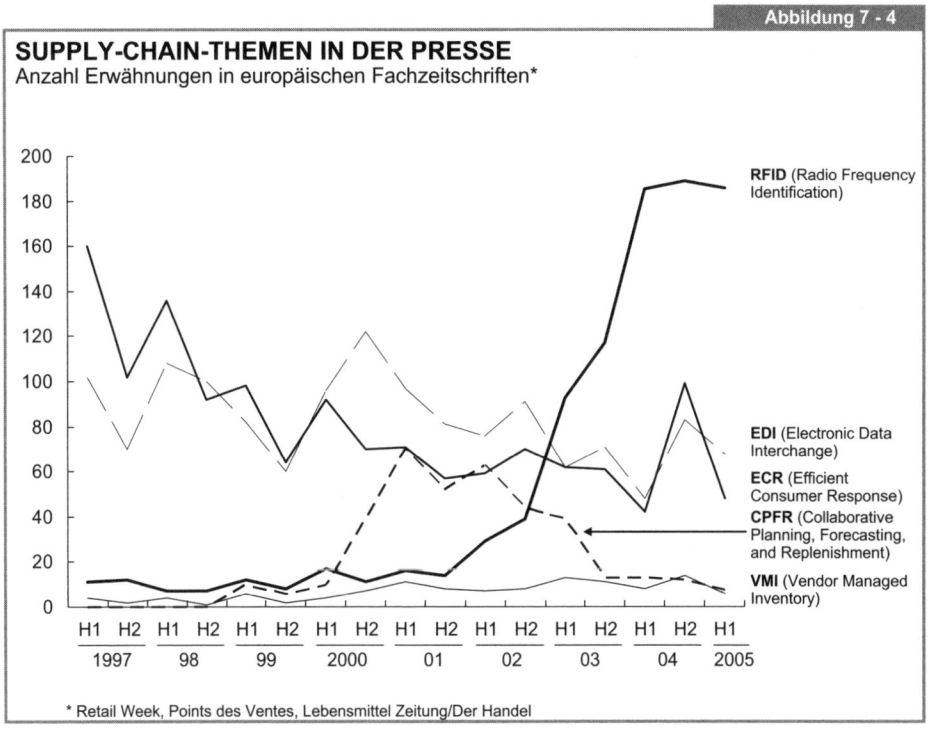

Abbildung 7 - 4

SUPPLY-CHAIN-THEMEN IN DER PRESSE
Anzahl Erwähnungen in europäischen Fachzeitschriften*

RFID (Radio Frequency Identification)

EDI (Electronic Data Interchange)

ECR (Efficient Consumer Response)

CPFR (Collaborative Planning, Forecasting, and Replenishment)

VMI (Vendor Managed Inventory)

* Retail Week, Points des Ventes, Lebensmittel Zeitung/Der Handel

Die meisten Händler halten sich allerdings noch zurück. Die Äußerungen der Händler in unseren Interviews haben uns gezeigt, dass beim Thema RFID noch viele Fragen offen und viele Probleme ungelöst sind; auch liegen bislang kaum Belege für dauerhafte Ergebnisverbesserungen vor. Daher verwundert es nur wenig, dass 82% der Händler bisher keinerlei Kennzeichnung der Ladeeinheiten oder der Ware mit RFID-Tags von ihren Herstellern eingefordert haben (Abbildung 7-5). Diese große Mehrheit der Händler lässt sich in 2 Gruppen unterteilen: die Skeptiker, die auch von den langfristigen Potenzialen der RFID-Technologie nicht überzeugt sind, und die Abwartenden, die große Hoffnungen auf RFID setzen, aber zurzeit nicht bereit sind, mit der Umsetzung zu beginnen, und stattdessen die weiteren Entwicklungen bei den großen Händlern abwarten wollen. Eine kleine Gruppe von Händlern (12%) gab in unseren Interviews an, bereits heute die Einführung von RFID in den Gesprächen über Lieferkonditionen zu thematisieren, eine noch kleinere Gruppe von Händlern (6%) fordert die Einführung von ihren Herstellern bereits durch Setzen einer klaren Zeitvorgabe strikt ein.

193

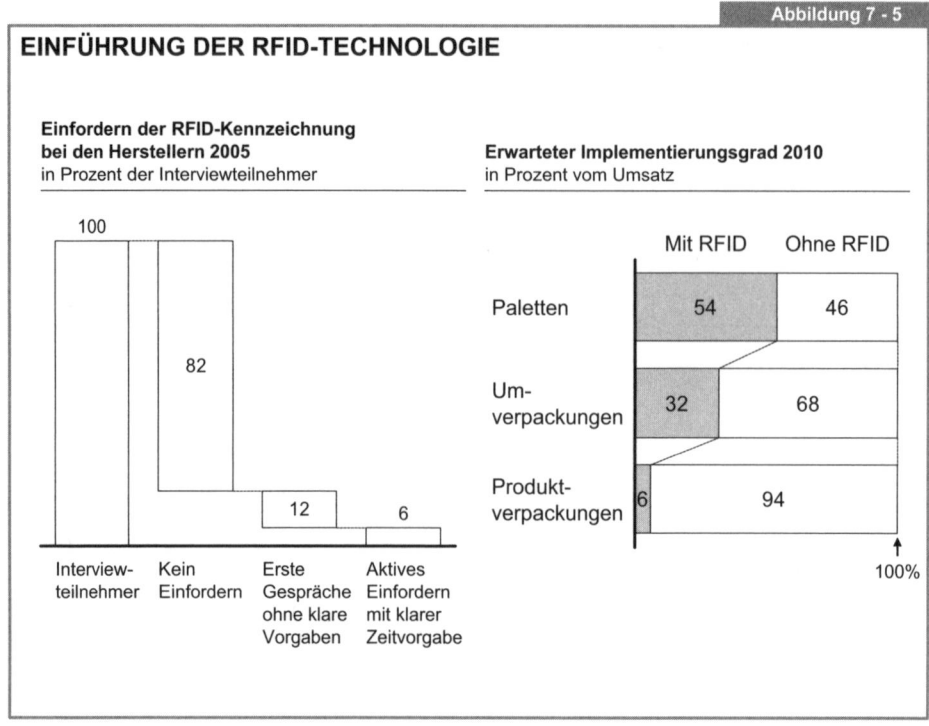

Abbildung 7 - 5

EINFÜHRUNG DER RFID-TECHNOLOGIE

Einfordern der RFID-Kennzeichnung
bei den Herstellern 2005
in Prozent der Interviewteilnehmer

Erwarteter Implementierungsgrad 2010
in Prozent vom Umsatz

Mit RFID   Ohne RFID

Paletten — 54 / 46

Um-verpackungen — 32 / 68

Produkt-verpackungen — 6 / 94

100%

100 — Interviewteilnehmer
82 — Kein Einfordern
12 — Erste Gespräche ohne klare Vorgaben
6 — Aktives Einfordern mit klarer Zeitvorgabe

2010: Intensive Nutzung in der Logistik, aber Skepsis auf Produkt-ebene. Das Ausmaß, in dem die Händler die RFID-Technologie künftig einsetzen werden, wird – je nachdem, wo der Chip angebracht ist – stark variieren. Generell kann der RFID-Chip auf Ladeeinheiten wie Paletten oder handelseigenen, wiederverwendbaren Containern befestigt werden; er kann aber auch zur Kennzeichnung von Umverpackungen bzw. der Produktverpackung selbst dienen. Die bisherigen Pilotversuche haben sich hauptsächlich auf den Einsatz zur Kennzeichnung von Paletten beschränkt. Hier steht die Technologie – das zeigt der Umsetzungsstatus bei einigen großen Händlern – an der Schwelle zum breiten operativen Einsatz. Auch bei Umverpackungen hat der Handel bereits die ersten großflächigen Umsetzungsinitiativen angekündigt. Auf Produktebene sind die bisherigen Ergebnisse hingegen sehr ernüchternd: Die Lese-genauigkeit lag bei den interviewten Unternehmen teilweise bei unter 90%; das ist deutlich zu niedrig – und die Chip-Kosten sind weiterhin zu hoch, um einen breiten Einsatz zu rechtfertigen. Einige Händler haben ihre Pilotversuche deshalb abgebrochen und auf unbestimmte Zeit verschoben, andere testen die Anwendung von RFID in geringem Umfang weiter, positionieren dies aber eindeutig als Zukunftsforschung ohne kurz- oder mittelfristige Einsatzmöglichkeiten. Insgesamt gehen die von uns befragten Supply-Chain-Manager im Schnitt davon aus, dass in 5 Jahren 54% der Paletten, 32% der Umverpackungen und nur 6% der Produktverpackungen mit RFID-Chips versehen sein werden.

Rückverfolgung wichtigster Grund für die Einführung von RFID. Die geringe Erwartungshaltung der Supply-Chain-Manager gegenüber den Potenzialen der RFID-Technologie spiegelt sich auch in den Gründen wider, die sie für die bereits angestoßene bzw. zukünftige Einführung nennen: Anlass für die Implementierung von RFID ist in ihrem Unternehmen zunächst weniger die Hoffnung, Kosten, Bestände und Lieferzeiten senken zu können; auch eine bessere Regalverfügbarkeit ist nicht das primäre Ziel von RFID. Vielmehr geben die Befragten an, durch RFID v.a. die Rückverfolgbarkeit der Waren verbessern zu wollen (Abbildung 7-6). Durch ein lückenloses Tracking der Paletten und eine entsprechend zuverlässige Zuordnung der darauf transportierten Artikel wollen die Händler die gestiegenen Anforderungen von Verbraucherschützern an die Rückverfolgbarkeit von Produkten, insbesondere im Lebensmittelhandel, kostengünstig erfüllen. Die allgemeinen Kostensenkungen in der Lieferkette geben die Supply-Chain-Verantwortlichen erst als zweitwichtigstes Ziel der RFID-Einführung an. RFID kann, so die Befragten, die Effizienz erhöhen, indem Wareneingangs-/Warenausgangskontrollen und Kommissionierprozesse automatisiert werden. Die eigentlichen Effizienzpotenziale werden bei der Einführung auf Produktebene vermutet, da diese eine Automatisierung von Abrechnungs- und Bezahlvorgängen (z.B. durch automatische Erfassung von Warenkörben) sowie von Verwaltungsaufgaben – Stichwort: Inventur auf Knopfdruck – ermöglicht. Produkt-Tagging senkt auch deshalb die Kosten, weil sich dadurch die Abschriften auf Grund von Verfall oder Diebstahl reduzieren. Bei der Steigerung der Regalverfügbarkeit ist die Sachlage ähnlich: Hier vermuten die Supply-Chain-Manager auf Grund des optimierten Bestandsmanagements langfristig das größte Potenzial der RFID-Technologie; aber auch dieses Potenzial kann erst dann ausgeschöpft werden, wenn RFID auf Produktebene gängige Praxis ist. Mit einer deutlichen Bestandsreduktion oder einer Verkürzung der Lieferzeiten durch RFID rechnen die Händler hingegen kaum. Bei den Beständen ist die Hoffnung, der Einsatz von RFID könne die Vorräte in den Filialen senken, wieder eng an die flächendeckende Einführung von Produkt-Tagging geknüpft und damit eher langfristiger Natur. Mit Planungssystemen auf Basis automatisierter Daten ließen sich die Sicherheitsbestände verringern, durch Transparenz über die Produktbestände und deren Aufenthaltsorte künstliche Schwankungen minimieren.

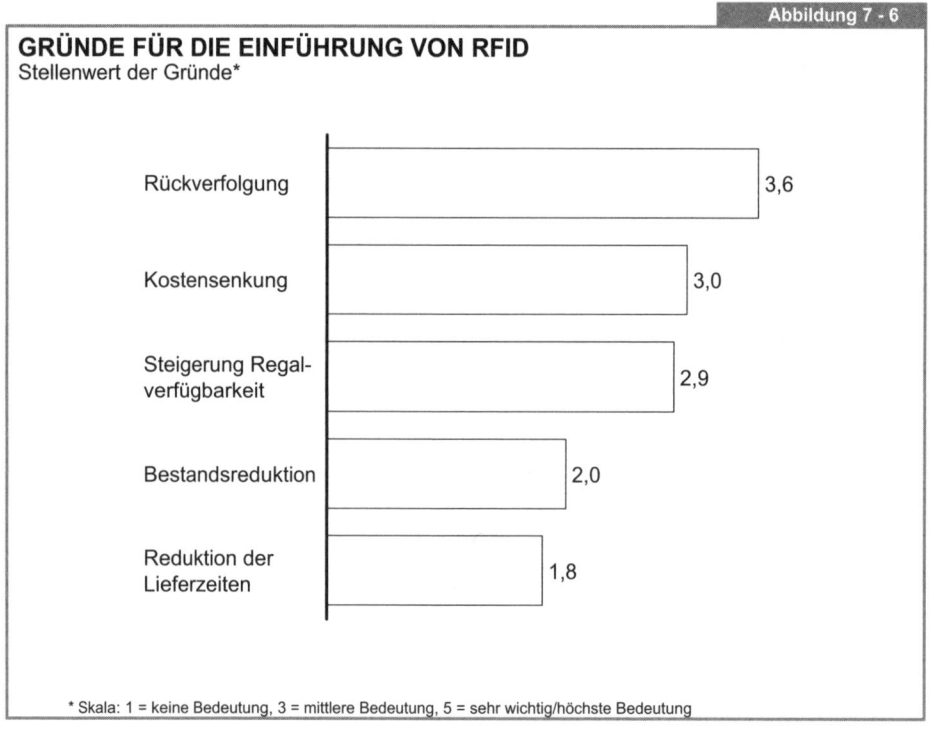

Abbildung 7 - 6

GRÜNDE FÜR DIE EINFÜHRUNG VON RFID
Stellenwert der Gründe*

Rückverfolgung	3,6
Kostensenkung	3,0
Steigerung Regalverfügbarkeit	2,9
Bestandsreduktion	2,0
Reduktion der Lieferzeiten	1,8

* Skala: 1 = keine Bedeutung, 3 = mittlere Bedeutung, 5 = sehr wichtig/höchste Bedeutung

Sind die Risiken des RFID-Einsatzes größer als die Chancen? Aus Sicht der Supply-Chain-Manager gibt es mit Blick auf die Einführung von RFID 3 Gründe für ihre bisherige Zurückhaltung und die teilweise herrschende Skepsis: die noch nicht geklärte Wirtschaftlichkeit, die fehlende Funktionalität und die schwierige Integration in die bestehenden Systeme.

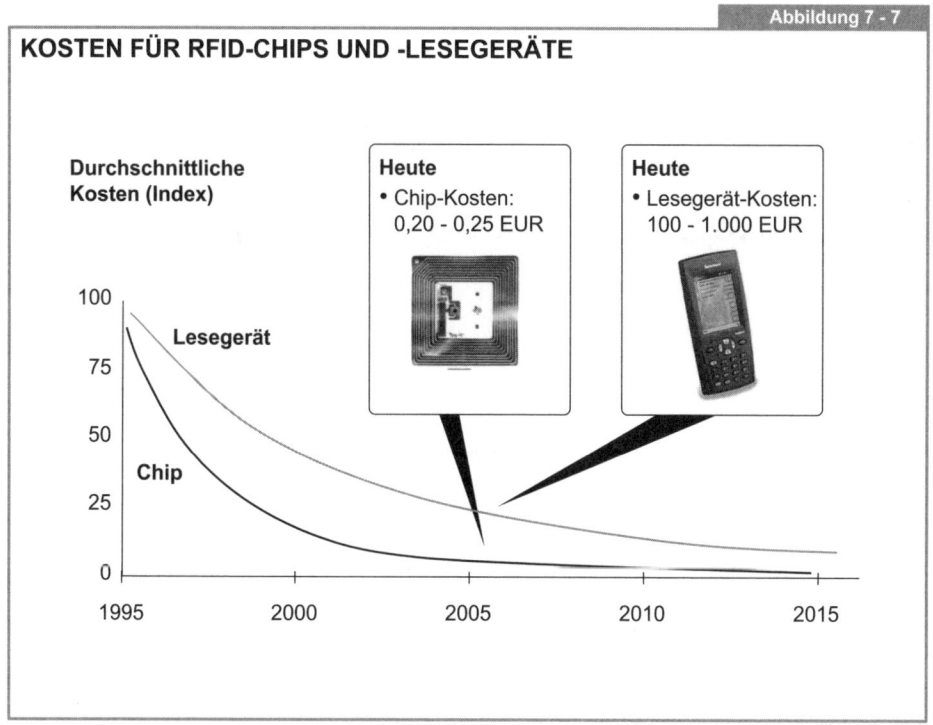

Abbildung 7 - 7

KOSTEN FÜR RFID-CHIPS UND -LESEGERÄTE

1. *Wirtschaftlichkeit: Rechnet sich RFID?* Die Pilotversuche der Händler, die häufig von Software- oder IT-Anbietern und auch von Herstellern finanziert werden, liefern noch keine fundierten Zahlen zu den Gesamtinvestitionen und laufenden Kosten des RFID-Einsatzes. Somit gibt es auch noch keine verlässlichen Aussagen zum Return on Investment. Bekannt sind allerdings die Kosten der Hardware: Chips schlagen zurzeit noch mit 20 bis 25 Cent pro Stück zu Buche, für die Lesegeräte sind 100 bis 1.000 EUR pro Stück einzukalkulieren (Abbildung 7-7). Der Chip-Einsatz auf Produktebene würde sich für viele Warengruppen demzufolge allein schon aus Kostengründen verbieten. Außerdem ist zu bedenken, dass EAN-Barcodes und RFID während einer Übergangszeit parallel betrieben werden müssen, wodurch zusätzliche Kosten entstehen.

Zentral für die Berechnung der Wirtschaftlichkeit ist die Frage, wie Kosten und Nutzen des RFID-Einsatzes zwischen Herstellern und Händlern aufgeteilt werden. Der Handel verspricht sich zwar einen erheblichen Nutzen aus der RFID-Einführung, wer aber langfristig welchen Anteil

der Kosten übernehmen wird, ist noch völlig offen (Abbildung 7-8): 42%
der Händler gehen davon aus, dass primär der Hersteller die Kosten für
die Chips trägt, 23% rechnen mit einem Kostensplit und 35% glauben,
dass – auf lange Sicht betrachtet – der Handel die Kosten tragen wird.

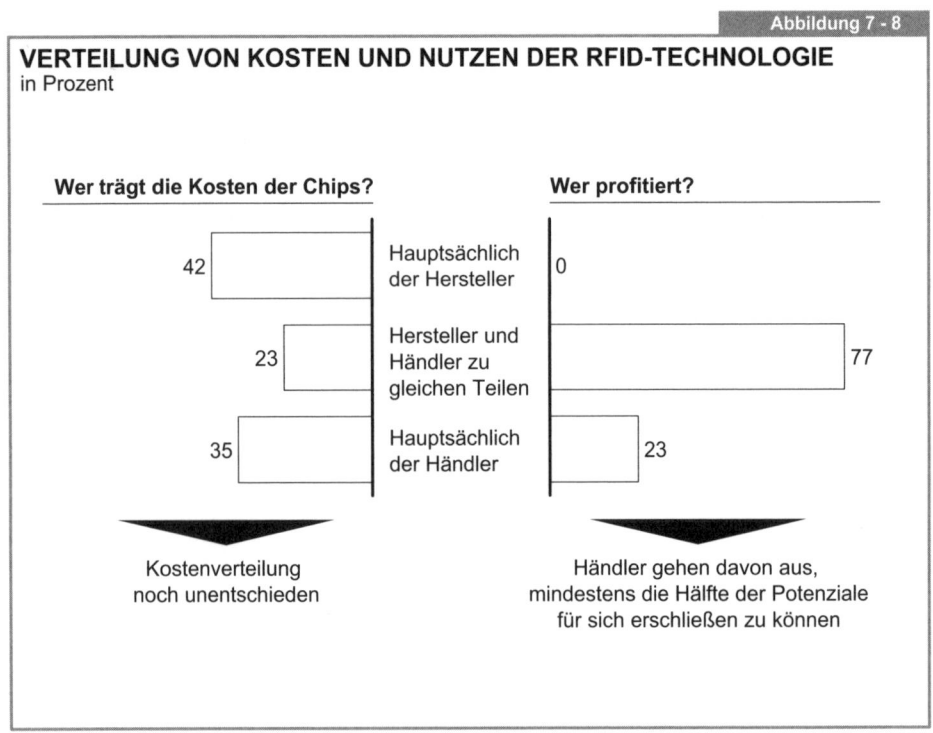

Abbildung 7 - 8

VERTEILUNG VON KOSTEN UND NUTZEN DER RFID-TECHNOLOGIE
in Prozent

Wer trägt die Kosten der Chips?

42 — Hauptsächlich der Hersteller

23 — Hersteller und Händler zu gleichen Teilen

35 — Hauptsächlich der Händler

Kostenverteilung
noch unentschieden

Wer profitiert?

0 — Hauptsächlich der Hersteller

77 — Hersteller und Händler zu gleichen Teilen

23 — Hauptsächlich der Händler

Händler gehen davon aus,
mindestens die Hälfte der Potenziale
für sich erschließen zu können

*2. Funktionalität: Ist die RFID-Technologie zuverlässig und leistungsfähig
genug?* Bei den Pilotprojekten gibt es noch hohe Fehlerquoten. So lag die
Lesegenauigkeit bei Testversuchen mit Produktverpackungen bei z.T.
deutlich unter 90%. Um Fehler zu vermeiden, muss die Ware teilweise
mit mehreren Chips markiert, außerdem sehr langsam am Lesegerät
vorbeigeführt sowie zusätzlich um 360 Grad gedreht werden. So wie der
Empfang des Autoradios in einem Tunnel gestört wird, gibt es auch
Hindernisse beim Lesen von RFID-Chips: Die Radiowellen werden beispielsweise von Flüssigkeit und Metall gestört, so dass es schwierig ist,
Paletten mit Getränkeflaschen oder Konservendosen per RFID zu lesen.
Zudem besitzen die gebräuchlichen einfachen Chips ohne eigene Ener-
giequelle nur eine Reichweite von rund 3 Metern. Deshalb muss die Ware

sehr nah an das Lesegerät herangeführt werden. Auch die Zahl der Artikel, die gleichzeitig gelesen werden können, ist noch sehr begrenzt. Kurzum, die RFID-Technologie funktioniert derzeit noch längst nicht so zuverlässig, als dass die Händler ihre Filialen bedenkenlos darauf umrüsten würden. Bei Paletten zeichnet sich dagegen eine Lesegenauigkeit von fast 100% ab – ein Niveau, das auch notwendig ist, um bei flächendeckender Einführung manuellen Zusatzaufwand zu vermeiden.

3. Integrationsfähigkeit: Kann RFID den Datenaustausch zwischen den Unternehmen unterstützen und in die eigenen Prozesse integriert werden? Wie bei fast jeder neuen Technologie gibt es auch für RFID verschiedene Ansätze; eine einheitliche Lösung hat sich noch nicht etabliert. Mit dem EPC (Electronic Product Code) und dem Gesetzentwurf zur Nutzung entsprechender Frequenzen zeichnet sich zwar ein solcher Standard ab, noch verwenden aber einige internationale Dienstleister (z.B. DHL) andere Standards, so dass vielen Unternehmen die notwendige Investitionssicherheit fehlt. Die Händler sehen sich darüber hinaus mit einem weiteren Problem konfrontiert: Wenn sie den gesamten Warenfluss verfolgen, erzeugen sie riesige Datenmengen – selbst dann, wenn sie nur Paletten oder Umverpackungen markieren. Diese Datenflut nur zu produzieren nützt aber niemandem – sie muss auch bewältigt bzw. die Daten müssen ausgewertet werden. Hierzu benötigen Händler und Hersteller spezielle Fähigkeiten und Prozesse.

Den unbestrittenen Vorzügen und Chancen der RFID-Technologie stehen folglich gleichermaßen unleugbare Hemmnisse und Risiken gegenüber. Doch für Akteure wie Beobachter steht trotzdem fest: RFID wird kommen, wenn auch zunächst nur auf Paletten und Umverpackungen. Der Verantwortliche für die Supply-Chain des britischen Händlers Tesco formuliert die Herausforderung für die Branche so: „The question is, will you be ready?"

Erst die Hausaufgaben machen. Freilich gilt für RFID dasselbe wie für andere Supply-Chain-Neuerungen: Zunächst müssen Händler ihre Hausaufgaben machen, d.h. die internen Prozesse im Lager, bei der Filialbelieferung und v.a. auch in der Filiale in Ordnung bringen. Denn ein so fundamentaler Eingriff in die Wertschöpfungskette wie die Einführung der RFID-Technik könnte nicht die gewünschte Wirkung entfalten, wenn er auf suboptimalen Prozessen aufbauen müsste.

Langfristig planen und genau rechnen. Trotz aller Vorsicht aus Angst, die Einführung einer teilweise überbewerteten Technologie zu übereilen, muss der Handel die Einführung von RFID frühzeitig vorbereiten. Denn wer hier zu spät aktiv wird, könnte erleben, dass andere Händler dank ihres Know-how- und Technologievorsprungs die Potenziale von RFID früher ausschöpfen. Angesichts des Handlungsdrucks einerseits und der beschriebenen Unsicherheiten andererseits sehen sich Hersteller und Händler mit mehreren Fragen zugleich konfrontiert: Wie groß ist überhaupt das Erfolgspotenzial von RFID für unser Unternehmen – und wie schnell können wir RFID implementieren? Werden unsere Geschäftspartner bei der Einführung mitziehen und wie sehen die RFID-Pläne unserer Wettbewerber aus? Sind wir dafür gerüstet, die vorhandenen Risiken und Probleme zu überwinden? Um die drängendsten dieser Fragen zu beantworten, sollten Händler genau analysieren, was die Einführung von RFID auf den verschiedenen Anwendungsebenen (Zentrallager, Transport, Filiale) bedeutet, welche Kosten dabei auf jeder dieser Logistikebenen entstehen und welche Effizienzpotenziale dem gegenüberstehen.

RFID-Strategie festlegen. Bei der Beantwortung der Fragen zur RFID-Einführung wird sich für den Händler je nach erwartetem Nutzen und je nach Interesse, Einfluss auf die Entwicklung von RFID zu nehmen, eine von 4 strategischen Optionen als geeignet herauskristallisieren (Abbildung 7-9):

- Der *„Beobachter"* und der *„Beeinflusser"* investieren langfristig in die RFID-Technologie. Sie beurteilen deren kurzfristige Auswirkungen für ihr Unternehmen skeptisch und werden RFID auch auf Palettenebene erst dann flächendeckend umsetzen, wenn sowohl eine kritische Masse vorhanden ist als auch die Kosten deutlich gefallen, Standards etabliert und die Risiken überschaubar sind. Dies wird nicht vor 2007/2008 der Fall sein. Während der Beobachter sich zunächst höhere Chancen von der Konzentration auf andere Themen verspricht, ist es dem

Beeinflusser wichtig, durch die Vertretung in entsprechenden Gremien Einfluss auf Standards und die technologische Entwicklung zu nehmen.

- Der *„Anwender"* und der *„Gestalter"* sind von der positiven Effizienzwirkung der RFID-Technologie überzeugt und beginnen kurzfristig mit deren Einführung. Das Ziel des Gestalters ist, die Marktführerschaft zu erreichen und – aufbauend auf seiner starken Machtposition – die Standards, die IT-Entwicklungen und die IT-Anwendungen in seinem Sinne zu beeinflussen; zudem will er seine Partner unter Zeitdruck setzen. Der Gestalter implementiert RFID nicht nur in der Logistik, sondern testet auch den Einsatz auf Produktebene intensiv. Der Anwender agiert hingegen zurückhaltender und investiert weniger in die Entwicklung von Technologie und Prozessen. Sein Ziel ist vielmehr die Kostenführerschaft; er beginnt mit der flächendeckenden Umsetzung daher erst dann, wenn die Gestalter von ersten positiven Erfahrungen berichten. Die Einführung auf Produktebene ist für ihn mittelfristig noch kein Thema.

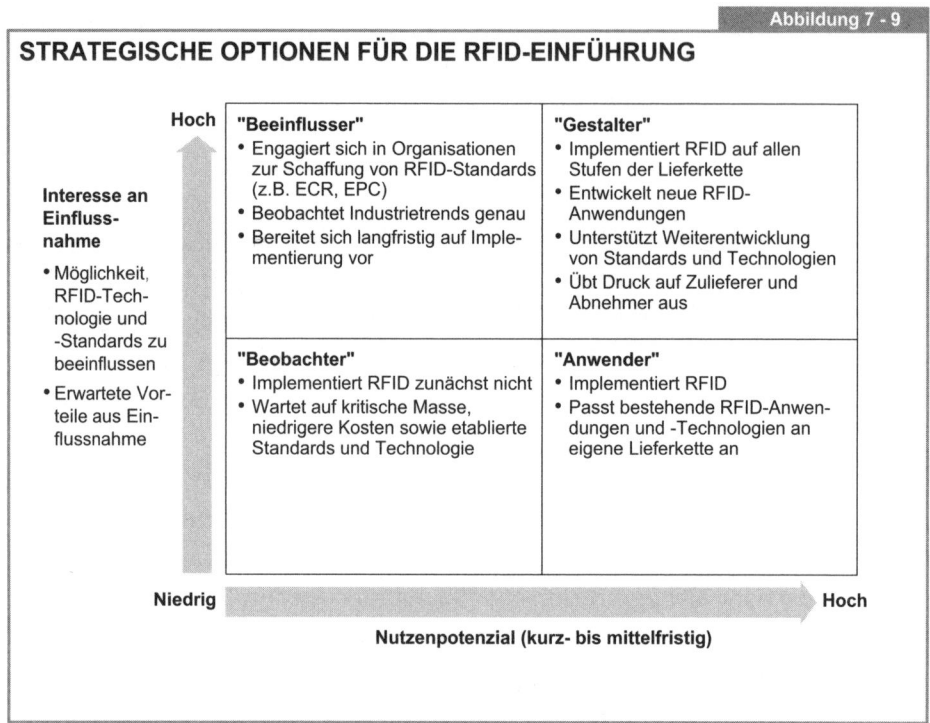

Abbildung 7 - 9

STRATEGISCHE OPTIONEN FÜR DIE RFID-EINFÜHRUNG

Hoch

Interesse an
Einfluss-
nahme

• Möglichkeit,
RFID-Tech-
nologie und
-Standards zu
beeinflussen

• Erwartete Vor-
teile aus Ein-
flussnahme

"Beeinflusser"
• Engagiert sich in Organisationen
zur Schaffung von RFID-Standards
(z.B. ECR, EPC)
• Beobachtet Industrietrends genau
• Bereitet sich langfristig auf Implementierung vor

"Gestalter"
• Implementiert RFID auf allen
Stufen der Lieferkette
• Entwickelt neue RFID-
Anwendungen
• Unterstützt Weiterentwicklung
von Standards und Technologien
• Übt Druck auf Zulieferer und
Abnehmer aus

"Beobachter"
• Implementiert RFID zunächst nicht
• Wartet auf kritische Masse,
niedrigere Kosten sowie etablierte
Standards und Technologie

"Anwender"
• Implementiert RFID
• Passt bestehende RFID-Anwen-
dungen und -Technologien an
eigene Lieferkette an

Niedrig   Hoch

Nutzenpotenzial (kurz- bis mittelfristig)

Die Rolle des Gestalters zu übernehmen ist nur für wenige, große Händler sinnvoll. Für die übrigen Unternehmen bietet sich – angesichts der häufig noch unzureichend optimierten Supply-Chain-Prozesse – eher die Rolle des Beobachters an. Bei nachweislich positiven Effekten von RFID auf das Unternehmensergebnis ist die Rolle des Anwenders, bei stark ausgeprägtem Gestaltungswillen hingegen die des Beeinflussers die richtige. Für eine dieser 4 strategischen Optionen muss sich – nach Abschluss der detaillierten Wirtschaftlichkeitsberechnungen – jeder Händler individuell entscheiden, denn ignorieren sollte das Zukunftsthema RFID niemand: Die Einstellung, angesichts der Komplexität des Themas den Kopf in den Sand zu stecken, könnte sich für Handelsunternehmen als fatal erweisen.

8. Verbesserungsprogramm: Der Weg zur exzellenten Supply-Chain

In den bisherigen Kapiteln dieses Buches haben Sie erfahren, inwiefern sich das Supply-Chain-Management der Champions von dem der Verfolger unterscheidet und wodurch sich eine exzellente Lieferkette auszeichnet. Deutlich geworden ist auch, dass die meisten Supply-Chain-Konzepte allen Händlern bekannt sind und der Vorsprung der Champions vor allem darauf beruht, dass diese ihr Wissen konsequent in die Praxis umsetzen.

Bei den Verbesserungsprogrammen gehen die Champions nach einem klaren Handlungsmuster vor: Ein typisches Verbesserungsprogramm, wie es auch die erfolgreichen Handelsunternehmen anwenden, beginnt mit einer ganzheitlichen, aber sehr zügigen Diagnose der eigenen Supply-Chain. Diese dient dazu, Schwächen der Lieferkette zu identifizieren und erste Hypothesen zu entwickeln, mit welchen Optimierungsansätzen sich die Problemfelder auflösen lassen könnten. Viele Supply-Chain-Projekte, insbesondere operative Verbesserungsprogramme im Lagernetz und in den Filialen, scheitern jedoch an der konkreten Umsetzung der erarbeiteten Ansätze. Wir gehen deshalb im Folgenden nicht nur auf die Diagnose, sondern auch auf das Pilotprojekt und die Umsetzung der Verbesserungsansätze in der Fläche, d.h. auf den Rollout, ein.

Supply-Chain-Diagnose – Schwachstellen aufdecken und potenzielle Lösungsansätze entwickeln

Vom Status quo zum Aktionsplan. Am Anfang der Verbesserung jeder Supply-Chain steht eine gründliche Analyse der Logistikprozesse. Erfassen Sie also zunächst die Kennzahlen, die Auskunft über den Status quo Ihrer Supply-Chain geben. Anschließend untersuchen Sie, wo es in der Lieferkette hakt und in welchen Bereichen die Leistung unter dem Niveau der Benchmarks liegt. Zu diesem Zeitpunkt werden Sie bereits erste Wirkungszusammenhänge erkennen, so dass Sie anschließend festlegen können, welche Bereiche in detaillierten Ursachenanalysen noch einmal genauer unter die Lupe genommen werden sollten. Auch die Höhe der Verbesserungspotenziale lässt sich jetzt grob beziffern. Für diese gründliche Diagnose ist kein monatelanger Analyseprozess notwendig; in der Regel reichen 2 bis 4 Wochen aus (Abbildung 8-1). Danach führen Sie für die priorisierten Bereiche mit Leistungsdefiziten weitere, detaillierte Ursachenanalysen durch und erarbeiten ein Umsetzungsprogramm.

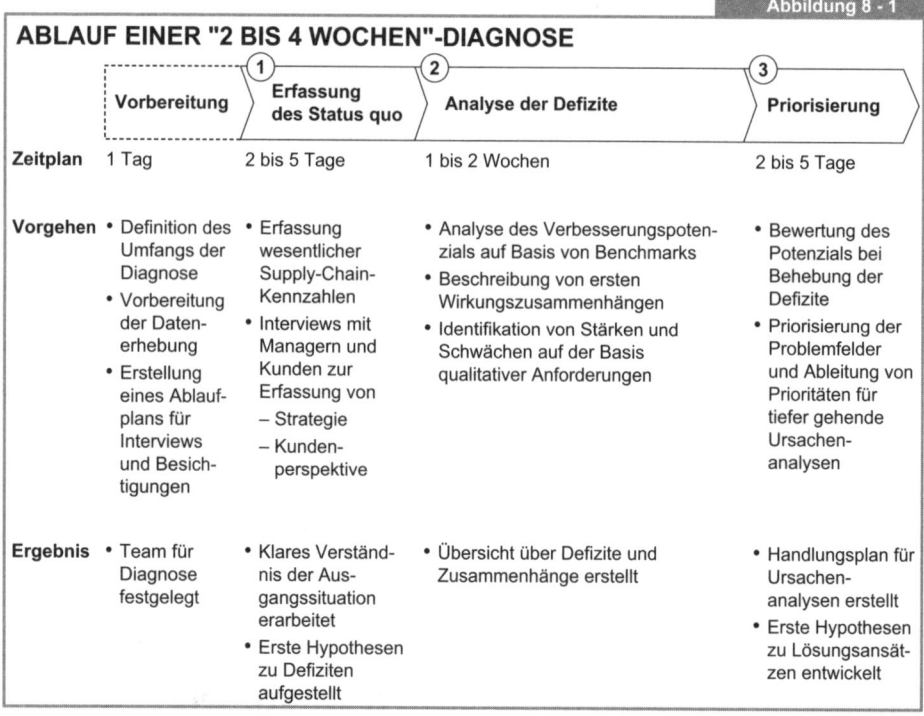

Abbildung 8 - 1

ABLAUF EINER "2 BIS 4 WOCHEN"-DIAGNOSE

	① Vorbereitung	② Erfassung des Status quo	Analyse der Defizite	③ Priorisierung
Zeitplan	1 Tag	2 bis 5 Tage	1 bis 2 Wochen	2 bis 5 Tage
Vorgehen	• Definition des Umfangs der Diagnose • Vorbereitung der Datenerhebung • Erstellung eines Ablaufplans für Interviews und Besichtigungen	• Erfassung wesentlicher Supply-Chain-Kennzahlen • Interviews mit Managern und Kunden zur Erfassung von – Strategie – Kundenperspektive	• Analyse des Verbesserungspotenzials auf Basis von Benchmarks • Beschreibung von ersten Wirkungszusammenhängen • Identifikation von Stärken und Schwächen auf der Basis qualitativer Anforderungen	• Bewertung des Potenzials bei Behebung der Defizite • Priorisierung der Problemfelder und Ableitung von Prioritäten für tiefer gehende Ursachenanalysen
Ergebnis	• Team für Diagnose festgelegt	• Klares Verständnis der Ausgangssituation erarbeitet • Erste Hypothesen zu Defiziten aufgestellt	• Übersicht über Defizite und Zusammenhänge erstellt	• Handlungsplan für Ursachenanalysen erstellt • Erste Hypothesen zu Lösungsansätzen entwickelt

1. Schritt: Erfassung des Status quo. Die Diagnose beginnt – nach einer 1-tägigen Vorbereitung – mit einer Standortbestimmung: Wie weit sind wir bei der Umsetzung unserer Supply-Chain-Strategie bisher gekommen? Welche Supply-Chain-Leistung erzielen wir aktuell? Wo scheinen die Stärken und Schwächen unserer Lieferkette zu liegen? Einen ersten Ansatzpunkt für die Ermittlung des Status quo bieten die Kosten und Finanzdaten Ihres Unternehmens. Auch Kennzahlen aus einzelnen

Supply-Chain-Prozessen wie Auslastung des Zentrallagers oder Nach-füllproduktivität sollten Sie sich ansehen. Viele Unternehmen verfügen auf Grund ihres Supply-Chain-Controllings und der dort erhobenen Kennzahlen bereits über eine solide Basis für eine Standortbestimmung. Wenn jedoch noch Daten fehlen, müssen sie jetzt erhoben werden – denn nur so ist eine umfassende Bewertung der Ausgangssituation möglich.

Wichtig für die Beurteilung des Status quo sind die Erwartungshaltung und die Schwachstellen aus Sicht der Kunden in der Filiale. Nehmen Sie die Perspektive Ihrer Kunden ein, z.B. durch gezielte Filialbesuche, oder befragen Sie Ihre Kunden. Das Ziel dabei ist es, die Schwachstellen in der Supply-Chain zu identifizieren, die dazu führen, dass Kunden nicht vollständig zufrieden sind.

Denken Sie auch daran, Ihre internen Kunden zu befragen und deren Anforderungen zu erfassen. Was erwartet die Filiale vom Zentrallager bzw. die Logistik von der IT? Wie wirkt sich die Verbesserung in einem Bereich, z.B. in der Supply-Chain-Planung, auf die Gesamtleistung aus?

Dieser erste Schritt in der Diagnose führt im Ergebnis dazu, dass Sie ein Verständnis der Ausgangssituation entwickeln, so dass nach und nach deutlich wird, wo evtl. bereits gestartete Verbesserungsinitiativen bisher ihre Wirkung verfehlt haben und in welchen Bereichen die Supply-Chain vermutlich noch Defizite hat. Auf dieser Grundlage können Sie nun erste Hypothesen aufstellen: Hat die Supply-Chain ein Kostenproblem oder mangelt es eher am Service? Was sind die Ursachen für die Schwächen in der Lieferkette – liegt es an den operativen Prozessen selbst oder an deren organisatorischer Verankerung? Aus den Hypothesen leiten Sie dann Ihre Prioritäten für die folgende Analyse der Defizite ab.

2. Schritt: Analyse der Defizite. Der zweite Schritt setzt bei den identifizierten größten Schwachstellen in der Lieferkette an und bewertet das jeweilige Verbesserungspotenzial. Dafür können Sie Benchmarks heranziehen – und zwar sowohl interne, z.B. Benchmarks aus dem Vergleich verschiedener Lagerstandorte oder Filialen, als auch externe, z.B. Benchmarks aus dem Vergleich mit anderen Händlern. An diesem Punkt sollten Sie den Defiziten die Ziele für die Supply-Chain gegenüberstellen, die sich aus der Strategie Ihres Unternehmens ableiten, und versuchen, Wirkungszusammenhänge zu beschreiben. Wie das Beispiel in Abbildung 8-2 zeigt, macht die Gegenüberstellung von Status quo und Benchmarks bzw. Zielen sowie die Berechnung der möglichen Ergebnisverbesserungen schnell deutlich, welche Problemfelder priorisiert werden sollten.

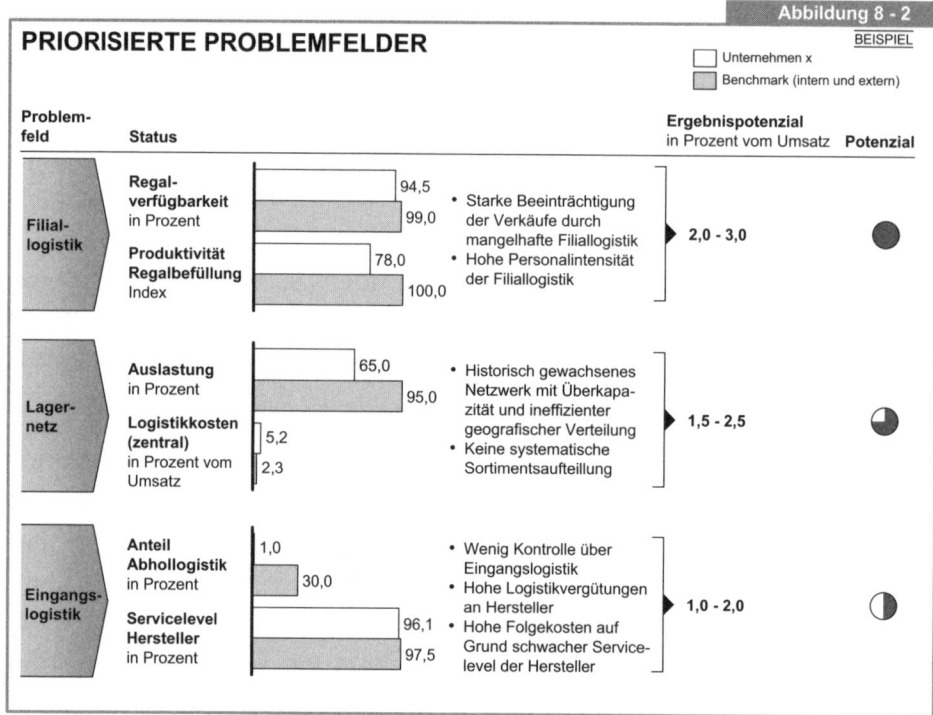

3. **Schritt: Priorisierung.** Ein gutes Verbesserungsprogramm konzentriert sich auf die wichtigsten und wirkungsvollsten Stellhebel. „Die Masse macht's!" gilt hier nicht: Es geht nicht darum, 10 oder 20 Maßnahmen aus blindem Aktionismus heraus anzuschieben oder den neuesten Supply-Chain-Trends zu folgen, ohne zuvor deren mögliche Wirkung auf die eigene Supply-Chain – und vor allem auf die Kundenbeziehung – genau bewertet zu haben. Deshalb filtern exzellente Unternehmen die 3 bis 5 wichtigsten Verbesserungen heraus, die sie erreichen wollen, und setzen ihre gesamte Energie dafür ein, diese flächendeckend und rasch umzusetzen. Dafür müssen Sie zunächst – und das geschieht in diesem dritten

Schritt – die zuvor identifizierten Defizite und Verbesserungspotenziale in eine Rangfolge bringen, um festzulegen, wo weitergehende Ursachenanalysen stattfinden sollen. Gleichzeitig entwickeln die Mitglieder des Diagnoseteams nun auch schon erste Hypothesen dazu, wie die Defizite ausgeglichen werden können.

Hypothesen werden zu Ideen, Ideen zu Lösungsansätzen. Während das Team daran arbeitet, die tiefer liegenden Ursachen für die Defizite zu erkennen, werden die Lösungsansätze immer konkreter. Hier kristallisiert sich heraus, ob die angedachten Problemlösungen die richtigen sind bzw. ob sie ergänzt und wie sie ausgestaltet werden müssen. Jetzt ist der Zeitpunkt gekommen, einen Handlungsplan inklusive eines ersten Zeitplans für die Umsetzung der erarbeiteten Ansätze aufzustellen. Die Länge der Phase der Lösungsentwicklung ist von den priorisierten Themen abhängig und kann zwischen 4 Wochen und 3 Monaten dauern. Die endgültigen Details der Verbesserungsmaßnahmen werden allerdings erst später im Zuge der Pilotierung und bei der Vorbereitung des Rollouts festgelegt, da sie ganz genau auf die Situation des jeweiligen Standorts abgestimmt werden müssen.

Pilotierung und Rollout – Flächendeckenden Erfolg sicherstellen

Veränderungen in der Supply-Chain betreffen nicht selten mehrere Regionen oder Länder, zahlreiche Logistikstandorte und oft Hunderte von Filialen. Die geografischen Entfernungen, die großen Führungsspannen und die Anzahl der Mitarbeiter, deren Verhalten es ggf. zu ändern gilt, machen Verbesserungsprogramme im Supply-Chain-Management des Handels zu einer extrem großen Herausforderung. Bei der Umsetzung solcher Programme im Supply-Chain-Management hat sich deshalb ein mehrstufiges Vorgehen bewährt, das in Abbildung 8-3 dargestellt ist: Nach der Diagnose der Schwachstellen und der Entwicklung konkreter Lösungsansätze werden diese zunächst im Rahmen eines Pilotprojekts getestet und ggf. angepasst sowie anschließend in einem detailliert geplanten Rollout auf das ganze Unternehmen übertragen.

Abbildung 8 - 3

PILOT UND ROLLOUT BEI VERBESSERUNGSPROGRAMMEN IN DER FLÄCHE

	Diagnose/ Lösungs- entwicklung	Pilot	Rollout	Kontinuierliche Verbesserung

	Pilot	Rollout
Vorgehen	• Test neuer Prozesse in einigen wenigen ausgewählten Filialen/ Lagerstandorten • Anpassung/Weiterentwicklung der Maßnahmen mit operativen Mitarbeitern • Messung der Erfolge und Identifikation von Barrieren	• Sukzessives Ausrollen der Maßnahmen durch dezentrale Expertenteams • Zentrale Fortschritts- und Erfolgskontrolle sowie rasches Gegensteuern bei Widerständen
Ergebnis	• Nachgewiesener und quantifizierter Erfolg der Maßnahmen • Überzeugte und begeisterte Mitarbeiter an den Pilotstandorten • Basis für Berechnung der gesamten Verbesserungspotenziale und der detaillierten Rolllout-Planung	• Rasche und nachhaltige Ausweitung der Maßnahmen auf gesamtes Filial-/Lagernetz • Ausgebildete Experten, die eine kontinuierliche Verbesserung und Erfolgskontrolle sicherstellen

Lösungsansätze im Praxistest. Was nützen die besten Ideen, wenn sie nicht den operativen Anforderungen genügen. Im Pilotprojekt muss daher die Wirksamkeit der Lösungsansätze unter Echtbedingungen erprobt werden; außerdem gilt es, Verbesserungsvorschläge von allen Beteiligten für das weitere Finetuning der erarbeiteten Optimierungsmaßnahmen zu sammeln. Eine zentrale Herausforderung besteht dabei darin, einen möglichst kleinen Pilotbereich festzulegen. In diesem Bereich müssen die neuen Prozesse rasch und unbürokratisch getestet und gleichzeitig die vor- und nachgelagerten Stufen der Supply-Chain ausreichend darin einbezogen werden können. Bei einigen Verbesserungsprogrammen empfiehlt es sich daher, einen Ausschnitt der ganzen Lieferkette, z.B. ein einzelnes Sortiment, zu wählen, während bei anderen, fokussierteren Themen eine einzelne Filiale oder eine einzelne Belieferungstour ein sinnvoller Pilotbereich sein kann.

Ein erfolgreiches Pilotprojekt ist das mächtigste Kommunikationsmittel. Die Erfahrung aus umfangreichen Verbesserungsprogrammen zeigt: Das Testen und das Finetuning der Lösungsansätze im Pilot ist wichtig; mindestens ebenso erfolgsentscheidend und oft unterschätzt ist jedoch die Rolle eines erfolgreichen Pilotprojekts in der Kommunikation während des späteren Rollouts. Erfolgreich heißt hier zweierlei: Erstens, das Pilotprojekt hat zu messbaren und deutlichen Leistungssteigerungen geführt, und zweitens, die beteiligten Mitarbeiter sind überzeugt und begeistert von den Neuerungen. Beides ist für und bei der flächendeckenden Umsetzung essentiell: Die dokumentierten Leistungssteigerungen des Pilottests zeigen, dass die Lösungsansätze in einer ähnlichen Situation bereits zum Erfolg geführt haben; die in den Piloten eingebundenen Mitarbeiter dienen als Multiplikatoren, die ihre Kollegen überzeugen (Abbildung 8-4).

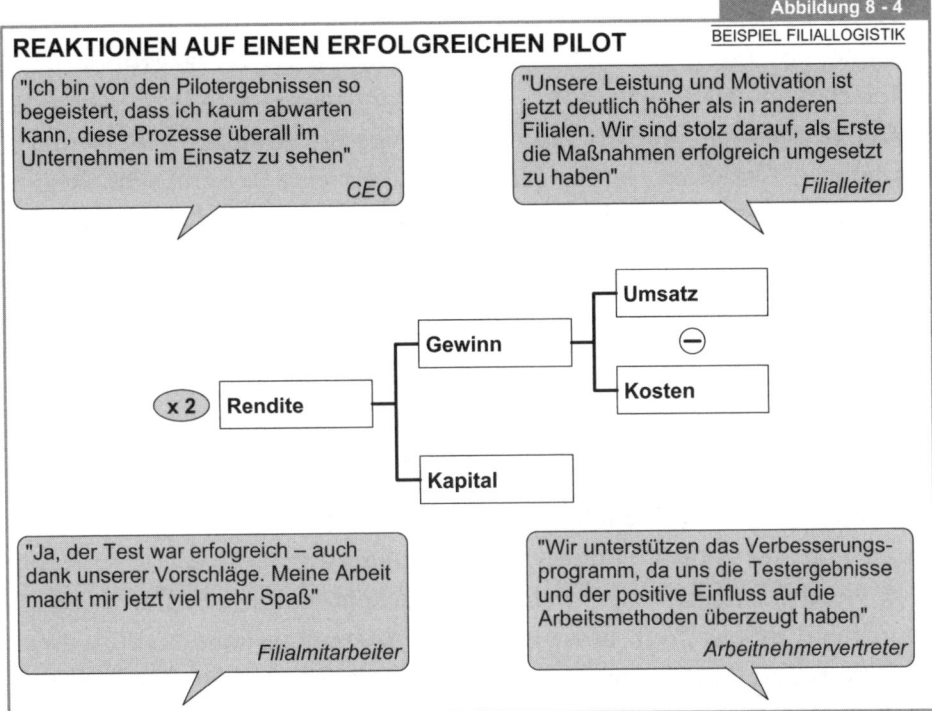

Eine Rollout-Architektur schaffen. Sobald ein Paket erfolgreicher Lösungen entwickelt ist, gilt es, diese so rasch wie möglich unternehmensweit an allen Standorten umzusetzen. Dieser unternehmensweite Rollout der Verbesserungsansätze erfordert eine detaillierte Planung und ein gutes Projektmanagement, denn es ist extrem schwierig, die Umsetzung der neuen Prozesse und das Training der Mitarbeiter in neuen Abläufen an vielen Fronten gleichzeitig zu steuern. Die Skepsis, ob eine in Paris pilotierte Maßnahme zur Verbesserung der Filiallogistik auch in Kopenhagen ankommt, und die Angst, dass sich der Rollout über Jahre erstreckt oder am Ende sogar ganz im Sande verläuft, ist groß. Beide sind aber unbegründet, wenn eine Rollout-Architektur geschaffen wird, in der die benötigten Ressourcen und die Meilensteine genau festgelegt sind, und alle Beteiligten sich streng an diese Architektur halten.

Sowohl ein Rollout nach Filialen als auch ein Rollout nach einzelnen Prozessen oder Warengruppen kann sinnvoll sein. Für Händler mit vielen relativ kleinen Filialen und wenig komplexen Produkten eignet sich eher der Rollout nach Filialen. Für Händler mit großer Angebotsvielfalt und Prozessen, die sich von Warengruppe zu Warengruppe stark unterscheiden, bietet sich hingegen eher der Rollout nach Prozessen oder Warengruppen an. Auch bei der Reihenfolge im Vorgehen gibt es unterschiedliche Optionen: Einige Händler haben eine geografische Region nach der anderen bearbeitet, um Synergien zu nutzen, während andere Unternehmen ihre Filialen oder Abteilungen nach Größe oder Handlungsbedarf priorisiert und sich dann sukzessive vorgenommen haben. Jedes Handelsunternehmen muss letztlich das Rollout-Vorgehen finden, das seiner Gesamtstrategie am besten Rechnung trägt und in seiner individuellen Situation den größten Erfolg verspricht.

Zentrales Steuerungsteam und dezentrale Expertenteams. Unabhängig vom gewählten Vorgehen sind es meist die dezentralen Expertenteams und das zentral verantwortliche Steuerungsteam, die über Erfolg und Geschwindigkeit des Rollouts entscheiden. Das Steuerungsteam koordiniert den Rollout, überprüft den Umsetzungsstatus kontinuierlich und informiert das Management umgehend über Engpässe. Die dezentralen Expertenteams setzen Prozessveränderungen vor Ort um und schulen die Mitarbeiter. Dazu eignen sich ausgewählte Mitarbeiter im Pilot bzw. während des Rollouts die benötigten Fähigkeiten an und geben diese anschließend sukzessive an die nachfolgenden Bereiche weiter oder bilden weitere Experten vor Ort aus. Der Bedarf an Experten und an Managementkapazität bei großen Rollout-Projekten ist nicht zu unterschätzen und muss abhängig von der Anzahl der zu optimierenden

Logistikstandorte bzw. Filialen und der gewünschten Rollout-Geschwindigkeit genau geplant werden.

Rollout in über 350 Filialen mit rund 3.500 Mitarbeitern in 8 Monaten – So hat's funktioniert

Ein Lebensmittelhändler hat den Rollout seiner verschlankten Filiallogistik und neu gestalteten Personalplanung in 380 Filialen einer Region innerhalb von nur 8 Monaten geschafft. Das ist deshalb gelungen, weil er sich strikt an den in Abbildung 8-5 dargestellten Plan hielt. Der Rollout umfasste hier 4 Wellen. Im Pilot und in Welle 1 wurden 5 Filialen auf die neuen Prozesse umgestellt und dabei 5 Experten ausgebildet. Diese Experten führten in der nächsten Welle die neuen Prozesse in weiteren Filialen ein, wobei jeweils 1 Experte die Umstellung in 10 Filialen mit insgesamt ca. 100 Mitarbeitern 2 Monate lang betreute. Dabei bildete jeder Experte 1 weiteren Experten aus, um das Rollout-Tempo und die Anzahl der pro Welle umgestellten Filialen kontinuierlich zu steigern. Nach nur 8 Monaten arbeiteten über 350 Filialen mit den neuen Prozessen, rund 3.500 Mitarbeiter waren geschult und 20 Experten ausgebildet worden. Die Experten kümmerten sich fortan um die Nachhaltigkeit der Veränderungen und eine konstante Weiterentwicklung der Prozesse; zudem unterstützten sie den Rollout in weiteren Regionen.

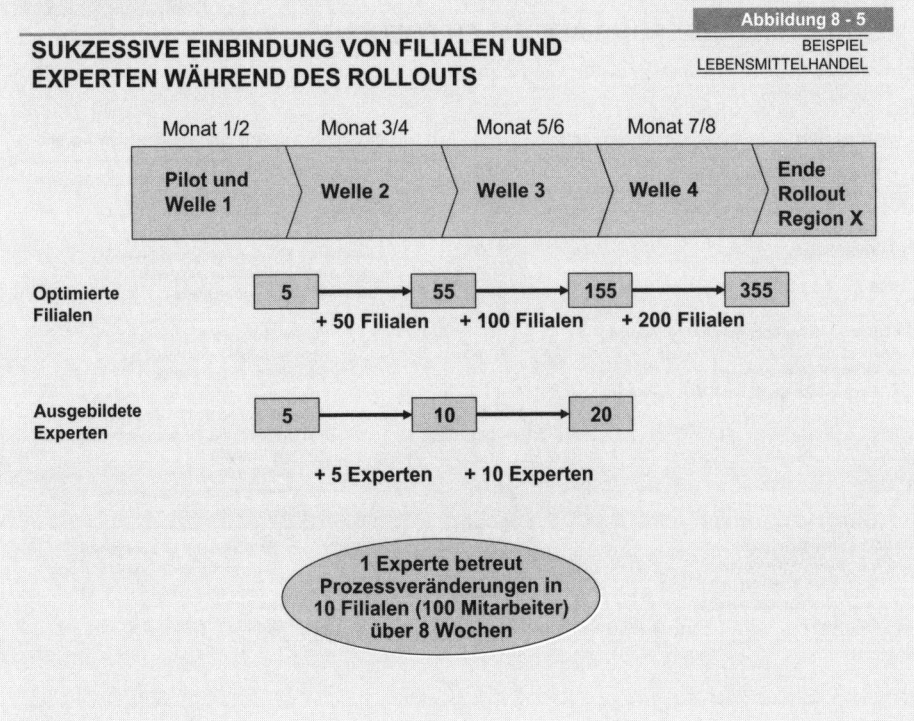

Abbildung 8 - 5

BEISPIEL
LEBENSMITTELHANDEL

SUKZESSIVE EINBINDUNG VON FILIALEN UND EXPERTEN WÄHREND DES ROLLOUTS

Kontinuierliche Verbesserung – Konsequentes Handeln und langer Atem gefragt

Wir haben im vorangegangenen Abschnitt gezeigt, dass sich die Maßnahmen zur Steigerung der Supply-Chain-Effizienz durch einen gut geplanten Rollout rasch und erfolgreich im gesamten Unternehmen umsetzen lassen. Allen Beteiligten muss aber klar sein: Dazu ist ein langer Atem erforderlich – und konsequentes Handeln das oberste Gebot. Um sicherzustellen, dass die Verbesserungen tatsächlich messbare und nachhaltige Erfolgssteigerungen bringen, genügt es nicht, die Supply-Chain einmalig zu „renovieren". Das Verbesserungsprogramm ist nie beendet, die Lieferkette muss kontinuierlich weiter optimiert werden. Dies gelingt allerdings nur dann, wenn die kontinuierliche Leistungsverbesserung auf allen Ebenen im Unternehmen fest verankert wird und die Mitarbeiter sie motiviert vorantreiben. Dazu ist meist eine grundsätzliche Verhaltensänderung bei den Mitarbeitern notwendig (Abbildung 8-6).

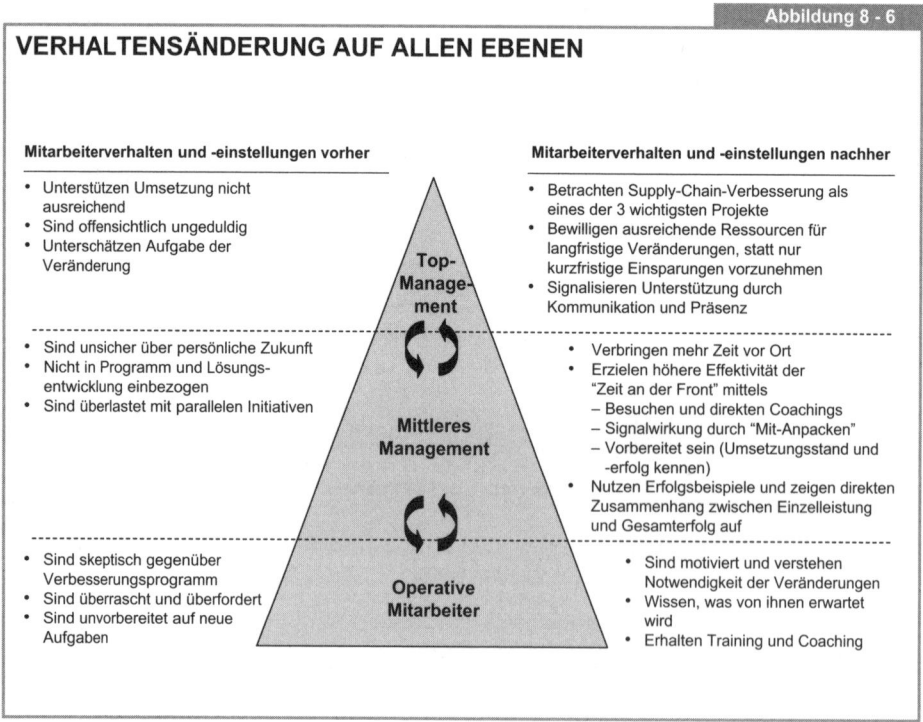

Abbildung 8 - 6

Der Abschied von Gewohnheiten, die über Jahre zur Routine geworden sind, und die Einführung ganz neuer Abläufe – das alles ist für viele nicht leicht. Hierbei ist es hilfreich, die Mitarbeiter vom Sinn der Veränderungen zu überzeugen, Vorbilder im Management zu schaffen sowie den Erfolg des Verbesserungsprogramms kontinuierlich zu messen und daraus Leistungsanreize für die Belegschaft abzuleiten.

Die Mitarbeiter überzeugen – erklären statt befehlen. Was genau ist denn nun an den neuen Abläufen besser als an den alten? Wieso müssen wir im Lager jetzt Sortierarbeiten aus der Filiale übernehmen? Warum soll ich die Regale nicht mehr in der Reihenfolge nachfüllen, in der ich dies schon immer getan habe? Die Mitarbeiter werden vom Sinn der neuen Supply-Chain-Prozesse nur dann überzeugt sein, wenn alle ihre Fragen beantwortet worden sind. Ausgehend von den Ergebnissen des Pilots sollten Sie Ihren Mitarbeitern daher genau aufzeigen, warum die Veränderungen notwendig sind, und auch auf die individuellen Fragen der Mitarbeiter detailliert eingehen. Hierzu bietet es sich an, Beispiele oder sogar Videos aus dem Pilot einzusetzen. Auf diese Weise können Sie anschaulich darstellen, welche Schwachstellen die Prozesse in der Ausgangssituation hatten und wie die neuen, verbesserten Prozesse aussehen. Sorgen Sie dafür, dass sich diese Beispiele in den Regionen, Lagerstandorten, Filialen und Abteilungen herumsprechen.

Eine zentrale Rolle beim Überzeugen der Mitarbeiter spielen diejenigen Mitarbeiter, die an der ursprünglichen Maßnahmenentwicklung beteiligt waren. Niemand aus der zentralen Supply-Chain-Steuerung kann die Begeisterung über die neue Lösung so motivierend und zugleich überzeugend an die Mitarbeiter in der Fläche kommunizieren wie die Kolleginnen und Kollegen, die die neuen Prozesse bereits erfolgreich anwenden. Darüber hinaus lohnt es sich zu versuchen, potenzielle Widerstände der Mitarbeiter gegen die neuen Arbeitsweisen frühzeitig zu identifizieren. Hierzu bietet es sich an, Mitarbeiter zu befragen (in Interviews oder schriftlich per Fragebogen) bzw. Workshops zu organisieren, die gemeinsam mit der Personalabteilung gestaltet werden sollten. Auf die Bedenken der Mitarbeiter kann dann frühzeitig mit den entsprechenden Maßnahmen und Inhalten eingegangen werden. Um eine dauerhafte Verhaltensänderung zu erreichen, ist es zudem wichtig, die neuen Prozesse in Handbüchern und einfachen Checklisten zu standardisieren. Mit einer Papierflut ist den Mitarbeitern allerdings nicht gedient; versuchen Sie vielmehr, die wichtigsten, wiederkehrenden Prozesse wie Nachbestellungen oder Regalpflege in der Filiale übersichtlich darzustellen und die ggf. dafür notwendigen Formulare übersichtlich zu gestalten.

Unterstützung vom Management: Vorbilder schaffen. Wer glaubt, dass neue Supply-Chain-Prozesse ja „nur noch in der Fläche" umgesetzt werden müssen und keiner aktiven Mitarbeit des Managements mehr bedürfen, wird kaum die erhofften Produktivitätsgewinne erzielen. Nur wenn die Führungskräfte aller Ebenen bereit sind, ihre volle Unterstützung für die Veränderungen tatkräftig unter Beweis zu stellen, werden auch die Mitarbeiter in den Filialen willens sein, ihren Beitrag zu leisten. Grundsätzlich muss die Devise daher lauten: Nicht aus der Ferne lenken, sondern Präsenz zeigen – vor Ort in den Lägern und Filialen bei der Umsetzung der Verbesserungsmaßnahmen. Bei einem französischen Lebensmittelhändler beispielsweise standen Vertriebs- und Logistikleiter morgens um 5 Uhr an der Filialrampe bereit, um gemeinsam mit den Auffüllkräften der Filiale den neuen Prozess der Warenannahme und Regalbefüllung zu testen. Diese Nachricht verbreitete sich innerhalb von wenigen Tagen in der gesamten Region und zeigte den Mitarbeitern, dass das Management nicht nur plant und aus der Zentrale steuert, sondern selbst 100%ig hinter den neuen Prozessen steht und mit anpackt.

Erfolgskontrolle: Status und Erfolg des Verbesserungsprogramms genau verfolgen. Nur was gemessen wird, wird auch getan – und nur was kontinuierlich gemessen wird, wird auch weiterhin getan. Daher sollten Sie einige wenige Kennzahlen definieren, die den Erfolg des Verbesserungsprogramms abbilden. Wählen Sie jene Kennzahlen aus, die den aktuellen Schwachstellen und den geplanten Verbesserungsmaßnahmen am besten Rechnung tragen. Zielen die Maßnahmen in der Filiale etwa auf die Steigerung der Produktivität beim Auffüllen der Regale, so sollte die Auffüllproduktivität während des Rollouts und in der Zeit danach genau (und regelmäßig) gemessen werden. Nur so können Umsetzungsprobleme erkannt und Hilfestellungen wie gezielte Filialbesuche und zusätzliche Trainings initiiert werden. Auf Basis der Kennzahlen können auch Anreize für die verantwortlichen Mitarbeiter geschaffen werden. Ein Händler zertifizierte beispielsweise die Kommissioniergruppen im Zentrallager, die die neuen Prozesse erfolgreich umgesetzt und damit hohe Kommissionierleistungen erreicht hatten, als „Profi-Gruppe".

Erfolgsbeispiele vieler Händler zeigen, dass umfangreiche Verbesserungsprogramme in der Supply-Chain eine große Herausforderung für die beteiligten Mitarbeiter darstellen. Gleichzeitig eröffnen sie aber auch die Chance, durch eine dauerhafte Verhaltensänderung und eine Erfolgsorientierung über die Umsetzung der ersten Maßnahmen hinaus eine Kultur der kontinuierlichen Verbesserung zu schaffen.

* * *

Mit diesem Buch haben wir versucht, Ihnen Appetit auf eine bessere Supply-Chain zu machen. Jetzt sind Sie an der Reihe. Nutzen Sie die in diesem Buch vorgestellten Erfolgsmodelle, Zukunftsperspektiven und Vorgehensweisen, um Verbesserungsansätze für Ihre Lieferkette zu erarbeiten und umzusetzen – und auf diese Weise dann zu den Champions aufzuschließen. Sie sind schon ein Supply-Chain-Champion? Dann ruhen Sie sich nicht auf dem Erreichten aus – denn auch wer heute noch Champion ist, kann sich bereits morgen unter den Verfolgern wiederfinden. Ihnen und allen Noch-Verfolgern raten wir daher: Entwickeln Sie sich kontinuierlich weiter und praktizieren Sie Supply-Chain-Excellence im ganzen Unternehmen.

Literaturverzeichnis

J. Becker, R. Schütte: Handels-Informationssysteme; Frankfurt am Main: Redline Wirtschaft, 2004.

K. Behrenbeck, J. Küpper, K-H. Magnus, U. Thonemann: Zwischen Euphorie und Skepsis – RFID kommt, der Handlungsdruck steigt: Welche strategischen Optionen besitzen Konsumgüterhersteller und Einzelhändler; in: Logistik Heute 12/2002, S. 54 - 55.

J. Dittrich, M. Braun: Business Process Outsourcing – Entscheidungsleitfaden für das Out- und Insourcing von Geschäftsprozessen; Stuttgart: Schäffer-Poeschl, 2004.

ECR: ECR Studie 2004 – Umsetzung von innovativen Technologien und ECR-Prozessen in der deutschsprachigen Konsumgüterindustrie und im Handel; eine gemeinsame Studie von Lebensmittel Zeitung, Accenture und ECR.

J. Drew, B. McCallum, S. Roggenhofer: Journey to Lean – Making operational change stick; New York: Palgrave Macmillan, 2004.

J. Kluge, W. Stein, T. Licht, M. Kloss: Wissen entscheidet – Wie erfolgreiche Unternehmen ihr Know-how managen – eine internationale Studie von McKinsey; Frankfurt am Main/Wien: Redline Wirtschaft, 2003.

J. Küpper, M. Leopoldseder, F. Sänger: Handelslogistik – Wie Hersteller die Herausforderungen meistern; in: McKinsey akzente 35 (April 2005), S. 10 - 15.

Logistik heute: Software in der Logistik – Schwerpunkt RFID (Herausgeberband); München: Huss Verlag, 2005.

Metro MGL Logistik GmbH: Ganzheitliche Handelslogistik – Innovation in der Supply Chain durch einen „Internal 4 PL" (Bewerbung um den deutschen Logistik-Preis 2002) ; Düsseldorf: Metro MGL Logistik GmbH, 2002.

L. Müller-Hagedorn: Der Handel; Stuttgart: Kohlhammer, 1998.

M. Rother, J. Shook: Learning to see – value stream mapping to add value and eliminate muda; Brookline: The Lean Enterprise Institute, 1999.

K. Sekine, J. Diegruber, B. Meister: Produzieren ohne Verschwendung – Der japanische Weg zur schlanken Produktion; Landsberg/Lech: Verlag Moderne Industrie, 1995.

E. Senger, H. Österle: Fallstudie L'Oréal – Vendor Managed Inventory zwischen L'Oréal und „dm-drogerie markt"; St. Gallen: Institut für Wirtschaftsinformatik, 2003.

D. Seifert: Efficient Consumer Response – Supply Chain Management (SCM), Category Management (CM) und Collaborative Planning, Forecasting and Replenishment (CPFR) als neue Strategieansätze; München/ Mering: Rainer Hampp Verlag, 2004.

Tchibo GmbH: Jede Woche eine neue Logistik-Welt (Bewerbung um den deutschen Logistik-Preis 2004); Hamburg: Tchibo GmbH, 2004.

U. Thonemann: Operations Management; München: Pearson, 2005.

U. Thonemann, K. Behrenbeck, R. Diederichs, J. Großpietsch, J. Küpper, M. Leopoldseder: Supply Chain Champions – Was sie tun und wie Sie einer werden; Wiesbaden: Gabler Verlag, 2003.

Sachregister

Firmenregister

Die Autoren

Prof. Dr. Ulrich Thonemann, Universität zu Köln

Dr. Klaus Behrenbeck, McKinsey & Company

Dr. Jörn Küpper, McKinsey & Company

Karl-Hendrik Magnus, McKinsey & Company

Die Autoren wurden unterstützt von:

Dr. Jochen Großpietsch, McKinsey & Company

Markus Leopoldseder, McKinsey & Company

Prof. Dr. Ulrich Thonemann ist Universitäts-
professor für Betriebswirtschaftslehre und
Direktor des Seminars für Supply Chain Ma-
nagement und Management Science an der
Universität zu Köln. Zuvor war er Uni-
versitätsprofessor für Produktionsmanagement
und Logistik an der Universität Münster und
Direktor des dortigen Instituts für Supply
Chain Management. Seine akademische Lauf-
bahn begann er als Professor für Operations
Management an der Stanford University.
Prof. Thonemann hat im Bereich Operations
Management im Kölner Büro von McKinsey &
Company gearbeitet und berät Unternehmen
in operativen und strategischen Fragen des
Supply-Chain-Managements.

Dr. Klaus Behrenbeck ist Director bei
McKinsey & Company, Inc., und Office Manager des Kölner Büros der Unternehmensberatung. Zudem leitet er den deutschen
Konsumgüterindustrie- und Handelssektor
von McKinsey. Als Mitglied der European
Leadership Group für Handel und Konsumgüter berät er seit 1991 Konsumgüterhersteller
und Händler in Europa und den USA. Dabei
beschäftigt er sich vornehmlich mit operativen,
organisatorischen und strategischen Fragestellungen. Dr. Behrenbeck hat Betriebswirtschaftslehre an der Universität in Münster
studiert und promovierte an der Universität
Bamberg.

Dr. Jörn Küpper ist Partner im Kölner Büro von McKinsey & Company, Inc. Als Mitglied der European Packaged Goods Leadership Group berät er vor allem Konsumgüterunternehmen in Deutschland und anderen europäischen Ländern. Neben allgemeinen strategischen und vertriebsbezogenen Fragen liegen seine Schwerpunkte dabei insbesondere in den Bereichen Operations-Strategy und Supply-Chain-Management. Dr. Küpper hat ein Diplom in Betriebswirtschaftslehre an der Universität des Saarlandes erworben und promovierte an der Universität Hannover.

Karl-Hendrik Magnus ist Berater im Wiener Büro von McKinsey & Company, Inc. Er ist Mitglied des Konsumgüterindustrie- und Einzelhandelssektors und berät europäische Händler und Konsumgüterunternehmen in den Bereichen Operations, Organisation und Vertrieb. Im Rahmen seiner Promotion am Institut für Supply Chain Management der Universität Münster führte er Interviews mit 33 europäischen Händlern und legte damit die empirische Basis für dieses Buch. Karl-Hendrik Magnus hat in St. Gallen und Chapel Hill Betriebswirtschaftslehre studiert und promoviert an der Universität Münster am Lehrstuhl von Prof. Thonemann.

Die Autoren wurden unterstützt von:

Dr. Jochen Großpietsch ist Projektleiter im Kölner Büro von McKinsey & Company, Inc. Er berät europäische Händler und Konsumgüterunternehmen in operativen und organisatorischen Fragen, vor allem zu Themen des Supply-Chain-Managements. Dr. Großpietsch hat ein Diplom in Betriebswirtschaftslehre an der Universität zu Köln sowie einen Master of International Management (CEMS) an der Universität zu Köln und der ESADE, Barcelona, erworben und promovierte am Institut für Supply Chain Management an der Universität Münster am Lehrstuhl von Prof. Thonemann.

Markus Leopoldseder ist Practice Manager der European Supply Chain Management Practice von McKinsey & Company, Inc., und Mitglied der Leitungsgruppe der europäischen Operations Practice der Unternehmensberatung. Bislang konnte er in mehr als 300 Supply-Chain-Management-Projekten einschlägige Erfahrungen quer über alle Branchen sammeln – mit Schwerpunkten in der Konsumgüter- und Hightech-Industrie. Markus Leopoldseder hat ein Studium der Elektrotechnik an der TU-Wien absolviert und war vor seinem Eintritt bei McKinsey in verschiedenen Marketing-, Projektleitungs- und Unternehmensberatungsfunktionen bei IBM tätig.

Hintergrundwissen für Vordenker

Olaf Preuß

Energie für die Zukunft
Die Sonne nutzen –
Das Klima schützen –
Die Wirtschaft stärken
2005. Ca. 200 S. Geb.
EUR 29,90
ISBN 3-409-03445-5

Das Buch schildert aus der Perspektive deutscher und internationaler Energieunternehmen, welche Anreize und Bedingungen nötig sind, um den Strukturwandel zu beschleunigen. Es zeigt, welchen Handlungsspielraum Politik heute tatsächlich hat, um diesen Prozess in einer ökonomisch sinnvollen Weise zu begleiten.

Klaus Rainer Kirchhoff /
Manfred Piwinger (Hrsg.)

Praxishandbuch Investor Relations
Das Standardwerk der Finanzkommunikation
2005. 488 S. Geb.
EUR 69,90
ISBN 3-409-12710-0

Das Standardwerk der Investor Relations mit namhaften Herausgebern und Autoren aus Deutschland, UK und der Schweiz. Praxisnah und mit Hilfe verschiedener Fallbeispiele wird gezeigt, wie Investor Relations funktioniert – und zwar vor, während und nach dem Börsengang.

Roger Odenthal

Kriminalität am Arbeitsplatz
Wie Unternehmen Korruption und Unterschlagung durch Mitarbeiter erkennen und verhindern
2005. 256 S. Geb.
EUR 46,90
ISBN 3-409-12542-6

Betrug der eigenen Mitarbeiter am Unternehmen hat sich zu einem nicht zu unterschätzenden Risikofaktor für die Wirtschaft entwickelt. Jährlich entstehen Schäden in Milliardenhöhe. Der Autor zeigt Handlungsmuster und Schwachstellen im Unternehmen und gibt Ratschläge zur wirksamen Prävention.

Holger Rust

Das Elite-Missverständnis
Warum die Besten nicht immer die Richtigen sind
2005. 204 S. Geb.
EUR 34,90
ISBN 3-409-12720-8

Ein Aufruf an Führungskräfte, an das mittlere Management und den ambitionierten Nachwuchs, sich den stromlinienförmigen Geboten der herrschenden Standards zu widersetzen und anders zu werden als die angepassten Modellathleten aus dem Windkanal.

Know-how für Makler